中国留学生研究方法指南

중국 유학생을 위한 연구방법론

A Study Methodology for Chinese International Students

金淑伊
JINSOOYI
李知娜
LEEJINA
于蒙蒙
YUMONGMONG

dm 동문사

发行辞

最近,以韩国及东南亚为中心,成为很多中国学生选择留学的国家,关注的是进入研究生院的留学生必须经过的关口是学术论文或学位论文。无论是国内还是国外，关于研究方法学的好书有很多，但缺乏针对中国留学生文化和思考方式以及对中国留学生论文写作有实际帮助的指导性书籍。

本书旨在帮助广大中国留学生了解研究方法学，并为他们迈出作为研究者的第一步提供必要的指导。作为留学生，在不同的文化和环境中进行研究是一项艰巨的挑战。但是这样的挑战同时也是培养大家研究能力的宝贵经验。

本书从研究的基本概念入手，系统梳理了各种研究方法论和各方法论的应用实例。基于此，我们将支持大家选择适合自己研究主题的方法，并顺利进行研究。此外，本书还结合理论与实践，对研究方案的编制及数据分析方法进行了具体指导。

这本书的执笔目的是以对既难又经常接触的研究理论起到很好的理解、引导作用。作为中国留学生撰写学位论文的基本指导用书，撰写本教材既能起到指导性作用，又能发挥实践性指导作用，使学生在阅读本教材时发生产生愉快学习的认知转变。

本书共分三部分，系统引导留学生有效走上研究者之路。

第一部分讲述了留学生作为研究者第一次开始研究时所需的基本态度和心理准备。这部分强调了研究的重要性以及研究者应具备的伦理标准和责任感。通过各种案例和经验交流，为留学生培养写论文的基本心态，树立积极的研究态度，提出具体方向。另外,还讨论了如何克服研究过程中可能遇到的挑战,帮助提高初期阶段的自信心。

第二部分将不同研究方法的类型按单元划分并详细说明。在比较定性研究和定量研究、混合研究方法学等各研究方法的特征和优劣的同时，引导留学生选择最适合自己研究课题的方法学。此外，还具体提出了每种研究方法的数据收集和分析程序，为开展实际研究提供必要的理论依据。这有助于培养读者了解和利用各种研究方法的能力。

第三部分为确立研究者身份、开始为有研究热情的留学生提供实习中心内容。本部分基于论文的理论概念和研究方法，通过实践研究方案的制定，作为实际研究的第一步，帮助留学生明确和系统地规划自己的研究目标。另外,还涵盖了资料寻找及分析方法的具体指南和韩语翻译时的注意事项等,为克服语言障碍、提高研究质量提供了必要的实质性提示。每个部分都包含工作簿形式的练习题和案例研究，为读者提供了实践体验和学习的机会。

这样构成的书籍将极大地帮助留学生确立研究者的道路，为成功开展研究打下必要的基础。通过这本书,读者不仅可以掌握研究的理论基础,还可以掌握实际技术,培养自信地进行研究的能力。我们真心希望读者能通过这本书获得对研究的自信，进而成长为世界级的研究者。希望这本书对大家的研究旅程有所帮助，希望能为大家实现学术目标做出贡献。

2024年 11月

在於韩国首尔，作者

目录

第二部 研究方法概论

第三部 论文实练

表目录

图目录

导论

研究方法学在开展学术研究方面发挥着重要作用。这为如何规划和实施研究提供了一种系统化、规范化的方法，有助于确保研究的可行性和可靠性。了解研究方法学对于减少研究过程中的误差和提高结果的有效性具有重要意义。

定性研究方法论是用于探索和理解社会科学领域现状的方法。该方法主要集中在了解和分析个人的经验、意见、态度等主观因素上。这些方法学与定量研究方法学结合使用，以便对现象进行综合分析。

定性研究方法论的核心是捕捉和分析研究者的个人经验、情感、感知等。因此，该方法主要采用个人访谈、观察、参与观察等方法。这些方法有助于研究人员对研究对象进行深入的了解。

定性研究方法学主要用于探索性研究、现象描述、理论构建等目的。该方法主要对少数对象开展调查，进行深入的访谈或观察，以捕捉对象的意见和经验。研究人员对这些数据进行主观分析，试图通过这些数据来了解和解释现状。

由于定性研究方法论主要涵盖个人的主观经验和意见，研究人员的主观性可能会产生偏差。因此，研究人员必须遵循合理的程序，详细记录研究过程，以尽量减少与研究对象相互作用产生的主观性。此外，为了保证研究结果的可行性和可靠性，应采用不同的数据采集方法，分析结果应进行同行评价或反馈验证。

定性研究方法论与定量研究方法论结合使用，可以对复杂现象进行综合分析。定性研究抓住了个人的意见和经验，定量研究通过大规模收集数据并进行统计分析，可以了解更全面的现象。这些互补的使用增加了研究结果的可行性和可靠性。

定性研究方法论是处理现象复杂性和多样性的必要方法论。该方法对于捕捉个人主观经验和意见，理解和解释现象具有重要作用。因此，对社会科学研究的定性研究方法学的基本认识，为研究者从更深层次的角度探索现象奠定了基础。

量的研究(quantitative research)是回答或验证包含数量上可测量的特性的研究问题或假设的探索方法。这是一项通过系统程序和观察，证明基于客观资料设定的假设是真实还是虚假的研究。此时，资料证据越强，假设是真是假就越明确。

为了进行定量研究,研究者应以现有的理论和先行研究为基础,得出研究假设后,通过计划好的研究设计、妥当可靠的资料收集、合适的资料分析,系统地证明研究假设。数量研究根据满足这些要求的程度决定研究质量。

定量研究的重要目的是在研究人员感兴趣的目标人群(target population)中,从可以概括的标本中测定结果。为了从样本中获得的结果对目标人群进行广义化，样本必须能够很好地代表目标人群。遵循经验、实证探索传统的量化研究，主要通过调查试验获得的量化资料进行统计分析。

定量研究的程序一般如下。第一，设定假设。假设是指对变量之间关系的初步陈述，这种假设是根据理论和经验背景设定的。其次，为了推断假设的经验结果，制作实际情况或类似情况。为了取得研究结果，如果存在实际情况，就没有什么问题，但如果不存在，就应建立研究状况。有时，为了排除其他变量的影响，人为地制造研究情况。第三,收集实际情况或类似情况下发生的资料。基于实证主义的定量研究旨在根据客观程序发现可证明的原理，因此应收集可视化数据。第四,为了分析收集的资料,需查明临时叙述的假设是真的还是假的。因为经验科学是定量资料的分析结果，起到支持或反驳假设的作用。从这些量化研究的程序中可以看出,量化研究的特性包括变因、研究设计、假设以及统计意义等。

在定量研究中,实际意义(practical significance)和统计意义一样重要。这里不要把统计用语显著和实际用语重要混为一谈。在统计假设验证中,"显著"只是意味着零假设根据事先制定的决定标准(α)被驳回,并不一定意味着实际重要性。因此，即使是统计上非常显著的结果，也有在实际中毫无价值的情况，反之，也有在实际中虽然是重要而有价值的差异，但在统计上毫无意义的情况。

通过计算效果大小(effect size)可以看出实际意义。在效应量的计算中，考虑样本的大小和分布特点。比较研究中最常用的效果大小是Cohen′s d，大于80认为效果显著。进行定量研究时，研究目的的清晰度、变因子的操作、采集方法、测量、使用适当的技术统计和推论统计、准确的结果解释等都很重要。

量化研究的探索程序是从对社会、文化现象"为什么会发生这种现象"的问题认识开始的。接下来，研究人员通过审查与该主题相关的现有理论和研究来建立假设。在设定假设后，进行研究设计，确定研究对象、研究周期、数据采集方法等，定量研究多采用便于量化数据采集的方法，如问卷法或实验法等。

根据这些计划收集数据后，通常使用统计技术进行分析并验证假设。此时，如果数据分析结果与假设 致，则接受假设，如果不一致，则驳回假设。基于此得出结论，当假设得到证实时，通过尝试将假设应用于整个人群的一般化来结束研究。

定量研究方法和定性研究方法之间存在优缺点。定性研究有助于"探索"新的社会现象或"开发"新理论，但存在代表性和客观性问题。定量研究是验证理论时的客观方法，但在缺乏先行研究而无法充分掌握变因的情况下，很难建立模型。此时，可以利用将个别收集的定性、定量资料在资料分析阶段或解释阶段相结合的混合研究方法论。

混合研究(Mixed Methods Research)是根据研究的性质或目的，既要采用定性研究方法，又要采用定量研究方法。例如，调查问卷法研究国民对政策的偏好，深入的访谈法研究结婚移民的心理状态，文献研究法研究城市人口现状。此外，一个研究课题也可采用多种研究手段，获得更为丰富的研究成果。例如，在研究网络成瘾的原因和现象时，一方面可以制作调查问卷收集资料，另一方面可以约谈一些网络成瘾者，收集深入的资料。

混合研究的类型是第一、三角化设计(Triangulation design)是获得相同研究主题的不同但互补的资料。对定量定性方法获得的数据结果进行直接比对、整合，用于验证各自结果的有效性。因为数量和质量的资料具有对等的地位,所以少了一个就很难回答研究问题。第二,内在设计(Embeddeddesign),同时使用定量和定性资料是可行的，但需要以一方支持的方式进行。虽然这两份资料并不能直接回答研究问题，但如果缺乏支持方资料，被支持方资料的分析和解释将变得不可能。第三,顺序混合方法.研究人员如何通过定性研究收集和分析数据，然后根据该结果设计后续定量研究。可进行如根据理论+结构方程式的研究。

使用混合研究方法的原因可以归纳为以下三点。第一,主要结果的扩展:采用定量研究或定性研究方法描述具体案例，随后通过其它研究方法，说明该结果适用于多少案例。例如，通过定性研究得出的结论是否适用于更多的案例，通过定量研究进行验证。第二,研究问题与技术导出:通过特定研究方法探索新的创意或技术,并通过其它研究方法更令人信服地被提出。通过定性研究获得的见解，以定量研究为支撑，加大研究力度。第三,再证明:回顾每种研究方法得出的结果是否相互再证明。将定量性研究结果解释定性研究，反之则通过定量研究验证定性研究结果，从而提高研究的可靠性。这种混合研究方法增加了研究的深度和广度，使研究有了更全面的了解。为了便于留学生理解上述三种研究方法，使其在撰写学位论文或学术论文时得以有效利用，因此撰写了本书。通过这些,我想明确传达研究方法的重要性及活用方案。虽然研究方法论相关书籍已经存在多种，但考虑到中国留学生获取现有研究方法论存在困难，因此撰写了本书。可见，本书具有帮助留学生更容易理解、进行更好研究的指南性质。

第一部 研究和论文

Ⅰ. 研究和论文

1.1 研究是什么？

研究是什么？为什么要进行研究，研究做什么，以及如何进行研究？一般来说，研究可以被定义为探索活动，旨在理解自然和社会现象。根据牛津英语词典(Oxford English Dictionary)的定义，研究是“发现新事物或分析旧事物的努力，是对对象进行科学研究或批判性探索的过程”。事实上，自称为研究者的人实际上进行着被他们的同行认可为研究的工作。研究是发展,评估和改变理论的手段。

如何进行研究？当有一个想要解决的问题时，进行研究是一种探索活动。如果学习研究方法，那么任何人都可以根据自己的情况和水平设置问题并进行研究。研究人员的兴趣，即通过研究解决生活中的好奇心。好奇心在整个过程中起着强大的研究动力作用，并且对自己的研究充满热情和兴趣可以促进自己进行更深入的研究。OECD(2002)认为“研究是创造新知识或以新的方式使用现有知识”。大多数情况下，研究人员会在先前的研究基础上进行开发,延伸和建立。研究并不仅仅是阅读其他人已经编写的有关该主题的所有内容或者是重新生产它。这意味着您对某个主题的调查和研究可以展示您对现有知识的重新解释，以及从研究过程中得出的新知识如何对该领域产生贡献。

教师的研究是有益的，它可以帮助教师改进教学方法、解读教育政策、探索新的教育理念，从而更好地理解学生和教学过程。虽然研究可以由高校教师和专业研究人员进行，但中小学教师也可以做研究，因为他们可以从自身的工作中发现问题，然后使用研究方法来解决这些问题。研究不仅仅是写文章，而是系统地探究和分析某个特定主题，以产生新知识和洞察，研究可以解决宏大的问题，但是它也可以解决日常现象和问题，因为这些问题也可以被视为研究的课题。

研究教育问题是一个科学的、系统化的方法，旨在探索教育现象和解决教育问题。它包括研究教育现象，如教学和学习过程，教育政策和教育理念，并使用科学方法，如观察、调查和实验，以生产新的知识和洞察。研究遵循特定的研究程序，包括定义研究问题、收集和分析数据、解释结果和提出结论。研究的目的是产生一般化原理，以提供有价值、可信赖的知识，为教育领域提供指引，帮助解决教育实际问题，提高教育活动的质量。

教育研究和经验总结、消息报道有差异。虽然经验中包含规律性，但通过反夏筛选经验可以找到规律性的本质。但是，仅凭经验，不仅花费的时间会更长，而且有时费了很大的周折却仍无法发现规律。从广义上讲，对教育现象的任何研究和探索都可以视为教育研究，包括教育研究本身。教育研究是一项采用系统的方法来研究教育问题，旨在探索教育现象和解决教育问题的研究。它包括研究教育现象，如教学和学习过程，教育政策和教育理念，并使用科学方法，如观察、调查和实验，以生产新的知识和洞察。研究遵循特定的研究程序，包括定义研究问题、收集和分析数据、解释结果和提出结论。研究的目的是产生一般化原理，以提供有价值、可信赖的知识，为教育领域提供指引，帮助解决教育实际问题，提高教育活动的质量。

教育研究的主体包括老师，研究人员，政策制定者，以及教育感兴趣的人。研究对象包括教学和学习过程，教育政策，教育理念，教育制度和教育成果。教育研究的重要性在于，它可以帮助我们更好地理解教育现象，解决教育实际问题，提高教育质量，从而提升学生的学习成果和生活品质。
教育研究的方法类型包括实验研究，调查研究，案例研究，文献研究和混合研究。这些不同方法都可以用来研究教育问题，选择研究方法取决于研究问题，研究目的，研究环境和研究资源。教育研究要遵循科学原则，包括客观性，系统性，可重复性和可验证性，以保证研究结果的可靠性，妥当性和可操作性。
教育研究面临的挑战包括如下,第一， 教育现象的复杂性，包括社会、社区、家庭、学生等各种因素的影响。第二,教育研究对象的异质性，包括不同背景、不同年龄、不同能力的学生和教师。第三,教育研究过程的弱控制性，研究者难以完全控制所有变量，从而影响研究结果的可靠性。第四,教育现象的不可逆性，研究者无法重现教育现象，从而影响研究结果的可重复性。第五,教育研究成果的概括性较低，研究结果可能仅适用于特定的教育现象和特定的研究环境。
这些挑战使教育研究变得困难，需要研究者仔细设计研究方法，收集和分析数据，解释和解释研究结果，从而产生有价值、可信赖的教育知识，为教育提供指引，用于解决教育实际问题，改善教育质量。

1.2. 论文是什么?

现在，您面临的是不仅仅是一本普通的书，而是一篇论文，您需要以逻辑方式证明自己的想法。您可能从未写过论文，这是您的第一次，也可能是最后一次。但是您需要现在开始成为有潜力的学者候选人，以撰写出自己的毕业论文。作为一名研究者，你需要学习如何写作、研究报告、学术论文和学位论文等，它们都具有独特的特性。其中，写论文是很重要的，因为它必须能够被研究领域的专家们审阅。这对于想成为研究者和博士来说，是必不可少的过程，也是成为研究专家的必备条件之一，在研究领域树立自己的地位的培训之一。论文是由研究者用以发表研究成果的正式文档。它通常包括研究的问题，方法，结果，讨论和参考文献。

完成这一份论文任务，你会获得学位。那么，你为什么要拿到学位？也许你能提出更多不去拿到博士学位的理由。显然，你已经能够告诉自己为什么需要拿到博士学位，因为博士学位是完成研究和做出知识贡献的必要条件之一。从不同角度来看博士学位，就像到达万里长城的旅程，一路上都需要经过各阶梯。比如，必须完成硕士学位，每个阶段都会帮助你更接近目的地。

在博士学位过程中，你会遇到重要的导师，他们将在未来对你的生活产生举足轻重的影响，特别是在留学期间，你会遇到外国人导师，你可能从来没有和他相处过。在完成博士学位的过程中，与导师的交流将让你体验到全新的学问世界，这便是所谓的‘博士学位论文’。

1.3 论文的构成体系和要素

1.3.1. 学位论文的构成体系

<论文的主要内容与顺序>

Ⅰ. 绪论
1. 研究的必要性和目的
2. 研究问题
3. 术语定义
4. 研究的局限

Ⅱ. 理论背景
1. 相关先行研究的考察
2. 先行研究蕴含的理论意义
3. 先行研究中提出的理论立场与本研究的关系
4. 具体目的或验证的研究假设

Ⅲ. 研究方法
1. 研究资料的收集过程,测定及分析等研究程序的大概概要
2. 测量工具的特征
3. 测量程序(研究进行程序)
4. 样本集(样本集的特性和样本方法,全集的规定)
5. 分析方法

Ⅳ. 结果及讨论
1. 收集的资料摘要
2. 统计分析结果
3. 研究假说的验证
4. 结果的解释
5. 对结果的讨论

Ⅴ. 总结与结论
1. 研究过程及结果的汇总
2. 研究结论的陈述
3. 提言(未来展望与研究限制)

1.3.2. 学位论文的构成要件

论文要想获得学术价值认可，最基本的论文通常包括以下几个部分：

1)题目：研究论文的标题，要简短明了，反映研究主题和目的。

2) 摘要：要是对整个研究论文的简要概述。它通常包括研究的背景、目的、方法、结果和结论。

3) 关键词：关键词是反映论文主题和内容的核心词汇，方便读者通过检索找到论文。

2)序言：介绍研究背景，问题，目的和重要性。

3)文献综述：对与研究主题相关的文献进行系统梳理，包括研究成果，研究空白和研究方法。

4) 理论基础：是为研究提供理论依据和框架的重要部分。理论概述、理论发展与应用、理论之间的关系、理论在本研究中的适用性以及相关研究回顾。

4)研究方法：详细地介绍了研究方法，包括研究设计，研究对象，数据收集和数据分析方法。

5)研究结果：展示和分析研究数据，包括表，图和文本。

6)讨论：解释和讨论研究结果，包括研究结果，研究结果的意义，研究结果与相关研究结果的比较，研究结果的限制和未来研究方向。

7)结论：总结研究结果，讨论研究结果的意义和限制，提出未来研究方向。

8)参考文献：列出本文中引用的文献，按照特定的格式。如APA、MLA、Chicago等。

在撰写研究论文时，需要注意以下几点：

1)清楚和简洁：要用清晰和简洁的语言表达论文的观点和结论，以便读者更好地理解。

2)逻辑结构：要用逻辑结构来组织论文的各个组件，包括方法、结果和讨论。

3)引用来源：如果引用其他人的文章，必须规范地引用和标注。

4)避免抄袭：避免学术不端行为，不要抄袭他人的文章，要用自己的想法和观点来撰写论文。

5)适当的写作风格：要根据论文的主题使用适当的写作风格。

6)统计分析：如果论文涉及统计分析，必须对分析结果进行严格的测试，以确保准确性。

7)参考文献：要参考相关的,权威的,最新的文献。

这里举出中国留学生在韩撰写的博士学位论文目录如下:

1)定性研究例示　：

韩国的高等教育国际化政策研究

Ⅰ.绪论

1.研究的必要性和目的

2.研究问题

3.术语定义

Ⅱ。理论背景

1.韩国高等教育国际化政策概要。

- 韩国高等教育国际化政策的背景及特点。
- 韩国高等教育国际化政策的变迁。
- 韩国以外高等教育的国际化政策类型

2。韩国高等教育国际化的主要活动家。

- 政府推进国际合作与交流事业。
- 大学间的国际交流

3。韩国高等教育的国际化政策实践事例。

-首尔大学，延世大学，全北大学，岭南大学，世宗学堂

4。对韩国高等教育的国际化有何评价.

- 韩国高等教育国际化评价机制是什么？

- 韩国高等教育国际化政策的评价

Ⅲ。研究方法

1.研究对象

2.研究方法

3。研究模型

Ⅳ。研究结果

1.韩国高等教育国际化发展历程

2.韩国高等教育国际化推进的发展方向，教育课程国际化

3.韩国高等教育的国际化政策实践成果事例

4.对韩国高等教育国际化的评价

Ⅴ。总结和结论

1.总结

2.结论

3.限制点和建议

参考文献

ABSTRACT

*資料: 류테진(2024). 한국의 고등교육 국제화 정책 연구. 대진대학교 대학원, 박사학위청구논문.

2) 定量研究例示：

*资料: 류샤오펑(2022). 중국 대학생의 일반적 자기효능감, 자아존중감, 사회적 불안, 주관적 행복감의 관계. 박사학위논문 대진대학교 대학원.

3) 比较研究方法论文例示:

韩国和中国在国家教育课程中的全球力量教育讨论再脉络化过程比较研究

Ⅰ. 序论

1. 研究的必要性及目的
2. 研究问题

Ⅱ. 理论背景

1. 比较研究中全球教育讨论的再脉络化过程
2. 比较研究的新方法 谈论的制度主义
3. 作为全球教育讨论的力量基础教育课程

Ⅲ. 研究方法

1. 分析对象 : 比较对象国选定, 收集分析资料
2. 分析方法和过程

Ⅳ.韩国国家教育课程中的全球力量教育讨论再脉络化过程及特点

1. 在韩国国家教育课程政策中引入力量教育课程
2. 韩国力量教育再脉络化过程中捕捉到的谈论性相互作用
3. 韩国力量教育再脉络化过程中超国家层面的特点

Ⅴ.中国国家教育课程中的全球力量教育讨论再脉络化过程及特点

1. 中国国家教育课程政策引入力量教育课程
2. 中国力量教育再脉络化过程中捕捉到的谈论相互作用
3. 中国力量教育再脉络化过程中超国家层面的特点

Ⅵ.韩国和中国的全球力量教育讨论再脉络化过程特征及围绕该过程的制度脉络比较

1. 韩国和中国的力量教育再脉络化过程特征综合比较
2. 围绕韩国和中国的力量基础国家教育课程政策的制度脉络比较

Ⅶ. 摘要及结论

参考文献

*資料: 이설(2024). 한국과 중국의 국가 교육과정에서의 글로벌 역량교육 담론 재맥락화 과정 비교 연구. 박사학위논문 서울대학교 대학원.

查看以上论文目录,补充说明的话,首先,选择适当的研究课题。课题应当具有创新性或能填补学术空白，同时与现有研究保持相关性。确保研究课题具有可行性，可以在规定时间内完成，且有足够的文献和数据支持。

第二,研究方法的科学性。方法选择要合理，根据研究问题和目标，选择适当的定性、定量或混合方法，清晰描述研究步骤、数据收集方式和分析工具。清楚说明研究的过程，使得其他研究者可以重复该研究，确保研究的透明性和可信度。

数据有效性和可靠性：确保所用数据的准确性和代表性，避免偏差或错误解释。

第三,语言与表达规范。论文应使用学术性语言，避免过于口语化或情感化的表达。文字表达应严谨、准确。句子和段落应简洁明了，避免冗长、复杂的表述。每句话的目的是清楚传达核心信息。

遵守这些原则，可以确保您撰写的论文具备专业性，可靠性，并可用于指导教学。

第一， 方向性。要时刻记住写文章的目的和对象,并写出是否符合这个方向。虽然是原则性的问题,但为什么要写研究论文呢？或者，阅读研究论文的读者为什么会阅读我的论文？应该思考一下所做的事情。如果集中于写论文的行为本身,很多研究者对根本性的写论文的目的或对象,只集中于填量。应该考虑一下是否只填饱了量。

第二,逻辑性。论文有很多构成,但最终还是要朝着一个结论展开。这不仅是整个论文的结构，而且在我们写进论文的每一个段落中也是如此。要能够从逻辑上阐明为什么会这样,并努力以一贯的论调和方向写文章。

第三,独创性。大多数研究人员似乎都有学术欲望和负担。没有地，不存在地，怎样创造新地东西？虽然可以，但在论文中，研究人员基本上应该在新资料、研究方法或结论等过程中找出或提出新的东西。写论文的时候要针对以前没有研究过的部分写研究论文！这样想，比起盲目地寻找新事物，利用现有的东西提出新的方向或改变研究对象的方式，完全可以展现新的独创性。

第四,简练性。无论写的内容多么重要，也不能过于反复写，或者为了无法知道整体流向而众口难调地写成吧?尽量用简洁的句子写出文章,使文章整体的流程和结构一目了然。为了以这种方式简洁地写文章,比起从一开始就写文章,将那个段落要写的核心关键词或主题语按段落指定,制定目录后添加内容的方式写的话,会更有帮助。

第五,客观性。如果是论文，当然不是根据主观说明，而是根据客客观事实来写通过研究论文解释想要主张的根据或统计结果值时,要公平客观地叙述,没有偏见或偏重。

第六,正确性。基本上，提出的图表或某些理论应该成为正确的描述。要提高整篇论文的可靠性，越要写得越详细。

第七,可读性。论文很难单纯地看作是学生研究成果的集合体。这绝对是有‘读者’的文章,应该构成和编写,让这些读者能够轻松地阅读和理解我的论文中主张的内容。

第八,伦理性。研究人员在撰写论文时，不应修改,歪曲或剽窃结果，参考资料应注明出处。这是与研究伦理相关的非常重要的事项。特别是论文，因为形式是重要的文章。正确标记参考论文也很重要。

以上说明了在写论文时一定要记住的学位论文的八个要素。

现在研究者应该自己回顾和审查今后需要写的研究或正在进行的研究是否符合这些标准。大部分论文审查中的指责事项都与这些因素有关,因此,如果以自己审查的教授的立场制定标准,一边检查一边准备,就可以尽情享受研究的乐趣。

1.4 留学生的学位论文

1.4.1. 学位论文的定义

学位论文中，研究问题的设置是重要的写作内容。对学位论文中设置明确的研究问题进行研究，不仅对笔者研究有一定的指导作用，也是影响研究整体成功的重要环节。在针对留学生的学位论文撰写教育中，设置研究问题尤其重要。学位论文是资料综合写作:要将自己所拥有的信息和从外部接收的资料、信息进行综合、分类,重新调整其意义。为了撰写学位论文,学习如何找出并阅读、理解、分析自己的研究主题所需的资料,并将批判性解释的结果用于学术写作。

学位论文与专业读者层意义协商性写作:学位论文具有很强的协商性，具有多种专业读者层，以与其相互作用为前提进行写作。即,作为学术性写作,学位论文的撰写不能只靠个人的认知努力才能完成的写作,而是要以与笔者所属的学术谈话共同体这一专业读者层顺利的相互作用为前提。

□学位论文是通过理论考察进行论证性写作:研究者应围绕与自身研究主题高度相关的前期研究内容进行考察，然后在此基础上阐明与前期研究的关联性。学位论文中阐明研究主题与先行研究的关联性意味着对内容进行论证。很多研究认为学术论文的核心就是论证写作，这是因为论证方式在解决学术研究问题上最为科学客观。学位论文是反复退缩和前进的动态写作:在生产学位论文的过程中,在认知和正义领域感到困难,因此写作也会被推迟。在无法生产文章的情况下，对研究问题会反复进行回归性、反省的思考。这一过程反而成为研究者前进的"退缩(retreat)"时间。

论文与一般文章相比, 不仅分量多, 而且在内容的深度和形式上也有明显的差异。与一般文章不同,论文提出了"内容条件、形式条件、伦理条件"的条件。论文内容条件是指立足于问题意识的主题设定和内容应围绕论证展开。论文采取的方式是提出学术主张，在此过程中利用其他研究者的知识或意见，确保主张的正当性。论文应当立足于问题意识，确定主题，展开主题内容时，应当采取论证的方式。因此，可以将论文定义为论证性文章或论证形式的文章。

1.4.2. 留学生的学位论文撰写能力

留学生撰写符合上述条件和要求且学术价值被认可的学位论文所需的能力包括'开展研究的能力、学术谈话和学术文本构成能力、学术文本表达能力'。这三种能力是在与学问谈话共同体相互作用的脉络中共同培养的。第一,研究执行能力:研究执行能力的核心是探索能够对学问谈话共同体的要求和对知识创造做出贡献的有意义的研究主题,并根据研究方法和程序进行研究。第二,学术谈话共同体学术文本构成能力:在构成学术文本时,需要考虑学术谈话共同体要求的学位论文的形式结构和内容构成方式、适当的说明方式等,论证性地构成研究者想要表明的研究问题的能力。另外，为了使研究问题与现有研究有所区别，更加明确地聚焦，单纯地进行了先行研究。不能只以为了理解而结束，而是要培养研究者批判性地阅读能力。同时，为了进行批判性讨论和树立独创性的观点来写文章，必须以学问的文识性为前提。第三,学术性文字表达能力:与学术性文字表达能力直接相关的语言能力，仅限于构成学术性文字所需的内容，以及能够将知识相关的词汇和学术表达、符合体裁的文体、终结语尾等用于学术研究领域的能力，即学术性语言使用能力。需要完成学术性写作的学习者需要能够恰当地使用与自己想要处理的主题相关的专业语言知识、抽象又专业的表达方式。不仅要掌握用语的表面意义,还要掌握根据脉络可以不同使用的深层意义。第四,与谈话共同体的互动能力:外国留学生用韩语撰写学位论文时,应考虑适当脉络,同时具备理解和使用韩语的脉络沟通知识。中国研究生成为学术谈话共同体的成员,意味着在白己的专业领域具备了用韩语书面语自主生产学术谈话的能力。

Ⅱ. 研究者的角色

2.1. 研究的乐趣

研究生院的硕士和博士课程是自我成长的选择之一。虽然有人认为，费用相对而言不值得，但是研究生院依然是正规教育过程，可以提供高水平的教育。如果学院的目标是高效地传递知识，那么研究生院的目标是自己掌握研究的方法。学者认为，研究生院课程是修正这种注入式教育弊端的机会。从提出问题,设定方法论到解决问题的过程，都可以自主学习。经过这些课程，会培养逻辑思维。逻辑思维可以与逻辑说服联系起来。

研究生院的课堂以发言和讨论为主。通过阅读文本并向他人说明，可以掌握要点，并通过持续训练，学会逻辑地说。表达自己想法的能力越来越重要。准备发言和讨论的过程有时会很辛苦，但是在完成研究生院课程后，会发现自己已经成长了很多。学位无法直接保证未来。但是，无论是获得在研究生院学习过程中的学位这一有形成果，还是获得解决问题能力和灵活性等无形成果，都会提升获得新机遇的可能性。要想在研究生院获得有形和无形成果，必须亲自完成论文。我认为，研究生院是写论文的地方。

学者过去的经历中的流动性和多样性，为学者的研究态度奠定了基础，并帮助学者克服研究过程中遇到的各种问题。对于研究者来说，经验使他们的研究更加丰富。个人想成为一个优秀的研究者，是因为居住和停留空间的流动性和多样性，它们使自身的学问变得丰富多彩。与那些安静地在桌前做纸上工作的研究者不同，学者喜欢寻找资料,活动,合作和交流，成为一个充满活力的研究者。要成为一个优秀的研究者，必须喜欢身边散布的各种经验，喜欢离开常规。随时准备出发寻找资料。

每个学者，尤其是研究人员，都应该有一个自己的理论视野。这是研究人员面对事物的和现象的立场。自己的理论视野的基础是建构主义符号学的视角。原因之一是谁指导了你学习，即指的是研究人员与导师的关系。导师的思想,思想家的哲学理念和思想等是研究人员非常关心的问题。因此，作为徒弟学习期间，研究人员受到一定影响。当他们获得博士学位，离开导师，进入社会后，这些影响仍然存在。有时，这些影响也被称为派系或学派。

研究人员选什么样的导师非常重要，在学问的培训过程中，遇到什么样的思想教授对该学者学问生涯将产生很大的影响。现在刚开始走上质的研究道路的研究生们，你会成为技能工，还是成为真正的学者？学者应该用讲演,著作和论文来阐述自己的思想和哲学。课程内容和著作反映了研究者的学术路线。因此，了解任何学者，必须了解他写了哪些论文和著作。这非常重要，因为它可以帮助我们理解这个学者的学术轨迹。

2.2 研究者的研究经验

首先,研究者们在进行研究的过程中，不仅经常不按预期进行，还会遇到一些意想不到的问题。这些试错会成为修改研究计划或转向新的方向的契机。研究者们可以通过经验，学会如何更好地解决问题，并在此过程中培养出创新想法的能力。

第二,研究者在实验过程中，经常会偶然遇到其他研究人员或专家。这些偶然的接触可以帮助他们获得新的观点和想法。研究者可以通过与其他研究人员分享自己的想法，以获得更多和丰富的研究经验。这有助于他们获取更多和丰富的研究经验，并帮助他们更好地理解研究话题。此外，这些偶然的接触还可以帮助研究者找到新的研究方向，并帮助他们解决研究中的困难。因此，研究者在研究过程中，需要保持开放的心态，并愿意接受偶然的接触。

第三,研究者在进行研究时，要考虑的重要的元素之一是研究数据。研究数据的质量和可靠性是决定研究结果可信性的关键因素。因此，研究者必须在收集和分析试验数据的过程中采取慎重和严格的步骤。研究者在研究中必须谨慎地收集和分析试验数据。只有通过这些努力，研究结果才能被认为是有效的和可信赖的。

第四,研究者之间的合作可以帮助他们利用不同领域的知识和技能，从而带来令人惊讶的研究成果。此外，研究者之间的讨论和反馈可以帮助他们研究工作变得更为客观和系统化。

第五,研究者必须时刻准备好面对新的挑战，并持续地投入努力来进行自我发展。在不断进步的研究领域中，知识和技术的更新是必须的。

2.3 研究者的研究伦理

在开始研究时，研究人员应查阅所属机构和相关学术会议的研究伦理准则，并按照这些准则进行研究。主要的研究伦理主题包括研究人员的责任、研究参与者的权利以及与研究结果报告相关的伦理等。

1) 研究者的责任

研究者在整个研究过程中承担着各种伦理责任，包括选择研究主题和方法，以及利用研究结果等。研究者应该选择能够对咨询理论和实践产生积极影响的研究主题。研究的结果应该有助于研究对象的理解，并促使他们实现积极变化。因此，研究者在选择研究主题时，需要考虑自己的研究主题是否已经涉及到先前研究探索过的问题，研究方法是否适合探索研究主题，以及研究的成本效益是否值得进行等因素。

研究者的责任还包括获得机构生命伦理委员会(IRB)的批准。大多数大学要求在涉及人类对象的研究中，必须事先获得机构生命伦理委员会(IRB)的批准。例如,韩国的大学大部分伦理规定也专门设置了涉及机构生命伦理委员会批准的条款，强调了其重要性。对于需要机构批准的研究，研究者在进行研究之前需向IRB提交研究计划并获得批准。获得批准的研究应按照研究计划进行，并在需要更改时进行再次批准。特别是对于涉及人类体验的研究，建议在开始前先获得IRB的批准。

2) 保护研究参与者的权利和禁止伤害

除了文献研究外，大多数研究都必然需要研究参与者的帮助。研究参与者包括问卷调查的回答者、访谈对象、项目参与者等。在这个过程中，研究者意识到并通过保障研究参与者的权利来进行研究。研究参与者听取关于他们参与的研究的说明，并基于这些信息进行事先同意，决定是否参与研究，并且在研究进行过程中，他们有权随时终止研究参与。

特别是在涉及儿童和青少年的研究中，除了获得儿童和青少年的同意外，最好还要获得监护人的同意。在韩国，针对儿童和青少年的问卷调查通常只需要向他们说明研究目的，并仅获得儿童和青少年的同意，但对于需要更长时间参与的研究，如团体咨询项目，不仅需要获得儿童和青少年的参与者的同意，还需要获得父母的事先同意。在进行针对儿童和青少年的项目开发和项目效果评估研究时，需要使用事先同意书。在进行研究的过程中，保密研究参与者的个人信息也是保障研究参与者权利的重要方面之一。研究者在研究过程中获取到研究参与者的人口统计信息、社会经济背景、各种心理状态、父母的人口统计信息和心理信息等各种信息，对此需要保密。为此，通常在问卷调查中不使用姓名，或者在报告结果时通过提供平均分数的方式来隐藏参与者的身份。特别是在案例研究或者详细介绍访谈内容的研究中，研究者会根据研究目的选择性地公开特定特征，并且注意避免不必要的个人信息泄露。

<活动> 写论文的个人力量分析

1. 将个人对论文主题的想法写成一句话。

个人对论文的看法

2. 根据个人对论文的看法，采用确定学位论文主题所需的撰写能力描述进行标示。 除下列提示外，如有需要增加的技术，请填入空格。

	课题处理技术	采纳与否	极不满意	有点不足	一般	满足	非常满意
1	解题技术		①	②	③	④	⑤
2	学习习惯		①	②	③	④	⑤
3	论文写作战略		①	②	③	④	⑤
4	目标设置		①	②	③	④	⑤
5	计划制定能力		①	②	③	④	⑤
6	资料收集能力		①	②	③	④	⑤
7	资料整理能力		①	②	③	④	⑤
8	压力管理		①	②	③	④	⑤
9	PPT编写技术		①	②	③	④	⑤
10	外语可读性		①	②	③	④	⑤
11	外文翻译		①	②	③	④	⑤
12	了解 APA 格式		①	②	③	④	⑤
13	统计分析能力		①	②	③	④	⑤
14	统计理解能力		①	②	③	④	⑤
15	写作能力		①	②	③	④	⑤
16	时宜性判断		①	②	③	④	⑤

17	面谈技术能力		①	②	③	④	⑤
18	沟通能力		①	②	③	④	⑤
19	人际关系能力		①	②	③	④	⑤
20	信息应用能力		①	②	③	④	⑤
21			①	②	③	④	⑤
22			①	②	③	④	⑤
23			①	②	③	④	⑤
24			①	②	③	④	⑤

3. 以评分结果为基础，制定个人的3种优势技术和强化战略。

	优势技术	强化战略
1		
2		
3		

4. 以评分结果为基础，制定个人的3个弱点技术和补充战略。

	弱点技术	补充战略
1		
2		
3		

Ⅲ. 论文题目申报

3.1 论文题目选择

如何选择来源、撰写、修改及完整流程指南.对于学生来说，选择论文题目和写论文一样困难。解决这一问题最简单的方法就是利用互联网。在论文的撰写期间选题申报是至关重要的一步。一个恰当的论文题目不仅可以明确研究内容还能吸引读者的兴趣。本节将结合知网论文题目申报的实际操作，详细介绍怎么样选择来源、撰写、修改及完整流程为研究者提供一份实用的指南。首先选择来源,确定关键词,以"遥感"为例打开知网，点击高级搜索，将关键词输入搜索框中实行搜索。通过检索相关文献，理解该领域的研究现状和发展趋势。第二,参考文献来源.依据检索结果筛选出与论文选题相关的参考文献。这些文献将有助于确定论文的研究方向和内容。第三,咨询导师.在选题进展中，与导师沟通，理解导师的建议和意见。导师的经验将对论文选题起到要紧的指导作用。

3.2. 撰写论文题目申报书

1)论文题目：论文题目应简洁明了，要准确表达研究内容。例如："基于遥感的城市绿化效果评价研究"。

2)论文类型：依据论文的研究方法，确定论文类型。如：理论研究、实证研究、案例分析等。

3)论文来源：简要介绍论文选题的来源，如：现实应用、文献综述、导师建议等。

4)论文目的与须要：明确论文研究的目的，阐述论文要解决的难题和达到的目标。

5)论文主要内容：概括论文的主要研究内容，包涵研究方法、研究框架、数据来源等。

6)论文进度安排：依照论文写作的时间节点，制定论文进度安排，保障论文按期完成。

7)任务实行日期：明确论文各阶的完成时间，以便于导师和同学实行监督。

3.3. 修改论文题目申报书

首先导师审核,在论文题目申报书提交后，导师将对申报书实行审核。如有需要修改的地方，导师会提出建议。修改完善,依照导师的建议，对论文题目申报书实行修改和完善。二次提交,修改后的论文题目申报书再次提交至知网等待二次审核。以上修改确定论文题目后总结整个进行如下:

1)确定选题方向：结合自身兴趣和专业背景，确定论文选题方向。

2)检索文献：利用知网等数据库检索相关文献，熟悉研究现状。

3)撰写论文题目申报书：遵循须要撰写论文题目申报书，明确论文研究内容。

4)提交申报书：将论文题目申报书提交至知网，等待审核。

5)导师审核：导师对论文题目申报书实行审核，提出修改意见。

6)修改完善：依照导师意见，对论文题目申报书实行修改。

7)二次提交：修改后的论文题目申报书再次提交至知网，等待二次审核。

8)审核通过：论文题目申报书通过审核，开始论文写作。

论文题目申报是毕业论文撰写的必不可少环节。通过本文的介绍，相信毕业生们对怎么样选择来源、撰写、修改及完整流程有了更清晰的理解。在实际操作期间，要注重与导师的沟通，保证论文选题的合理性和科学性。只有选好题目才能为后续的论文写作奠定坚实的基础。

<活动 1> 检查自己的专业和论文认识

1. 在填写以下表格的同时，检查自己对当前专业的认识。

条件	自己的认识
选择专业的理由及动机	
专业关心的领域学者	
专业关注领域的最新动向	

<活动 2> 检查自己的专业和论文认识

2.检查一下现在所想的论文主题的信息。

项目	自己的认识
论文题目相关的最新研究动向	
论文题目相关的信息探索	
通过论文实现的价值，社会贡献	

Ⅳ. 研究计划书和APA

4.1 研究计划书的准备和发表

从思考写什么论文的阶段开始，论文的写作已经开始，但具体和实际的论文开始阶段是准备论文计划书。对于大多数研究人员来说，这也是最困难的阶段。

1)什么时候开始准备论文计划书？发表论文计划书时最晚也要在一个学期前准备论文计划书。论文计划书不是苦恼一两周就能写出来的。下一章将提出确定论文主题的过程、方法和注意点,但要确定论文主题,需要花费大量的时间、努力、苦恼与挫折，所以越早开始越好，经常向同事和指导教授讲述自己感兴趣的领域。不仅可以整理自己对感兴趣领域的想法，还可以成为获得有价值反馈的好机会。

2)为什么要写论文计划书呢？论文计划书顾名思义就是记述了研究者如何进行主题研究的计划，究竟是否是有研究价值的研究，研究的方法是否合适。一般来说,完成一篇论文至少需要1年左右的时间。对某一个主题研究者认为研究价值很高,但是并没有提前对这个主题做研究计划，而是直接进行研究并完成论文,如果到了接受审查的阶段,才发现同一主题的研究已经存在或研究方法有误,那这段期间的辛苦就白费了。为了防止这种情况发生,提前制定论文计划书,并得到详细仔细的反馈是很有必要的。写论文计划书,好比盖房子不是一开始就盲目地砌砖,而是从设计图开始的。

3)论文计划书中应该包含什么内容。如果认为论文计划书中包括除了论文结果和讨论部分以外的所有部分，就更容易被理解了。如果完成论文计划书,那么论文的一半以上工作已经结束。

论文计划书中应该包含的内容如下。:

·题目(研究主题)

·序论(研究的必要性和研究问题及用语定义等)

·理论背景(整理并组织提出相关研究主题相关的先行研究)

·研究方法(具体提出使用什么工具、用什么方法进行研究)

·参考文献。

题目

研究背景（研究必要性、研究目的、研究意义、研究问题）

文献综述与理论基础

研究内容（研究技术路线图、研究思路）与研究设计（研究对象、研究方法、研究工具）

研究难点与解决方案

预期成果及创新点

论文工作时间计划

论文计划书的准备和发表要充分。如果论文计划书中包含前面的内容，其分量可能达数十页，但根据研究的性质和理论背景，其分量可能只有10页左右。重要的不是数量多寡，而是明确地表现出研究的目的和计划。另一方面，完成的论文和论文计划书需要在终结语尾上有所差异，完成的论文已经陈述论文的所有过程都结束了，因此在研究方法中虽然记述"做了"，但论文计划书还处于论文计划阶段。

4）应该如何发表论文计划书，大部分研究生院让教授和同事聚在一起发表论文计划书。此次会议既是对研究者研究计划的反馈,又是对研究生进行论文计划书制作的教育,在发表的情况下,详细提出论文计划书的时间限制很大,所以详细的论文计划书全部要提前一周左右提交。根据学校的不同,有时也会把论文计划书全部夏印后发给其他的研究生，但一般情况下会另外准备两三页左右的摘要后发给其他的研究生。在发表之前，已经向教授和同事提了论文计划书作为资料，所以发表本身要简单明了，并给予反馈。有疑问最好提问,不要就这么算了，教授们的反馈意见都需要进行记录或录音,用于修改和发展论文，以防止忘记反馈内容，主要目的不是按照自己的原计划防御论文计划书，而是充分利用反馈，制作出更好的论文。发表论文计划书的场合不是对论文计划书进行考试的场合。在教授们和同事研究生们围坐的地方发表和回答问题,事实上对任何人来说都会有负担。教授们所提出的问题,是为了让研究计划书内容中不多位教授及同事研究生一起为研究者的论文提供思考和反馈的机会,因此，研究人员充分发挥自己的作用,以获得更多有价值的反馈。避免"大概准备一下，先得到反馈后再好好制定论文计划"的话，研究人员应在导师指导下,尽最大努力制订好研究计划,才有资格获得反馈。明确的部分变得明确或让研究者从不同的角度进行思考，完善论文的完成度、方法的科学性以及格式上的严谨性。因此，应该将其视为‘为论文共同思考的场合’。

整理好反馈内容后，与导师见面讨论研究方向。讨论的结论大致是以下三种之一。即①立即按原计划进行研究，②保持研究计划基本框架进行部分修改研究，③选择新的课题重新编写研究计划书，下学期再发表研究计划书。在发表研究计划书之前，如果多次与指导教授见面并接受充分的指导，则很有可能属于①或②，研究计划书完全改写的结果几乎不会发生。

另一方面，教授之间的反馈内容多少有些不同，甚至也有完全相反的反馈。在这种情况下,与指导教授一起仔细研究反馈内容后再做决定即可。决定论文方向的人是研究者和指导教授，因此由研究者和指导教授决定如何接受反馈内容。

4.2. 要写研究计划书的理由

学生们误解了选定论文主题后马上开始编写论文。在正式写论文之前，研究者应该先根据研究主题进行研究计划。必须事先写研究计划书的理由如下。

1)明确的方向设定:研究计划书明确了研究的目标和方向，有助于研究人员具体做什么和如何做。

2)系统方法:通过研究计划书系统地总结研究的各个阶段和方法论，从而减少研究过程中的混乱并有效地进行。

3)资源管理:通过提前计划研究所需的资源(时间、人力、预算等），可以有效管理和利用资源。

4)反馈和修改:可以通过研究计划书获得导师或同事的反馈，从而提高研究质量并修改方向。

5)遵守研究伦理:通过制定研究计划书、整理伦理考虑事项、制定研究参与者的同意程序等，可以遵守研究伦理。

6)基金及请求支持:申请研究经费或获得资助需要具体研究方案，因此方案成为重要文件。

由于这些原因，研究计划书对于研究的成功进行至关重要。因此，研究计划书根据研究方法的不同，其目录略有差异。

<表Ⅳ-1> 定性研究,定量研究,混合研究计划书的对比

定性研究	定量研究	混合研究
1.绪论 -研究背景及问题提出 - 研究目的与必要性	1.绪论 - 研究背景 - 研究的必要性 - 研究目的	1. 绪论 - 研究背景及问题提出 - 研究目的与必要性
2. 文献考察 - 相关研究和理论研讨 - 质量研究的重要性	2. 文献考察 - 先行研究现状 -主要理论及概念	2. 审阅文件 - 相关研究和理论研讨 - 混合研究方法的重要性
3. 研究问题 - 提出主要研究问题 - 研究提问的意义	3. 研究问题与假设 - 配置研究问题 - 提出假设	3. 研究问题与假设 - 提出主要研究问题 - 定量和定性的假设
4. 研究方法 - 研究设计 - 研究类型 - 选定参与者 - 采样方法及标准 - 数据采集方法 - 访谈,观察文档分析等 - 数据分析方法 - 主题分析，内容分析等	4. 研究方法 - 研究设计 - 数据采集方法 - 分析方法	4. 研究方法 - 混合研究设计 - 研究类型（先行研究、同步设计等） - 选定参与者 - 采样方法及标准 - 数据采集方法 - 定量方法(问卷调查等) - 定性方法（采访、观察等） - 数据分析方法 - 定量分析（统计分析等） - 定性分析（主题分析、内容分析等）
5.研究伦理 - 伦理上的考虑事项 - 参与者同意程序	5.研究的预期效果 - 学术贡献 - 社会贡献	5. 研究伦理 - 伦理上的考虑事项 - 参与者同意程序
6. 研究日程	6. 研究日程	6.研究日程

- 研究进行计划 - 关键步骤及时间表	- 研究进行计划	- 研究进行计划 - 关键步骤及时间表
7. 预期效果与贡献 - 学术贡献 - 实践贡献	7. 参考文献	7. 预期效果与贡献 - 学术贡献 - 实践贡献
8. 参考文献		8. 参考文献

按上述研究方法制定研究计划书目录,将有力地迈出写好论文的第一步。一般大学选定论文主题后将发表研究计划书(Proposal)。大致发表PPT目录如下定量研究计划的目次和定性研究计划的目次如下。

<表Ⅳ-2> 定性.定量研究的研究计划書發目次

定性研究	定量研究
緖論	緖論
理論背景	理論背景
研究構成和模型	研究構成和假設
研究方法	研究方法
研究進度計劃	統計處理方法
參考文獻	研究進度計劃
	參考文獻

4.3 APA格式

4.3.1 APA格式

APA(American Psychological Association，美国心理学会)格式是社会科学、行为科学、商业、护理等领域的作者和学生常用的格式。APA格式指美国心理学会出版的美国心理协会刊物准则， 是一种广为接受的论文写作格式,常常出现在社会科学研究论文中。APA格式不仅是对于学术文献引用和参考文献撰写格式的规范，还是对于表格,附录,图表的编排方式的规范。可以说写社会科学论文要是不知道APA格式就根本无从下手。本书为大家整理了APA格式第七版对于APA格式的要求。详细APA格式见附录。

4.3.2 在文献引用注意事项

1)当以研究者的名字开始引用的情况时，要写上研究者的名字是不言而喻的（韩国人全部的姓和名，外国人的情况），并在旁边用括号标注研究对象的年份。

例如：金00(2005),在传统上商谈有关教科书对人类的认知、行动、感情等。

同时引用一位研究者的两个研究时，用逗号（，）隔开，按照顺序标注上年份。

例如：gottredson（2001,2007）提出有关妥协的理论后，关于妥协的过程。

2)两位以上的研究者的研究对象的情况，要在最后作者前面加上“和”

例如：Hesketh、elmslie和kaldor（2000）的研究兴趣

也超 过了任何方面

3)研究人员为3人以上的研究对象的情况可以标记为：第一个作者等（年份）

例如：ginzberg、ginsburg、axelrad和herma（2000）提出这一概念后，或ginzberg等（2000）提出这一概念后。

4)在引文最后写研究者或作者的名字时，在引文最后加括号，写作者姓名、年份，然后在括号外加句号。

例如：根据某某大学的调查，2009年新生中只有33%的表示在决定专业时最重视自己的能力倾向(首尔大学学生生活研究所，2009）。

5)引用两名以上外国作者写的研究时，在最后一位作者前面写“&”。

例如：为了验证这些假设，经验性研究接连不断（Hesketh，elmslie&kaldor，2007）。

6）在一篇文章中引用多个文献时，按第一个作者的字母顺序排列，研究与研究之间用分号（；）连接。

例如：西欧很早以前就开始讨论妥协过程在前途决策中的重　要性(gati，2000；ginzberg，ginsburg,Axelerad&etal，2001；Gottfredson，2023；pryor，2024；Super，2001。

7)如果作者超过三人，韩国研究物可以标记为第一作者外（年度），外国研究对象可以标记为第　作者etal（年度）。

例如：在一项调查研究中显示，63.6%学生表示会选择自己　喜欢的可以当做职业的专业(韩尚根 外 2001）。

例如：西欧很早以前就开始讨论妥协过程在前途规划中的重要性（gati，2003；ginzberg etal，2009；gottfredson，2006；pryor，1987；super，1953）。

8)如果将研究者写的内容原封不动地转载并引用，则要标明正确的页面引用，页面显示年度后通知，然后提示。

例如：Bandura（1997；8）提出，自我效能感是根据四个信息源形成：成就经验（performance accomplishment）；代理经验（vicarious experiencee）；语言说服（verbal persuation）；情绪状态（emotional arousal）。

V. 论文申报

5.1 论文审查将如何进行?

论文计划书发表后,经过修改后,按照计划进行研究,在即将毕业的学期提交审查本。如果在没有休学的情况下修完所有课程,大学将在最后一个学期的第五学期提交,一般比研究生院结课日提前-个月左右提交审查本(硕士学位申请论文)。硕士论文请求书的审查-般由包括指导教授在内的3名审查委员组成。论文审查不是单纯的程序性行为,而是重新研究论文整体,仔细考虑硕士学位论文的适合性的过程。如果认真填写了论文计划书，很好地反映了通过发表论文计划书获得的反馈，并充分接受了指导教授的指导，完成了审查本，在论文审查过程中不会出现太大的惊慌。但是与发表论文计划书时不同，在论文审查时，由研究者进行，他必须准备好回答关于他整篇论文的任何问题.应该向评委们证明自己经过长时间的准备和进行的论文作为硕士学位论文是合适的。

5.2 论文审查本包括哪些内容呢?

论文审稿应当具有完整的论文形态。每个研究生院都有学位申请论文撰写指南从封面式样到目录、韩文摘要、正文式样、参考文献，均应按照相应说明书填写。但是,英文摘要(abstract)可以在最终审查结束后附加。要仔细参考研究生院的编制方针,体现出符合格式的编制诚意。论文的正文大致由①绪论,②理论背景,③研究方法,④结果,⑤讨论等组成,此外还附有参考文献和必要时附录。

第1章：绪论(研究必要性和目的)

第2章：理论背景

第3章：研究方法

第4章：结果和分析

第5章：讨论

第6章：结论及提言

参考文献

附录

英文摘要

5.3 审查本的修改将经历怎样的过程呢?

提交审查本后1~2周内进行初审,根据其结果可以审查三次,在初审中提出的内容是否被正确修改,在三审中重新讨论再审中提出的内容是否被充分修改。审查时,经过审查委员的许可,记录审查内容,修改时最好不要遗漏。初审后和夏审后，应对审查中收到的反馈意见进行梳理，与导师商议后，确定整改方向，认真考虑反馈意见，做好整改工作。研究者认为修改完成时，应再次接受导师对修改内容的审查，并将修改文本和论文修改事项汇总表一并提交全体评审。

在修订本中,将修改的部分划线用红色或蓝色等标记修改的部分,使评委们能够容易地掌握修改的部分。另外论文修改事项要旨应单独准备简表，供审查人员与修订本对照。论文修改事项摘要表中，应像整理论文计划书反馈内容时那样，在论文的各部分、各评委、各相应页码和行线写明，整理得一目了然，以便于修改前的内容和修改后的内容进行比较。

如果评委认为初审的审稿准备工作做得太不充分，或者整个研究过程存在问题，以至于在一个多月的审稿期内无法修改，可以建议下学期重新提交审稿。或者,如果认为对初审或再审中提出的内容没有进行适当的修改,就建议不再重夏审查,下学期重新接受审查。终审三审结果论文通过后,将获得评委们的批准并印刷论文。

5.4. 论文申报步骤

一般来说,大部分学位论文申报过程都会进行以下阶段。各个大学可能存在一些差异。硕博士学生在提出学位考试申请前，除应完成硕博士学位应修课程、符合学系所规定毕业条件外，亦必须完成申报指导教授及论文题目之程序，有关申报指导教授及论文题目说明如下。

1) 步骤1

硕士(博士)论文导师，除特殊情况需经系务会议同意外，须由本校专任助理教授级(含)以上教师担任。为提早论文撰写，建议研究生於硕(博)一下学期学期结束前择定导师。最晚须於毕业前一学期第一周前填妥「论文指导教授同意书」。研究生得视需要提出变更指导教授之申请，惟变更仅限一次。变更指导教授须由原指导教授、新指导教授、学生三方同意，并重新缴交「论文指导教授同意书」。

2) 步骤2

研究生完成论文计划书後需经指导教授审核，并於论文计划书审查截止日前。

3) 步骤3

研究生於通过论文计划书之审查後，若经系主任核准更换指导教授後，需重新提出论文计划书之审查。

4) 步骤4

申请举行学位考试.硕士学位考试时间、地点及设备应由考试学生主动联系安排，如需使用校内场地及设备，得向系所申请使用。学位考试应於研究生申请之该学期学校行事历规定学期结束前举行。

5) 步骤5

论文口试。论文格式应符合本系规定之格式。研究生须於学位考试日期二周前，将论文影本打字装订妥当(考试委员各1份)，由研究生自行寄送至各口试委员审阅。口试进行方式由召集人与全体口试委员讨论後决定。论文口试结果。

⑴口试委员於论文口试成绩报告单上确认口试论文比对结果是否符合委员要求。

⑵论文口试成绩分为以下三种：

-通过：研究生当场通过论文口试，含无须口试委员复查小幅修改。

-有条件通过：研究生须按照口试委员的决议修改论文最後审查。

-不通过：研究生须於大幅度修改论文之後重新举行，并於修改完成後经口试委员复查或由口试委员授权给指导教授做论文口试。

⑶论文口试结果须填妥「论文口试成绩报告单」，并经全体委员签名，送交系办公室。

6）步驟6

研究生学位考试後，论文修订完成，需将完成论文经论文比对系统後的结果送交指导教授审查，经指导教授同意，方可上传至图书馆；同时签署【论文原创性比对缴交确认书】後，缴交至系办公室。

7）步驟7

论文口试成绩不及格，其修业年限尚未届满者，得於次学期或次学年重新提出申请，得以一次为限，重考成绩仍不及格者，应令退学。

8）步驟8

论文上传.办理离校前，须至图书馆「00大学学位论文查询系统」，输入论文摘要、目次、参考文献等相关资讯及勾选全文授权方式，并上传论文电子档。档案经审核通过後，图书馆会以电子邮件通知前来图书馆办理离校手续及签署授权书、并缴交二至三本纸本论文。

5.5. 论文的新颖性

学位论文的撰写、口试、以及论文投稿期刊、研讨会等，都是本校师生经常从事的学术活动。但是要将学位论文、或是期刊论文里所揭露的技术提出专利申请，必须注意专利法规里的一些限制，稍有不慎就可能损及自己的权益。一件创作至少须符合专利三要件，也就是「新颖性」、「进步性」及「产业利用性」，才有获得专利的可能，其中又以新颖性最具决定性的影响。任何发明一旦已「公开」便有可能导致新颖性之丧失而无法取得专利。

依韩国专利法规，一创作如在申请前「已见於刊物」、「已公开使用」或「已为公众所知悉」，原则上即丧失新颖性，不得取得专利。这些公开不限於发生在世界上任何地方，也不限於透过任何语言或形式（包括书面印刷、电子档案、网页发布、口头说明、实体展示等）。

以下将学位论文、期刊论文会被视为已经公开、或是尚未公开的情形，整理如下表：

<表 V-1> 學位論文和期間論文的對比

	学位论文	期刊论文
已经公开	口试(如开放给任何人旁听，不论有无口试委员以外的人出席·均视为「已经公开」）。 论文纸本在本校图书馆、或国家图书馆(任何之一）上架供阅览。 3,论文电子全文可以在本校「学位论文全文系统」、或是「全国博硕士论文资讯网」阅览或下载。	1.出席研讨会并口头发表论文。 2.论文印刷出版在期刊、或研讨会论文集里。 3.电子全文可以在期刊或研讨会的网站、或其他任何网站阅览或下载。
尚未公开	口试（如参与口试的委员与任何旁听的人均有签署保密协议,且可提出作为证据者,可视为「尚未公开」)。 2.毕业离校时虽有缴交论文纸本,但有事先办理「延后公开」，本校图书馆或国家图书馆均未上架陈列（因此上架陈列前可视为「尚未公开」)。 3.毕业离校时虽有上载论文电子档案至本校「学位论文全文系统」、「全国博硕士论文资讯网」,但有设定若干年才开放阅览、下载(因此开放阅览与下载前可视为「尚未公开」）。	投稿（不论透过纸本或电子形式投稿，由于不是对不特定人揭露，所以视为「尚未公开」）。

资料：国立台湾科技大学https://ttc.ntust.edu.tw

一种常见的错误是，学位论文的电子全文有设定若干年才开放阅览、下载，但论文纸本却未事先办理「延後公开」，因此仍然丧失了新颖性而不知。例如，韩国法律规定12个月。韩国专利法第30条规定：除被揭载在韩国、条约或法律所规定的国家的专利公报以外，不丧失新颖性。因违背专利权人之意而公开者。

Ⅵ.导师和留学生研究者的角色

6.1. 导师如何指导学生？

指导中国留学生的教授们最好采取以下态度进行论文指导。

1)文化理解:了解和尊重中国学生背景和文化差异的态度。认识到文化差异，就可以畅通无阻。语言对于和留学生沟通很重要。教授不可能精通所有的外国语。但至少应该为沟通而努力。努力利用能够对留学生母语进行基本沟通的方法(papago等)或使用手机应用程序进行可能的语言沟通。

2)明确的交流:对研究课题、期望、截止日期等进行明确说明，减少混乱，反复检查，让留学生能够理解信息内容是很重要的指导程序。

3)持续反馈:定期反馈，帮助学生进步。建议平衡正面反馈和建设性批评。

4)尊重自律性:鼓励学生设定自己的研究方向,自主进行,必要时不吝惜适当的支援是很重要的。

5)情绪支持:为学业压力或面临困难的学生提供情绪支持，为他们营造舒适的咨询环境。还对学生进行心理咨询。在异国他乡短时间内用外语写论文并不容易。因此，学生更加缺乏自信心和不安,导师需要能够理解和鼓励这种情况。用这种态度进行指导，可以使中国留学生更有效地进行学术研究。

研究生入学后一两个学期前就会确定导师。研究生院导师的最重要的作用是指导论文的规划和完成。在这里，了解一下指导教授的角色中，适合期待论文撰写的是什么，以及留学生需要的态度是什么。

指导教授直接给论文题目吗？不是的。论文主题由研究者决定，论文进行也由研究者进行。指导教授就是指导研究者正确进行研究的人。建议研究者在感兴趣的领域寻找主题，并以最适合的方式进行该主题。给予帮助的人就是导师，就自己论文而言,研究者应该是完成论文的全过程最专业的人。指导教授是研究者自己定主题、进行研究、完成论文的过程中所需的论文主题及研究方法相关的丰富背景知识进行指导的人,绝对不会代替研究者进行论文。

如果一一依靠导师写论文，那这篇论文不能说是自己的，以后想写另一篇论文时，也会像第一次写论文的人一样不知从哪里开始，如何进行。甚至亲自完成论文整个过程的研究者们也直到完成一篇论文并提交最终印刷本的时候才说:"现在好像知道怎么写论文了。"如果再写一遍，应该会写得更好"。因为很多人都这么说。"指导教授应该在自己感兴趣的领域找到主题，这样才能很好地指导吧?"不是的。跟指导教授对某个研究主题感兴趣与否完全没有关系。相反，指导教授建议并帮助研究人员找到感兴趣的主题，应用适当的研究方法完成论文的全过程。

"首先从题目开始跟指导教授说，如果指导教授OK的话，就去找一些先行研究。有些研究生将暂定研究主题写成一行题目，向指导教授提出后，问",“教授，研究，可以用这种主题写论文吗?"虽然不知道是否是出于不想反复几次寻找先行研究、而是想一次性地选定合适的主题，躲避写研究必要性的麻烦，想得到指导教授的许可后再进行论文的所有细节过程的意图，但是这时指导教授的反应大体上是"先探索先行研究吧。”，“阐述一下研究的必要性”。

不会说用那个题目写论文就好了，也就是说，不会给出“是”或是“不是”的回答。导师不回答“Yes/No”的原因有很多，但最主要的原因在于论文应该是从研究者自己选题开始到整个过程。因为探索先行研究时,会遇到别人已经研究好研究者所想的主题的情况,阅读相关的现有研究,发展对该主题的想法,因为如果努力用语言或文字说服研究必要性,研究者的想法也会得到整理,为了提高说服力,研究者会想办法找出更多的根据。

6.2 导师的帮助该期待多少才合适?

一方面论文的整个过程是研究人员自主独立进行的，另一方面也是需要导师的认可和帮助。因此,应该在“自律”和“依赖”两个极端的连续线上寻找合适的地点。大体上,与论文相关的重要决定最好提前与指导教授商议,但细节进展最好由研究者自己完成。与接受同一指导教授指导的研究生一起接受集体指导、研究者个人接受指导、教授研究室直接见面接受指导、通过电子邮件或视频通话进行指导等多种途径都可以实现,因此没有必要因为不知道应该通过什么途径进行指导而犹豫或苦恼请求帮助。重要的是要先把论文计划书发给指导教授，让研究者“来接受指导”。不要等着指导教授联系“现在的研究进展如何?”。不要忘记，既然进行研究是研究者的责任，那么请求指导教授也是研究者的责任。

导师的指导大致可以看做是三个部分。包括论文计划书准备指导、论文计划书修改及研究进展中的指导、论文审查本的撰写和审查后修改过程中的指导。

1)论文计划书准备指导

从论文计划书发表开始至少1个月前开始,要接受指导教授的集体指导或个人指导。特别是在论文计划书的开始阶段,研究者还没有确定指导的具体内容,所以很容易一边说"如果抓到什么,就要联系我接受指导",一边总是推迟。在这种情况下,首先确定与指导教授进行集体指导或个人指导的见面时间反而更有效。定下了和导师见面的时间，所以就直接去了，说',"还没准备好"。因为不能做，所以准备接受指导的内容。从开始到计划书发表为止,至少要经过三四次指导和修改过程。

2)论文计划书修改及研究进行过程中的指导

论文计划书发表后,研究人员整理反馈内容后,与指导教授决定研究方向,然后按照计划的研究方法和程序进行研究。在此过程中，每当需要做出重要决定时，研究人员都会与导师商议并征求建议，以确保研究朝着适当的方向进行。在此过程中,比起定期接受指导,根据研究的性质和情况调整接受指导的次数即可。

3)论文审查本的撰写和审查后修改过程中的指导

按计划方法和程序收集和处理数据后，撰写研究成果和讨论部分，完成论文。正如制定论文计划书时经常与指导教授见面接受指导一样,这时也需要集中集体指导或个人指导,因此研究者应该积极要求指导教授进行定期指导。不仅在撰写论文审查本时如此，在多次审查和修改过程中也是如此。

″如果总是去找指导教授，会不会很麻烦?′也有很多研究生因为怕打扰忙碌的指导教授，只想自己看着办。在论文的每个关键阶段提供建议和指导是导师的作用，在没有这种指导和许可的情况下进行论文，直到很久后才发现错误，以至于研究者的努力都白费了。

‘先把修改的部分发过去。修改一下后再发给你’。但也要避免过分依赖导师。当导师建议以某种方式修改论文计划书或论文的某些部分时，如果没有充分理解该建议的内容，向导师提出额外的问题是一种很好的态度。但是，研究者在没有尽到努力的情况下说‘首先，我们正在这样做，请原谅我’。以这样的方式提出来是不可取的。在忙碌的生活中写论文计划书或论文审查本，通常会被时间所迫。另外，论文这种陌生的文章格式难免会让人生疏。尽管如此，指导教授们还是期待研究者在接受指导之前能尽自己最大的努力。

换句话说，研究者不能显得过于没有诚意，以至于在没有检查过自己写的东西的情况下就把它寄给了教授。例如，指导教授亲切地举出修改的例子，建议修改其他部分，但后来又重新发途了修改内容。如果只把指导教授举例说明的内容记下来，剩下的就保留下来，那么指导教授就不再想细心指导了。

6.3. 留学生研究者的态度

中国留学生在研究学位论文时应采取的态度如下:

第一,积极参与:积极与教授沟通，自由表达提问或意见很重要。第二， 自律和责任感:要对自己的研究课题负责，自觉开展研究，遵守截止日期。第三,持续学习:在研究过程中，保持学习新知识和技能的姿态，探索各种资料和研究成果是非常重要的。第四,批判性思维:要对研究结果进行批判性分析，拿出充分依据来支持自己的主张的态度。第五,合作与交流:要保持开放的心态，与同学合作，相互支持研究，接受不同意见。通过这种态度可以更有效地研究学位论文。

留学生在研究中要特别注意以下几点：

第一,文化差异：留学生研究者必须要了解和适应研究所在地的文化差异，以更好地融入研究环境。

第二,语言障壁：留学生研究者可能会面临语言障壁，需要努力提高语言能力。

第三,研究方向：留学生研究者必须要确定自己的研究方向，并找寻合适的课题。

第四,研究方法：留学生研究者必须要熟悉研究方法和数据分析方法。

第五,研究团队：留学生研究者必须要与研究团队保持良好合作关系，并积极参加研究活动。

第六,研究成果：留学生研究者必须要将研究成果出版在国际期刊或参加学术会议，来证明自己的研究水平。

第七,签证问题：留学生研究者必须遵守签证条件，并及时更新签证。

6.4. 计划研究日程

为了消除对学位论文的紧张感,自信地写,最重要的是制定并实践学位论文的整个期间的执行计划。整体上按照大学学士日程设定大领域,根据个人情况调整详细进行内容,并努力按照计划的时间制定。参考下面的例子来制定自己的计划。

<表Ⅵ-1> 留学生研究者的计划研究日程

时间	2 个月	4 个月	6 个月	8 个月	12 个月	15 个月	18 个月
参考资料							
文献分析							
熟知方法论							
提交审核申请							
写作和修改							
应试毕业考试							
适用研究伦理							
(定性)现场作业/（定量）进行研究设计							
招募参与者 /调查问卷							
收集数据							
分析数据							
学位论文							
写作论文							
编辑和修改							
提交和评审							评审

<活动> 学习本章,思考以下内容后填写。

1.请通过网上搜索查找学位论文主题。

2.请制定你的论文写作研究计划。

第二部 研究方法论

Ⅶ. 研究方法的概念

7.1 研究方法概念和类型

7.1.1 研究方法的概念

研究(research)是一种探索我们所经历的自然和社会现象的活动，旨在增加我们的知识和理解。研究通常包括对现有知识的系统性地研究和分析，以及收集和分析新数据，以测试和验证理论和假设。研究方法通常包括研究问题或问题确定、相关数据的收集和分析、数据的解释和总结、研究结果的发表。研究通常要求对问题和数据有批判性地思考，并使用科学方法来追求知识。研究可以在科学、技术、医学、社会科学和人文科学等各种领域进行，旨在发现问题、解决问题以及促进人类文明的进步。

方法(method)是一种特定的目的的体系和有序的行动方式，是将知识转化为行动的步骤和工具。方法可以是科学,艺术,教育,管理等不同领域的，用于完成特定任务或解决特定问题的。方法通常包括以下几个方面：

1)目的：方法的目的是完成特定的任务或解决特定问题。

2)步骤：方法通常包括一系列步骤，用于完成特定任务或解决特定问题。

3)工具：方法通常包括一些工具，用于完成特定任务或解决特定问题，如各种仪器,软件,算式等。

4)结果：方法通常会产生某种结果，用于完成特定任务或解决特定问题，如产品,服务,知识等。

方法是科学与技术的核心，是将知识转化为行动的工具，是促进科学和技术进步的动力。方法在不同领域都有其独特性，但是它们的本质是相同的，就是用系统和有序的方法完成特定任务或解决特定问题。

研究方法是指研究问题的一般思路和方法，用于收集,分析和解释数据。它包括研究设计,数据采集,分析方法和数据解释等各个方面。研究方法的选取必须适合研究课题和研究目的，能够满足研究要求，并能够保证研究结果的可靠性和有效性。研究方法通常包括以下几个部分：

1）研究问题：研究的目的和目标。

2）研究设计：研究的总体思路和方案。

3）样本和数据采集：研究数据的来源和采集方法。

4）数据分析：用于分析数据的方法和工具。

5）数据解释：研究结果的解读和讨论。

研究方法的选取必须考虑研究课题,研究目的,研究对象,研究环境和研究资源等因素，确保研究结果的可靠性和有效性。

7.1.2 研究过程

研究过程（research process）是指研究问题的设定,资料的收集与分析,结论的得出等一系列科学的整个过程。研究者的研究兴趣,生活中的好奇心是推动研究工作的动力，研究者需要用科学方法进行研究，以获取可靠,有效的研究结果.

研究过程通常包括以下几个方面：

1)研究问题：研究者对某一特定问题或课题的关注和关心，是研究工作的出发点。

2)研究设计：研究者根据研究问题，设计研究的方法和手段，确定研究的范围,研究方法,数据收集方法,研究对象等。
3)数据收集：研究者根据研究设计，收集相关的数据，可以是通过实地调查,访谈,调查问卷,文献研究等。
4)数据分析：研究者根据研究设计，对数据进行分析，用统计方法或其他分析工具，发现数据中潜在的规律和关系。
5)结论得出：研究者根据数据分析结果，得出研究问题的结论，并解释研究结果对现实生活的意义。
6)研究报告：研究者将研究结果写成报告，可以是论文,报告,论文等，并提交给相关学会或期刊进行评审和发表。
研究过程是一个系统,科学,逻辑的过程，研究者需要用科学方法进行研究，以获取可靠,有效的研究结果，为解决问题,促进社会发展提供科学依据。

7.2. 研究方法的类型

7.2.1.根据研究目的之研究模型

研究的目的主要分为描述现象、解释现象原因、预测、以及通过干预产生变化等。根据研究的目的，研究者需要选择相应的研究模型，主要可以分为调查研究、相关研究和实验研究。

1）调查研究

调查研究通常用于了解尚未探索的问题或现象的特征。在调查研究中，研究者制作有关感兴趣主题的问卷，并通过向相关人员收集问卷答复来进行研究。调查研究可以用于描述新出现的现象的特征，也可以通过定期进行特定现象的调查来探索该现象的变化趋势。例如，可以进行有关专业辅导教师角色认知的相关人员调查，以及有关校园暴力情况的实地调查。在这些情况下，有关专业辅导教师角色认知的调查可以在专业辅导教师政策实施初期集中进行，以确定他们的角色，而校园暴力情况的调查则可以每年定期进行，以了解变化趋势并为干预提供基础。

2）相关研究

在相关设计中，会测量与个人或个人所处环境相关的变量，并通过相关性来解释变量之间的关系，解释某些现象的原因，或者预测特定行为。在相关性中，相关性的大小表示两个变量之间关系的程度。根据研究的不同，有些只是计算给定变量之间的相关性，而有些则会进行更高级别的统计分析，以基于相关性来解释或预测特定行为。回归分析、结构方程模型等都是基于变量之间相关性的分析方法。在相关研究中，对特定行为的解释或预测基本上是从理论背景中得出的，因此仅通过统计方法来预测因果关系是不合适的。

3）实验研究

实验设计旨在揭示研究者感兴趣的变量之间的因果关系。在实验研究中，研究者对实验组施加独立变量的处理，而对对照组不施加处理（在处理独立变量之外，其他变量在实验组和对照组中相同）。然后，在施加处理后，测量两组的依赖变量，以验证两组之间是否存在依赖变量的差异。由于实验研究中，研究者人为地对实验组进行了独立变量处理，因此如果在处理后两组之间出现了依赖变量的差异，那么这就被认为是独立变量的影响。

补充：根据研究的目的，研究者需要选择相应的研究模型，主要可以分为以下几类：

<1> 描述性研究模型

旨在详细描述某一现象、个体、群体或情况的特征和状态，而不探讨原因或变量间的关系。描述性研究常用于尚未被充分研究的领域，作为对现象进行初步了解的工具。用于描述群体的行为、态度、特征、趋势等。例如，市场研究中的消费者行为调查，或教育领域中的学生学习习惯调查。通常采用问卷调查、观察、案例研究等手段来收集数据，并进行描述性统计分析。示例："某高校产品设计专业学生的职业身份认同情况是什么？""某特定在线课程中学生的学习满意度如何？"

<2> 探索性研究模型

探索新现象或尚未被深入研究的主题，通常不明确假设或理论框架，重点在于发现问题、提出问题或生成假设。此类研究帮助研究者在未知领域获取初步见解。当研究主题较新或研究背景复杂时，探索性研究用于收集初步信息和灵感，为未来的深入研究提供基础。多采用定性方法，如深度访谈、焦点小组、观察法等，也可结合定量的初步调查。示例："在社会认知职业理论（SCCT）框架下，产品设计学生的职业选择受到哪些主要因素的影响？""产品设计学生在在线学习中遇到的主要挑战有哪些？"

<3> 解释性研究模型

探讨现象背后的原因，解释变量之间的关系，通常用于验证理论、假设或揭示因果关系。解释性研究通过对特定现象或行为的原因进行深入探讨，解答"为什么"和"如何"的问题。

适用于已建立一定理论基础的领域，通过实验或相关性分析来验证理论或假设。例如，研究某种教育干预对学生成绩的影响。通常采用定量方法，如实验设计、回归分析、因果分析等。示例："自我效能感如何影响产品设计学生在在线课程中的学习动机？""产品设计学生的社会支持对他们的职业身份认同有何影响？"

<4> 预测性研究模型

通过现有数据和已知变量来预测未来的结果或行为。此类研究模型关注的是变量之间的关系，并试图通过对过去或现有数据的分析推断未来的趋势。用于预测社会、市场或教育领域中的未来趋势或行为，例如消费者行为、经济增长或学生学习成绩的预测。多采用回归分析、时间序列分析、机器学习模型等，结合大量数据进行预测。示例："基于过去三年学生表现的数据，未来产品设计专业学生的职业选择趋势如何？""在线学习平台的用户行为能否有效预测课程的成功率？"

<5> 因果性研究模型

研究变量之间的因果关系，即一个变量（自变量）的变化如何影响另一个变量（因变量）。因果性研究通常通过实验或准实验设计来探讨两者之间的因果链条。在实验条件下测试某种干预措施（如教育或治疗方法）对结果的影响。例如，在教育研究中测试不同教学法对学生成绩的影响。常用的研究设计包括实验设计、控制实验、自然实验等，结合因果分析工具。示例："在线学习平台的设计改进是否能够显著提高产品设计学生的学习成绩？""设计领域的职业教育是否对学生的职业选择产生直接影响？"

<6> 比较性研究模型

旨在比较不同群体、条件或变量之间的差异，通常用于分析在不同情况下，某个现象或行为是否表现出显著的不同。此类研究模型帮助研究者理解不同情境下的差异。常用于社会科学、教育、市场营销等领域，研究不同群体的行为、态度或结果差异。采用交叉分析、t检验、方差分析（ANOVA）等定量统计方法，也可使用定性比较法。

示例："传统课堂教学与在线学习环境下，产品设计学生的学习效果有何不同？""不同性别的产品设计学生在职业选择上的偏好有何差异？"

<7> 评估性研究模型

评估某一计划、项目或干预措施的效果，通常用于判断某一特定行动、项目或政策是否达到了预期目标。评估研究为政策制定或改进措施提供数据支持。常用于教育、社会政策、健康干预等领域，评估项目或干预措施的成功与否。可结合定量和定性方法，通过问卷、访谈、观察等方式进行效果评估，常用的工具包括前后对照实验、指标测量等。

示例："某设计课程的教学改革是否提高了学生的设计技能？""某在线学习平台的新功能是否改善了学生的学习体验？"

<8> 行动研究模型

行动研究是一种实践导向的研究模型，旨在解决现实中的实际问题，同时通过研究不断改进行动策略。这种方法通常涉及研究者与实践者的合作，以反复循环的方式进行计划、行动、观察和反思。广泛应用于教育、社会工作、管理等领域，特别是在需要改进或优化特定行动或项目时。研究者和实践者共同设计并实施干预，然后根据反馈进行调整和优化，通常采用循环的方式进行。示例："产品设计学生的在线

学习体验能否通过多次改进教学策略得到有效提升？”“设计团队的工作流程在引入新技术后是否得到优化？”

7.3. 定性研究与定量研究

研究可以根据数据收集方法、收集到的数据特性、分析方法以及结果呈现方式等来区分为定量研究（quantitative research）和定性研究（qualitative research）。研究者需要根据研究问题来决定采用哪种研究方法，有时也会进行量性研究和定性研究的混合研究。

7.3.1. 定性研究

定性研究（QualitativeResearch）是一种深入了解和探索人类经验、情感、态度和社会脉络的研究方法。主要通过收集和分析非数值数据来了解夏杂现象的意义。

定性研究的主要特点如下:

1)脉络中心:研究注重在特定场合或背景下的人类经验，追求对现状的深刻理解。

2)灵活的方法:研究设计具有流动性，并且可以在研究进展中修改问题或方法。

3)非数值性数据:通过访谈、观察、文献分析等方式收集的数据，探讨主观经验和意义。

4)尊重主观性:研究者尊重参与者的观点和经验，通过他们的故事得出研究结果。

5)深入分析:通过收集的数据了解夏杂的社会现象，从不同角度进行解读。

定性研究对于深入了解个人经验或社会现象是有用的。

补充：定性研究的主要特点包括：

1）探索性与描述性：定性研究通常用于探索新问题或深入理解复杂现象，着重于描述事件的背景和参与者的主观经验。

2）关注主观性：研究者注重个体的主观感受、观点和体验，特别是对研究对象如何理解和解释他们所处的环境或经历的事件。

3）数据类型丰富：数据通常以文字形式呈现，来源包括访谈记录、观察笔记、文件、影像资料等。数据的收集方式灵活多样，视研究问题而定。

4）小样本深入研究：定性研究通常采用小样本进行深入分析，重点是挖掘数据的深度，而非广泛代表性。

5）开放性和灵活性：研究过程具有开放性，研究设计可能在研究过程中根据新发现进行调整，方法不如定量研究那样严格预设。

6）自然情境下进行：定性研究倾向于在真实情境下收集数据，研究对象往往在自然的环境中进行观察或参与研究。

7）理论生成：定性研究通常用于生成理论或建立新的概念框架，而非验证现有理论。

8）分析方法多样：常见的分析方法包括内容分析、主题分析、叙事分析、扎根理论等，分析过程中研究者扮演着积极的解释角色。

9）强调研究者的反思性：定性研究要求研究者对自己的立场和偏见进行反思，因为研究者的主观性可能影响数据的收集和分析。

7.3.2. 定量研究

定量研究方法(Quantitative Research Methodology)是一种通过收集和分析数值数据来了解和解释具体现象或问题的研究方法。量化研究是指测量现象后对数据进行量化分析，并以数字形式呈现结果的研究该方法。

定量研究方法学的主要特点如下:

1)客观性:研究者试图在收集和分析数据时尽量减少个人偏见，从而得出客观结果。

2)可测量性:研究中使用的变量可用数值来衡量，从而定量表达研究结果。

3)大规模样本:通过使用大规模样本收集大量数据，增加了结果的泛化可能性。

4)统计分析:采用各种统计方法对数据进行分析，检验关系或差异，检验假设。

5)结构化设计:研究在明确的研究问题和假设的基础上进行系统设计，通过实验、问卷调查、观察等方法收集数据。

补充：1）客观性：定量研究追求客观性，强调数据的准确性和科学性，研究者通常与研究对象保持一定距离，避免主观干预。

2）假设检验：定量研究常以明确的假设开始，通过统计分析检验这些假设是否成立，强调因果关系的探究。

3）结构化方法：数据收集和分析过程高度结构化，通常通过问卷调查、量表测量、实验等标准化工具进行。

4）大样本量：为了确保结果具有统计显著性，定量研究通常需要大样本量，便于进行统计分析和推论。

5）数据类型：数据通常以数值形式呈现，研究者通过统计工具进行处理和分析，常用描述统计和推断统计方法（如均值、标准差、回归分析等）。

6）重复性与可验证性：定量研究强调研究过程的可重复性，其他研究者可以通过相同的设计和方法验证结果，这确保了研究的可靠性和有效性。

7）普遍性与概括性：定量研究通常力求得出广泛适用的结论，通过推断性统计方法将研究结果推广到更大的群体或其他情境。

8）控制变量：定量研究常在受控条件下进行，研究者会控制潜在的干扰变量，以便更准确地测量自变量和因变量之间的关系。

9）明确的分析框架：定量研究在数据分析中依赖既定的理论或模型，研究设计通常基于既有理论框架，通过数据分析验证或支持该理论。

10）结果可视化：定量研究的结果常通过图表、统计表格等形式呈现，以便清晰地展示数据趋势和统计结果。

定量研究特别在大规模数据分析或掌握特定现象的模式和趋势时很有用。量化研究主要用于将发生的现象量化描述或者基于理论的具体假设来验证。量化研究的结果通常通过使用SPSS等统计程序进行统计分析来获得，为此需要大量的数据。所需数据的数量取决于研究所采用的变量数量，变量越多，则需要收集的数据量越大，才能进行顺利的统计分析。

7.3.3. 混合研究

混合研究（MixedMethodsResearch）是集定性研究和定量研究（qualitativeResearch）于一体的研究方法学。根据研究的主题，可以同时应用量化研究方法和定性研究方法进行研究。这种方法可以弥补各自方法的缺点，提供更丰富的信息。该方法结合了两种方法的优点，使数据收集和分析更加全面深入。混合研究的主要特点如下:

1)各种数据采集:通过问卷调查、实验、访谈、观察等多种方式采集数据。

2)互补分析:用定量数据把握总体格局，用定性数据深入了解其背后的脉络或内涵。

3)提高可靠性:通过对比不同方法获得的结果，可提高研究的可靠性和可行性。

混合研究在探索夏杂现象时特别有用，有助于研究人员更好地回答研究问题。

1）方法多样性：结合定量（如问卷调查、实验）和定性（如访谈、观察）研究方法，形成综合性研究。2）综合性视角：通过不同方法的结合，提供对研究现象的全面理解。3）适应性强：能够根据研究问题的需要灵活调整方法，适合夏杂的研究背景。4）数据丰富：使用多种数据来源和分析技术，增强结果的有效性和可靠性。5）时间和资源灵活性：可以根据研究的实际情况调整时间安排和资源分配。6）参与者视角：重视参与者的声音，通过定性方法深入了解其经验和观点。7）增强的解释力：定量数据提供广泛的趋势，定性数据则可以深入探讨原因和背景。

<活动> 学习本章,思考以下内容后填写。

1.请简述研究方法的种类和内容?

2.请阐述定性研究的概念?

Ⅷ. 定性研究法

8.1 定性研究的特性和标准

8.1.1. 定性研究(qualitative research)的标准

当你看到某个研究物时，你至少会注意到研究方法如何。我们判断那个研究物运用了定性研究、定量研究或思辨研究方法的标准是什么呢？从质的研究角度看什么？对此，"具有定性研究特性的研究"是最简单的。一般来说,通过研究物确认定性研究的特性和研究者的姿态并非易事。因此，通过作为结果的研究物进行判断可以通过以下特性和标准进行。

<表 Ⅷ-1> 定性研究的特性和标准

特性	特准
自然情况	收集方法和资料来源（不管是人还是文件）记述清楚了吗？
作为主要研究工具的研究人员	研究者的作用在数据收集中得到了具体阐述，研究方法和结果是否存在偏差？
各种资料来源	资料来源多种多样，各资料的收集、记录及保管方法是否详述清楚？
归纳的资料分析	收集资料的分析方法是否详细、恰当、归纳？
参与者的意义	研究参与者作为研究伙伴的作用是否得到充分认可，是否遵守IRB的规定？
弹性的设计	研究中使用的程序有详细说明吗？

理论的镜头	概念和构因计算出来,随着类目的发展,构因之间的概念关系是否得到了说明?
解析的研究	研究的概念框架清晰吗?
总体的的理解	概念性、理论性结果有意义吗？

8.1.2. 定性研究的资料收集类型

定性研究中使用的数据收集类型大致可分为以下四种:

1)观察

观察是研究者亲自到现场观察并记录现象的方法。观察可分为参与观察、不参与观察、间接观察等。

2)访谈

访谈是研究者与研究参与者一对一交流收集信息的一种方式。访谈可分为结构访谈,FGI(焦点小组面谈)、半结构访谈、非结构访谈等。面谈时需要考虑的几个事项如下:

-目的设置:应设置明确的目的，以便通过面谈获得什么样的信息。

-问题准备:应准备适当的问题，从被约谈者的角度出发，提出易懂、明确的问题。

-营造面谈环境:应营造被面谈者舒适交谈的环境-。

约谈对象同意:应征得约谈对象同意，并保证约谈内容保密。

-约谈进展:应倾听约谈对象谈话，做出适当反应，并记录约谈内容。

-约谈后处理:应整理约谈内容，必要时作进一步分析。考虑到这些事项进行面谈，可以获得更准确可靠的信息。

Focus Group Interview(Focus Group Interview)是少数参与者就特定主题进行小组讨论的研究方法。设计和执行FGI的一般程序如下。:

(1)研究目的和目标设置:明确通过FGI获取哪些信息，建立目标。

(2)招募参与者:招募与研究课题相关的适当参与者。一般以6~10名参与者组成的一组较为理想。

(3)开发讨论指南:编写讨论指南，确保FGI顺利进行。讨论指南包括与课题相关的问题和讨论课题。

(4)场所及日程安排:选择方便参与者讨论的场所，考虑参与者的日程安排调整日程。

(5)FGI进展:按照讨论指南进行小组讨论。讨论领导者引导参与者的意见,引导讨论顺利进行。

(6)数据分析:对FGI获得的数据进行分析，提取与课题相关的主要课题、意见、模式等。

(7)结果报告:总结FGI结果，根据分析结果得出研究目的和目标结论。

FGI有助于收集参与者的不同意见和经历，通过小组讨论可以促进互动和意见共享。但可能存在参与者的偏向性、讨论的主导性、数据分析的主观性等局限性，因此需要精心设计和推进。

FGI(Focus Group Interview)最好在以下情况下使用。:

(1)收集消费者对产品或服务发展的意见:FGI可收集消费者群体对产品或服务发展的不同意见。

(2)收集对新想法或概念的反馈:FGI可以通过收集对新想法或概念的反馈来找到改进的方法。

(3)对特定目标人群的了解:FGI可增强对特定目标人群的了解。例如，可以增加对青少年、老年人、特定职业人群等的了解。

(4)复杂问题征求意见:FGI可以对复杂问题征求意见。例如，可以就社会问题、环境问题等征求意见。

(5)不同观点汇聚:FGI可以汇聚不同观点。比如用户、开发者、管理者等，可以收集不同观点。

FGI是收集各种意见的有用工具，但并非所有情况都适合。根据研究目的和目标选择合适的研究方法至关重要。

3)文本分析

文本分析是对与研究有关的文件、记录、报告、文章等进行分析收集信息的一种方法。

4)参与观察

参与观察是研究者参与研究对象群体，观察他们的行为，分享他们的经验，了解他们的文化的一种方式。

每种数据收集类型都有优缺点，应根据研究目的选择和使用适当的方法

8.2. 定性研究的类型

人们在探索社会世界的过程中，采用了多种不同的研究方法，比如实验研究、调查研究、实地研究、内容分析、个案研究等等。每一种具体的研究方法都有其独特的性质和特征，且分别适用于不同的研究目标、不同的研究对象，以及不同的研究场景。从定性研究的角度，主要有如下五个研究

方法类型，我们将进行详细的介绍：

8.2.1. 叙事研究

叙事探索是围绕个人经验和故事进行研究的定性研究方法论之一。该方法通过个人的故事理解他们的经验和观点,并以此探索社会现象或个人经验。叙事探索主要利用访谈、日记、自传、故事等资料调查个人的经历。研究者通过对这些资料的分析，从个人的故事中导出模式、主题、意义等。以此了解个人和社会背景之间的相互作用,探索个人经验和社会现实之间的关系。叙事研究的3个要素是时间性(temporality)、社会性(sociality)、场所(place)。叙事研究的主要优点是尊重个人的主观经验和观点，通过个人的故事可以谋求深入的理解。通过这些,可以更好地理解个人的经验和社会现实,对政策或实践提供启示。叙事探索用于各个研究领域，是研究以个人经验和故事为主的适宜方法学。

叙事研究种类繁多，具有代表性的有以下几种。：

(1)个人叙事研究(Personal Narrative Research):以个人的经验和故事为中心进行研究,探索个人的生活、认同感、价值观等。

(2)群体叙事研究(Collective Narrative Research):围绕特定群体或社区的故事进行研究,了解群体内部的关系、身份、文化等。

(3)历史叙事研究（Historical Narrative Research）:围绕过去的事件和历史进行研究，了解历史事件、人物、文化等。

(4)临床叙事研究（Clinical Narrative Research）:围绕患者在医疗、心理、咨询等领域的故事和经验进行研究，了解患者的健康、治疗、康复等情况。
(5)政策叙事研究(Policy Narrative Research):以决策相关的故事和经验为中心进行研究,理解政策的影响、效果、实施等。
(6)艺术叙事研究(Artistic Narrative Research):以文学、电影、音乐等艺术作品为中心进行研究,理解艺术作品的意义、主题、表现等。其中，个人叙事研究是最常见的形式，其他类型的叙事研究也运用了个人叙事研究的原理和方法。

8.2.1.1. 叙事研究的特点

1)以'定性研究'为方法论。质的研究是以研究者本人作为研究工具，在自然情境下采用多种方法收集资料，对社会现象进行整体性探究，使用归纳法分析资源和形成理论，通过与研究对象互动对其行为和意义建构获得解释性理解的一种活动。叙事研究则是质的研究运用的一种表现形式。对于教师的叙事研究来说，教育是土壤，定性研究是方法论。定性研究将使教师不仅获得有意义的职业生活，而且会改变教师的存在方式。
2)以教师的生活故事为研究对象。教师的叙事研究所叙之事就是教师的故事，是教师在日常生活、课堂教学、研究实践等活动中曾经发生或正在发生的事件。它是真实的、情境性的。这些生活故事胜过任何说教，具有强大的感染力。
3)由解说者描述和分析。教师的叙事研究由解说者描述的，解说者其实就是研究者，它可以是教师本人，也可以是研究教师的人；研究者解说的是教师的故事，故事的主线和研究者的分析交叉出现，使所叙之事通过研究者的解读具有了特殊的意义。

教育叙事研究是以教育现场的经验和故事为中心的研究方法。教育叙事研究的特点如下:

1)注重个人经验:教学叙事研究主要围绕个人经验和故事，探索教学现场经验。

2)重视主观观点:教学叙事研究尊重个人主观经验和观点，围绕此展开研究。

3)通过故事了解:教学叙事研究通过个人故事了解和解释教学现场经验。

4)采用多种方法:教学叙事研究采用访谈、观察、问卷调查、文献分析等多种方法进行研究。

5)关注背景:教育叙事研究试图将个人的经验与教育现场的脉络一起理解。

6)理论与实践相结合:教学叙事研究试图将理论理解与实践经验相结合，解决教学中的问题。

教育叙事研究是以个人经验为中心,帮助理解和解决教育现场问题的研究方法。

8.2.1.2. 叙事研究的过程

1)确定研究问题。所谓'有意义的问题'，起码有两重含义，一是研究者对该问题确实不了解，希望通过此项研究获得一个答案；二是该问题对研究者来说具有实际意义，是他们真正关心的问题。

2)选择研究对象。选择研究对象是研究得以进行的保证。因而它需要研究者与被研究者的互动与合作。首先，研究者要有敏感的心灵，能够细致入微地把握研究环境和研究对象。

再者，研究者的研究活动要得到被研究者的认同、理解与合作，双方应有从研究中共同进步的要求。因此，选择好的合作伙伴，是教师叙事研究的重要一步。

3)进入研究现场。进入研究现场就意味着走进教师活动的时空，把握教师的行为、观念所赖以产生的深层原因；对教师生活的现场观察，理解教师做法的背景。研究现场是教师叙事研究获取真实资料的直接来源。

4)进行观察访谈。观察访谈是围绕着研究问题而进行的。观察力求客观，避免“先见”或“前设”对研究的干扰；访谈力求开放，使被访者在研究者设计的系列开放性问题中轻松思考并回答问题。观察访谈主要是获取尽可能多的信息，因而研究者一方面要具有敏锐的观察力，另一方面要具有亲和力。

5)整理分析资料。叙事研究强调的是对事件本身的分析，是基于资料事实进行的符合材料实际的分析。否则，研究就偏离了叙事研究规范的要求。在整理分析资料的过程中，研究者一项重要的任务是从所收集的大量资料中寻找出‘本土概念’，即被研究者经常使用的、用来表达自己看世界的方式的概念。惟此，研究才具有了独特的‘个性’的特征，研究报告才具有个性色彩。

6)撰写研究报告。研究报告的撰写既包含研究者对所观察到的‘事’的故事性描述，也包含研究者对‘事’的论述性分析，两者相映相成，构成了研究报告中的细腻的情感氛围和浓郁的叙事风格。叙事研究强调细致的描述和深刻的分析，使教师生活故事得以更丰富地呈现，也因此而具有教育研究中不可替代的意义。

8.2.2. 现象学研究（phenomenology）

现象学的研究方法起源于哲学家埃德蒙·胡塞尔（Edmund Husserl），他在《欧洲科学的危机与超越论的现象学》一书中所用的德语'ebenswelt'，在英文中为life-world，指个体'直接体验的世界'。因此，现象学的研究方法指的是描述一个或多个个体对一个现象的意识和体验。现象学的目的是为了了解研究对象的研究生活，从理解他们"经历过的体验"从而建构起来个人意义。

根据胡塞尔所言，现象学的研究动力'不是来自各种哲学，而是来自事实和问题'，现象学的目的'不是向上建筑，而是一再地向下挖掘，以给既有洞见奠定比以往更加坚实的基础'。现象学"带着属于真正哲学科学之本质的极端态度，不接受任何现有的东西，不承认任何传统的东西为开端，而是在对问题本身及其产生的要求的自由献身中获取开端"。

因此，现象学的研究方法是坚持"无前提性"的，并且借助体验者所处的环境来探寻知识与行动的根源。维尔坎特（Vierkandt）在《社会学：哲学社会学的主要问题》一书中进一步明确现象学方法在社会学领域中的应用，他把社会学视为是对社会现象进行彻底的形式研究，即社会学研究要以现象学方法直观地把握社会互动和社会群体生活中的"本质类型"、"终极事实"以及"整体意义"，通过对社会现象的本质进行分析归纳，从而对群体内的社会生活方式进行总体上的把握。

从现象学在社会学领域中的运用来看，学者罗朝明主要将其分为以下三种：其一是通过社会哲学的探析或哲学思辨将社会现象归纳为一种明晰的、一般的结构上，例如舍多·里特

（Theodor Litt）对个人、共同体和伦理基础的探究；其二是以现象学作为方法论的研究视角来挖掘现象学理念下的社会学意义，例如阿尔弗雷德·菲尔坎特（Alfred Vierkandt）的研究和考夫曼关于日常生活的行为互动研究等；其三是“把对诸问题的现象学式提问方法运用到对人类社会，尤其是人类社会行为的研究之中”，例如舍勒（M.Scheler）和舒茨（Schutz）等人的研究。

现象学研究是围绕个人意识经验研究现实的方法。现象学起源于试图通过个人主观经验了解世界本质的哲学传统。现象学研究重点从研究参与者的角度理解和描述成为研究对象的现象。为了寻找现象的本质意义和结构,人们的体验(lived cxperience)研究"参与者经历的现象,即体验的意义和本质结构是什么?",研究者观察参与者的经验，通过访谈、问卷、观察等方式收集数据。之后要分析数据，了解现象的结构和意义。现象学研究可应用于不同的课题，重点关注人类的意识、经验、意义等。例如,用于理解教育、健康、社会、文化等多个领域个人的主观经验。现象学研究侧重于尊重和理解个人经验，有助于深入理解和描述现象。在现象学的研究中，应该做中止判断（epoche），现象学还原，想象转换。现象学的种类有心理学现象学,解释学现象学。

8.2.3. 民族志（ethnography）

民族志作为一种定性研究方法，起源于20世纪初的人类学。民族志的字面意思是“关于民族的书写”，其中“ethnos”指“民族、种族和文化体”，“graphia”指“书写或表达”。民族志在传统意义上被定义为发现和综合描述一个族群的文化，这种研究方法要求研究者通过自身的切身体会获得对当地人文化的理解。

从民族志的研究领域来看，由于文化可以被视为连续的变化，一段是宏观文化，另一端是微观文化，因此民族志主要分为宏观民族志和微观民族志。在教育领域中，宏观民族志主要把社会活动置于社会文化结构中进行研究，微观民族志更多的会关注到社会场域内部所发生的事情，但两者并不具有明显的界限。教育人类学家斯宾德勒(G.Spindler) 认为，民族志可以为解决夏杂的教育问题提供新的视角，即对"揭示人们社交、感知的深层文化差异、论述学校社会阶层及社会派别的功能与其稳定性，以及学校教育对工薪阶层与管理阶层的社会化作用等问题"，具有其独特视角。

从民族志的研究类型来看，与经典民族志相近的还有两种民族志研究，分别是民族学（ethnology）和民族学史（enthnohistory）。民族学是对文化群体的比较研究，通过比较关于同一个或不同文化群体的一系列民族志研究，进一步发现这些群体的相似和不同之处。民族学史指的是从文化上研究一个群体的历史，通常作为一项大规模的民族志研究的一部分。

民族志的质量取决于研究者的知识、能力、心智与良知，研究者若想超越具体经验对象的研究局限就需要借助"社会学的想象力"。正如米尔斯在《社会学的想象力》一书中所讲：这种能力是一种心智品质，具备这种心智品质就能够在宏观理论的不同层次以及微观经验材料之间进行有条不紊的穿梭，在具体情境中的个人烦恼（the personal troubles of milieu）与社会结构上的公共议题（the public issues of social structure）之间建立联系，并由此实现社会科学的公共任务与政治使命；这就是社会学的想象力。研究者要进一步把社会学的想象力转化为民族志的洞察力，这种洞察力使得研究者将局部的微观性研究与整个社会与文化的格局连接起来，使文化的'深描'(deep deion）具有能够将实践中错综复杂的关系、意义、机制和逻辑"连根拔起"的力量，因此无论研究什么对象、无论在什么地方做研究都不会"只见树木，不见森林"。

最后，若想做好民族志就需要做到以下三点方面：首先，研究过程具有自然性，研究者要积极融入研究对象的群体内，参与他们的活动，并以参与者的姿态观察自然情境中发生的事情，并尽量避免对研究的情景抱有预设和偏见；其次，研究者需要对微观问题进行整体把握，这就要求研究者要沉浸在特定的文化之中，以获得关于某一具体微观问题的整体画面；最后，研究者要采用多元的研究策略与模式，也就是说研究者并不局限于使用某一种或几种特定的方法，而是随环境的需要灵活运用各种方法，甚至在问题的形成及其定义也可以在研究过程中随时修正。以上几点，对本研究的研究方法具有指导意义。

8.2.4. 扎据理论(Grounded Theory)

8.2.4.1. 背景

根据理论也叫'扎根理论'是一种在社会科学领域广泛使用的研究方法，特别是在定性研究中。这种方法论的核心是从数据中系统性地发展出理论，而不是从现有理论出发去验证假设。扎根理论两位社会学家巴尼·格拉瑟（Barney Glaser）和安塞尔姆·施特劳斯（Anselm Strauss）在1967年提出。

在二人专著《扎根理论的发现：质化研究策略》(The discovery of grounded theory : strategies for qualitative research)中提出的一种研究方法。他们开始形成这种研究方法。这种方法的目的是为了弥补当时社会科学研究中理论和实证研究之间的脱节。该方法要求研究人员在研究开始前不进行理论假设，直接通过实际观察，在收集、分析资料的过程中归纳出经验概括，上升为具有普适性的理论。研究者试图深入了解现状，发现其中的模式、概念、关系等。扎根理论是一种在质化主导的研究引入量化研究手段的研究方法。在扎根理论指导的研究中，资料收集方法基本上都是经典的质化研究方法，如参与观察法与访谈法等等；但在资料分析阶段，扎根理论是一种高度'系统化程序'，包括记录、分析、编码、摘记和报告撰写等一系列科学化的步骤，其中对资料进行逐级编码(coding)是其核心环节,也是量化特征最显著的环节。

8.2.4.2. 扎根理論的基本原则

1)数据驱动的理论构建：在扎根理论中，研究者不是从一个假设出发，而是通过收集和分析数据来发展理论。
2)开放式编码：这是一种分析数据的方法，通过它研究者识别数据中的概念和主题。
3)主轴编码：在这一阶段，研究者开始连接和关联不同的概念，构建理论框架。
4)选择性编码：这是对核心概念的进一步发展，旨在完善理论结构。
5)持续比较法：在整个研究过程中，研究者不断比较数据间的相似性和差异性。

6)理论饱和：当新数据不再带来新的洞见或理论概念时，认为理论已达到饱和。

8.2.4.3. 扎根理论的过程

扎根理论的研究过程可以分为四步：产生研究问题、数据收集、数据处理和理论构建。这四步是很多社会研究需要进行的步骤，但是对这四步中的每一步，扎根理论都有自己独特的观点和方法。

1)初始理论饱和:研究者建立初始理论，并在此基础上收集数据。这一阶段需要收集足够的数据来实现理论饱和。

2)数据采集:研究者采用各种方法采集数据。这可以包括访谈、观察、文件分析等。

3)数据分析:研究者对收集到的数据进行分析，以识别共同的主题、模式、概念等。以此开发可以理解和解释现象的理论。

4)理论发展:研究者根据分析结果开发理论。旨在描述现象的本质、关系、过程等。

5)验证:研究者可收集额外数据以验证所开发的理论，或征求其他研究者的意见。基础理论是社会科学领域的研究手段之一，用来开发理论来认识和解释现状。

8.2.4.4. 扎根理论的特点

1) 研究问题中的特点-强调自然涌现

经典扎根理论非常强调研究问题的自然涌现。很多研究都是通过对现有文献的阅读和回顾来发现现有研究的不足而提出研究问题，而扎根理论要求研究者在研究之初要带着对某方面问题的笼统、模糊的兴趣进入研究情境，在对情境的观察和情境中不同主体的互动中自然地发现和提出研究问题。这其实体现了很强的实用主义色彩。

2) 数据收集中的特点

强调理论性抽样和理论性饱和数据收集中很重要的一步就是抽样。一般的研究往往根据理论演绎提出研究假设，再据此进行随机抽样。而扎根理论的抽样方式为理论性抽样，即由在研究过程中形成的概念、范畴或理论指导研究者进行下一步研究的抽样和资料的采集。
换言之,在数据收集的最初阶段，研究者往往采取的是目的性抽样，即选择具有足够典型性的样本进行初步的研究，再根据研究的进展来决定下一步的抽样对象。扎根理论认为抽样和资料搜集的工作要一直持续到范畴里的资料达到'理论饱和'为止。当搜集新鲜数据不再能产生新的理论见解时，也不会跳出已经编码的资料范畴，则可以说明资料搜集已经达到'理论饱和'。

3) 数据分析中的特点-三级编码分析

对资料进行逐级编码是扎根理论中最重要的一环，其中包括三个级别的编码：开放式编码(open coding)、主轴式编码(axial coding)与选择式编码(selective coding)。

8.2.4.5. 扎根理论的核心环节：三级编码分析

第一,开放式编码.开放式编码是经由密集地检测资料来对现象加以命名与类属化的过程，不仅要将收集的资料打散，赋予概念，而且要以新的方式重新组合并予以操作化。在具体操作中，研究者先设置一个主题，同时将最初的代码或标签分配到资料中，从而将大量零散混杂的资料转变为不同的类别。他要仔细阅读所得资料，寻找评论的项目、关键的事件或主题，然后标上记号，并给它一个初步的概念或标签。在这一过程中，研究者可以不受任何约束创造新的概念主体，也可以在后来的分析中改变原来的编码。开放式编码的结果是一张根据丰富零散的资料抽象概括得到的概念名单。

第二,主轴编码，又称为轴心式编码.轴心式编码是扎根理论逐级编码过程的中间阶段，旨在发现、建立主要概念类属与次要概念类属之间的各种有机联系，从而将分散的资料以新的方式重新组织起来。在这一步，研究者更为注重的是在开放式编码一步完成之后得到的概念名单，而不是原始资料，即研究者的头脑中带着初步的编码主题去看待资料，阅读资料。在这样做的过程中，研究者也会产生新的观点和思想，可能会添加新的编码，并在分析过程中不断将各种概念组织起来，同时识别作为轴心的关键概念。

第三,选择式编码.选择式编码指的是在所有已发现的概念类属中选择一个核心类属概念，通过不断地分析把与之相关的次要类属概念集中起来，以系统地说明和验证主要类属概念与次要类属概念之间的关系，并填充未来需要完善或发展的类属概念的过程。在这一步中，研究者已经识别出了研究课题中最重要的、可以统领其他一些相关主题的核心主题，并

围绕这个核心来组织研究的总体分析，将所有的研究结果统一在这个核心主题的范围之内。扎根理论的优点如下。:

1)新理论开发:利用基础理论开发新的理论来了解和解释现象。2)适用不同的课题:基础理论可以适用于不同的课题，应用于不同的领域。3)以数据为中心:基础理论以数据为中心进行研究，在理解和解释现象方面具有很高的可靠性。4)理论与实际的联系:基础理论强调理论与实际的联系，可以同时实现理论理解和实际理解。

根据理论的缺点如下。

1)研究周期和成本:基础理论研究周期和成本较高。这是因为研究人员需要收集和分析大量的数据。2)主观性:基础理论可以介入研究人员的主观性。这是因为研究结果会根据研究者的价值观、经验等而有所不同。3)理论概括:基础理论可能难以概括。这是因为研究人员针对特定人群或情况进行研究。4)研究结果解释:基础理论可能难以解释研究结果。这是因为研究人员在对数据进行分析和解释的过程中，可能会介入主观判断。

8.2.5. 个案研究 (case study) /案例研究

个案研究的定义为提供一个或多个案例的详细解释和分析的研究。个案研究讲述的是“一个有界系统的故事”:“有界”意味着研究者要识别出系统的轮廓和边界，因此来进行案例的选择;“系统”指的是构成一个有机整体的一系列相互关联的元素，意味着研究者应将案例视作包含若干部分并在其环境中活动或运转的整体。从微观的角度出发，研究者可以了解到人与人、人与群体，以及人与文化、政治、经济机制的互动关系。

从个案研究的类型上来讲，个案研究主要分为本质性个案研究(intrinsic case study)，工具性个案研究(instrumental case study)以及集合性个案研究(collective case study）。本定性个案研究旨在深度描述一个特定案例，从而理解案例的内在运作；工具性个案旨在通过研究某一个特定对象去了解某一研究问题或疑难，个案只是解决问题的工具；集合性个案同样属于工具性个案，旨在探寻多个个案之间的联系。

如若想做好个案研究，研究者需要做到以下三点.第一,在研究问题上，研究者还需要审视个案研究的背后任何具有‘普遍性’的社会现象或社会关系，以及它们背后支撑它们不断存在的权力结构、第二,关系。在研究案例上，考虑到研究中可获取资源的有限性，研究需要在‘深度’和‘广度’上进行适当的取舍。第三,在研究伦理上，研究者不仅要避免对研究对象造成伤害，还要与研究对象建立起友谊关系，使研究真正有助于研究对象境况的改善。

8.2.5.1. 个案研究方法的特征

个案研究是用于深入了解特定个人、事件或情况的研究方法。个案研究的主要特点如下:

1)深入探究:个案研究对 例进行深入探究。这使我们能够了解该案例的复杂性和细节。

2)自然环境:个案研究主要在自然环境中进行。即在常规环境中研究被研究的个人、事件或情况。

3)不同的数据采集:个案研究采用不同的数据采集方式。这可能包括访谈、观察、文件分析、问卷调查等。

4)背景的考虑:个案研究考虑病例的来龙去脉。即了解案例背景、社会、文化、历史脉络，解读结果。

5)杂性接受:个案研究接受研究对象的夏杂性。我们试图了解各种因素如何相互作用并形成结果，而不是了解单个因素的影响。

6)理论或实践内涵的推导:个案研究旨在推导理论或实践内涵。研究结果可为理论的发展或实际问题提供见解。

个案研究应用于各个领域，应用于社会科学、教育、管理、健康科学等各个研究领域。

个案研究区别于其他研究方法的本质特征体现在以下两个方面。

一是整个研究完全“聚焦于一点”，这是个案研究最本质的特征，也是个案研究与其它研究方法的根本区别。如果说关注于揭示因果关系是实验研究的本质特征，关注于描述总体结构和变量间关系是调查研究的本质特征的话；那么可以说，个案研究的本质特征就是关注于解剖特定的“一点”，即将研究的注意力全部集中于一个(或少数几个)特定的个案上。通过对其进行深入、细致、全面、详尽的考察和研究，来达到对这一个案例的最好的认识和理解。正是由于高度聚焦于一点，因而个案研究对现象的了解特别深入、特别详细、特别全面。它不仅可以获得特定个案非常丰富、生动、具体、详尽的资料，而且能够较好地反映出事物或事件发生、发展及变化的过程，同时，还可以通过对特定个案的深入洞察，从中抽象出一般性的概念或者命题，为后续更大的总体进行系统性的定量研究提供理论假设。此外，个案研究还特别注重特定个案的整体性。它也注意到特定个案与社会背景之间的关系，力求在自然的社会情境下深度地了解个案。这种方法通过尽可能全面、详细地收集个案的各方面信息，以保证个案的完整性，并通过对这些资料的分析，呈现出一个丰满的、完整的个案。

二是充分利用多种不同的资料来源，使用多种不同的资料收集手段，全方位地了解和描述个案。与其他研究方式通常只依据某一种资料来源、使用某一种资料收集方法有所不同的是，个案研究通常会利用多种不同的资料来源，也采用多种不同的资料收集方法。无论是来源于参与观察、深度访谈所获得的以文字记录为主要形式的实地资料，还是来源于政府部门的档案资料、行政统计数据，或是来源于抽样调查获得的问卷资料或测验结果，甚至包括地图、照片、旧报纸等等，只要是能对全面、深入了解、描述和分析特定个案有作用，都可以为个案研究者所利用。特别地，作为一种研究方法，个案研究既“可以基于定性材料，也可以基于定量材料，或者同时采用定性材料和定量材料”。

同时，个案研究的资料收集方法也是依资料的性质和来源的不同而多种多样。比如，在对一所中学进行的个案研究中，研究者既可以采用参与观察的方法去了解学生日常的学习、教师平常的教学情况；采用深度访谈的方法收集学校领导关于教育方针、办学模式、教学管理等方面的信息；也可以通过查阅和统计学校教学档案等数据资料，来分析学校历年高考成绩、升学比例等方面的变化；还可以采用问卷调查的方法收集中学生关于学校生活、师生关系、职业理想等方面的信息。当然，具体采用什么方法、收集什么资料，都应围绕研究所要回答的问题，特别是围绕研究的焦点来决定。

8.2.5.2. 个案研究的程序

1) 研究问题的识别:识别要研究的现象，界定研究问题。

2) 研究问题设置:根据研究问题设置具体研究问题。

3)研究设计:研究设计根据研究问题、研究方法等确定。

4) 案例选择:选择适合研究问题的案例。

5)数据收集:收集案例的数据。数据收集方法多种多样，包括访谈、观察、文件分析等。

6)数据分析:对收集到的数据进行分析，找出研究问题的答案。

7) 结果报告撰写:将研究结果写成报告。

8)成果分享:通过学术期刊、学会发表、报告等方式分享研究成果。

个案研究涉及研究者很多主观判断，因此研究者的能力和经验非常重要。此外，由于案例研究通常针对一个案例或较少的案例，因此存在难以概括的局限性。

8.3. 定性研究的伦理考虑事项

在定性研究中，研究伦理问题是非常重要的，研究者需要严格遵守相关的伦理规范和道德准则。以下是一些在定性研究中需要注意的研究伦理问题：1)知情同意：确保研究对象知晓研究目的、内容和可能涉及的风险，并自愿参与研究。研究者需要获得研究对象的明确同意，尊重研究对象的权利。

2)隐私保护：在研究过程中，保护研究对象的隐私和个人信息安全。研究者应当谨慎处理研究对象的个人数据，避免泄露或滥用。3)保密原则：在研究中，研究者需要对研究对象的个人信息和研究数据进行保密处理，确保数据安全和研究对象的隐私不被泄露。4)公正对待：研究者应当公正对待研究对象，不得歧视或伤害研究对象的利益。研究者应当尊重研究对象的权利和尊严。5)研究目的：研究者应当明确研究的目的和意义，避免将研究对象当作工具或实验品来对待。6)研究结果：研究者应当真实、客观地呈现研究结果，不得篡改或歪曲研究数据和结论。

为了遵守研究伦理规范，研究者可以采取以下方法：

1)在研究计划中明确列出研究伦理原则和措施，确保研究过程中能够遵守相关规定。

2)提前向研究对象说明研究目的、过程和可能涉及的风险，征得其知情同意。

3)建立健全的数据管理制度，保护研究数据的安全和隐私。在研究报告中公开研究方法和数据处理过程，确保研究透明和可追溯。

4)定期审查研究伦理问题，及时纠正和改进研究过程中存在的不当行为。

5)通过遵守研究伦理规范，研究者能够保障研究对象的权益，确保研究过程的公正和透明性，提高研究结果的可信度和可持续性。

<活动> 学习本章,思考以下内容后填写。

1. 请简述一下现象学研究。

2. 请简述一下案例研究。

Ⅸ. 定量研究法

9.1. 什么是科学研究？

9.1.1. 对科学研究的理解

科学是什么?哈佛大学教授托马斯·库恩（Thomas Kuhn）将科学比作一种"解谜的活动"。他认为，科学家就像解谜者一样，充满好奇心，具备解题的能力、技巧和创造力，通过科学研究来解决世界中的各种谜题。这一过程不断扩展人类的知识领域，使人类逐渐摆脱无知、迷信和神秘主义的束缚，创造了今日的文明。科学不同于一般的游戏活动，之所以能够为人类求知提供答案，是因为它采用了一套特殊的方法和程序。

人类对知识的追求经历了从启蒙运动后的唯心主义传统，逐渐走上了量化、实证的科学实证主义范式。19世纪末期，随着数学与逻辑的发展，数学符号逻辑体系取代了亚里士多德以来的形式逻辑，确立了以量化研究为主轴的科学研究范式。经过多年的发展，科学家们建立了一套区分科学与非科学的标准和程序，主导了20世纪以来科学的发展。尽管20世纪末期，一些学者（如Polkinghorne、Harvey、Strauss等）提出了后实证科学的观点，挑战了实证主义的科学传统，但库恩所谓的"科学革命"似乎尚未发生。实证主义的符号逻辑思维体系仍然是当代科学研究的主流思想，量化研究方法作为学术训练的主体，仍然普遍存在于各学科中。

一个研究要符合科学的原则,必须具备科学的精神,并使用科学的方法。我们可以将科学定位成一种态度（attitude）与方法（method），科学是一种通过观察、实验和理性分析来探索和理解自然世界的方法。它旨在建立可验证、可预测的知识体系，以解释自然现象。科学活动以系统的研究和验证过程为基础，提出假设、进行实验、收集数据，并在此过程中不断修正和完善对世界的理解。而科学研究是采取"有系统的实证研究方法"所进行的研究。

9.1.2. 科学研究的目的与功能

测的功能不仅有助于指导实际行动，还在科学探索中扮演着引领方向的角色，为理论发展和知识积累提供了强有力的支持。控制则是科学研究的最终目标，它涉及对现象进行积极的干预。利用预测的能力，研究者或实践者可以操纵某一现象的关键因素或条件，以引发预期的改变。通过对特定条件的调控，科学家可以干预自然或社会现象的发展方向，例如控制病虫害、优化生产流程、调节生态环境等，从而达到预期的目的。这种干预能力的获得，既是对科学理论准确性的验证，也是科学知识在现实中应用的重要体现。通过控制，科学活动不仅解答了"为什么"和"如何"的问题，更能够积极影响现象的发展，改善人类生活，解决现实中的复杂问题，为社会进步和文明发展提供坚实的科学依据。

9.1.3. 科学研究的特性

学术工作者在追求知识或解决问题时，尽管在开始或过程中可能会使用一些传统策略，但研究的最终完成必须遵循系统化的实证步骤。正如杜威（Dewey）所指出的，研究者在解决问题时会经历五个阶段：遭遇问题与困难、认定和界定问题与困难、提出解决方法与假设、推演假设的结果以及检验假设。这五个步骤可以被视为科学方法的基本框架。科学研究应具备系统性、客观性和实证性三大特征。这些特征构成了科学探索的基础，使其能够提供可靠、可验证的知识。

1）系统性

科学研究通常从一个明确且具体的问题出发，并以获得有意义的结论为目标。尽管每个研究问题的步骤和方法可能因研究领域或项目的性质不同而有所差异，但科学研究的核心始终体现出高度的系统性，这种系统性也被学者们称为"规范性探究"或"纪律性探究"(disciplined inquiry)。

在科学研究中，系统性表现为研究过程的严谨和结构化。通常，科学研究会详细说明每一个步骤，包括样本选取的过程、变量的界定和定义、实验的操控和控措施、测量工具的开发和特性、数据的收集方式，以及研究的发现和限制因素。这些环节不仅是研究设计和执行的关键部分，也是确保研究结果的可靠性和可重复性的基础。通过详细记录和描述这些步骤，研究者使其他学者能够充分理解研究的内容、方法和逻辑推理过程，甚至在必要时重复相同的研究以验证结果的准确性。

这种对细节的严格要求和透明度体现了科学研究的系统性，也反映了其客观和实证的本质。科学研究通过客观的数据收集和分析，避免了个人偏见的影响；通过实证的方法，将理论和假设置于观察和实验的检验之下，以确保结论的可靠性。因此，科学研究不仅是知识探索的过程，也是学术界所普遍接受的一套规范程序，旨在为科学发现提供一种可重复、可验证的路径，从而推动知识的不断积累和扩展。

2）客观性

客观性是科学研究中至关重要的特征之一，确保研究结果的可靠性和可验证性。所谓客观性，是指研究者在使用任何方法和程序时，必须严格遵循科学原则，不受个人主观判断、情感偏见或外部无关因素的干扰。一个具备客观性的研究，不仅可以经得起学术界的质疑和检验，还能被不同的研究者以相同的方式重复，从而增强研究的可信度和应用价值。

为了保持这种客观性，研究者需要使用或设计一套有效的测量工具，如测验、量表和各种精密仪器，以确保数据的准确性和一致性。在数据收集的过程中，必须按照预先设定的标准程序进行观察、测量和记录，确保所有步骤都在可控的条件下进行。除了使用可靠的测量工具外，研究者还需要在数据分析和解释时保持中立，避免任何形式的个人偏见和情绪色彩的介入。

在控制实验情境时，研究者必须采取措施，尽量排除所有可能干扰实验结果的无关因素。这包括严格规范实验环境，设定标准化的操作流程，以及使用对照组等方法，以确保实验的独立性和结果的客观性。通过建立标准化的研究流程和步骤，研究者不仅为自身的研究提供了可信的依据，也为其他学者提供了一个可供验证和重复的框架。这种严谨的科学态度和方法，既是科学研究客观性的重要体现，也是确保科学知识累积与拓展的核心保障。

3）实证性

实证性是科学研究中不可或缺的重要特征，强调研究内容必须基于实际的观察和数据收集。这种基于事实的过程能够为研究者提出的假设提供明确的证据，使得科学研究具有可信度和可验证性。一个没有实证数据支持的概念或想法，仅是一种主观推测或个人臆断，无法被学术界接受为科学证据。因此，科学研究始终强调数据的真实性、可靠性，以及从中获得的实证支持。

实证性不仅使科学研究具备了严谨性，还为科学知识的累积和扩展提供了基础。通过对客观事实的观察、数据的收集和分析，研究者可以逐步构建起一个整合性知识体系，为理论的发展和演进提供依据。科学知识的生成不仅是个体的努力，也是学者们通过长期的集体合作，共同探讨、反复验证和不断完善的结果。正是因为实证性研究的特质，科学成果才具备了被反复检验和验证的价值。

科学研究的实证性还体现在其对科学知识的创新和拓展上。每一项研究成果，除了必须能够经受住其他研究者的独立验证外，还应当具备启发性，能够引发新的观点、思路和研究方向，从而进一步扩大科学活动的意义与影响。正因为如此，科学活动呈现出明显的集群性和合作性特征。学者们通过合作，分享研究数据和观点，共同推进科学的边界，构建起一个不断发展的知识体系。这种集体努力不仅为科学研究增添了多样性，也使得科学知识得以在实践中产生更广泛的影响，推动社会的进步与发展。

9.2. 主要量化研究的设计

量化研究方法当中,与数据分析最为密切的研究取向为调查法、相关法与实验法。

9.2.1. 调查法

调查研究（survey research）是一种通过向特定群体的个

体收集数据，以了解他们的态度、意见、行为或特征的研究方法。通常使用标准化的工具，如问卷或访谈，以获取代表性样本的反应或答案。通过分析这些数据，研究者可以推测总体的态度、行为模式或趋势，从而回答研究问题、检验假设或为决策提供依据。调查研究广泛应用于社会科学、市场研究、公共卫生和政治学等领域，具有高效、可量化的优势。

调查法的原理是通过向具有代表性的样本群体提供一套标准化的刺激（例如问卷或访谈），来收集他们对特定问题的反应或答案，从而推测整个总体的态度、意见或行为模式。其核心思想是，样本的反应可以作为总体特征的缩影，通过对样本数据的分析，研究者能够对更大人群的特性和趋势作出合理的推断。

为了确保调查法的有效性，首先需要选取具有代表性的样本。研究者通常使用随机抽样或其他抽样方法，以确保所选样本能够准确反映总体特征。样本的代表性是调查结果能够推及到整体的关键因素之一。其次，调查法依赖于标准化的工具和程序。这意味着研究者会使用统一设计的问卷、访谈指南等调查工具，并以相同的方式实施调查。通过对所有受访者提供一致的刺激，减少了因调查方法不同而产生的偏差，提高了数据的可靠性。另外，调查法强调客观数据的收集。研究者通过结构化的问题和答案设计，以引导受访者提供真实的反应，避免在数据收集过程中受到主观因素的影响。无论是问卷还是访谈，问题的设计和提问方式都要尽量中立，以确保数据的客观性。

调查法是一种广泛应用于社会科学、市场研究和公共政策等领域的数据收集方法，其使用的工具可以从形式和内容两个方面进行划分。这种划分方式有助于研究者选择最适合其研究目的的方法，确保数据的准确性和全面性。

在形式上，调查工具可以分为结构式和非结构式两种类型：

1）结构式：结构式调查工具是预先设计好的一套标准化问题和固定的回答选项。每位受访者都会被问到相同的问题，回答的范围也受到限制。此类工具确保了数据的一致性和标准化，便于后期的统计和分析。常见的结构式工具包括问卷和结构化访谈。问卷通常包括选择题、评分量表、单项或多项选择等，问题设计明确且回答方式固定；结构化访谈则使用预设的问题列表，访谈员按照既定顺序提问，受访者的回答范围受到预先设计的限制，方便数据的定量分析和比较。

2）非结构式：非结构式调查工具则没有固定的问题或回答选项，研究者可以根据受访者的反应自由调整提问方式，从而获取更加深入和详细的信息。这种方法更适用于探索性研究，允许受访者表达更广泛的观点和想法。常见的非结构式工具包括非结构化访谈和开放式问卷。在非结构化访谈中，研究者根据交谈的进展提出新的问题，深入探讨受访者的想法和感受；开放式问卷则没有预设答案选项，受访者可以自由地用自己的语言作答，提供更多样化和细致的信息。

在内容上，调查工具可分为事实性问题和态度性问题：

1）事实性问题：这类问题旨在获取受访者的客观信息，如人口统计资料（年龄、性别、收入、教育程度）、行为习惯（购物频率、产品使用情况）、具体事件等。事实性问题通常是封闭式的，具有明确的答案，便于量化和分析。例如，“您的年龄是多少？”、“您每周购物的频率是多少次？”等问题，都属于事实性问题。

2）态度性问题：态度性问题用于了解受访者的主观看法、态度、信念或感受，常用于研究社会心理、消费倾向、满意度等。这类问题可以是封闭式的（如使用李克特量表衡量对某个问题的同意程度），也可以是开放式的（让受访者自由表达自己的观点）。例如，“您对目前的工作满意度如何？”、“请描述您对某品牌的印象”。这些问题旨在深入探究受访者的内心想法，为理解人们的行为、意愿和心理提供重要依据。

调查法通过对形式和内容的划分，帮助研究者在不同情境下选择最有效的工具和方法。结构式工具有助于数据的标准化和量化分析，适用于需要大量数据和比较研究的场景；而非结构式工具则更灵活，适用于探索性研究，能提供更深入和多样化的观点。在内容上，事实性问题侧重于获取客观、可量化的信息，为研究提供基础数据；态度性问题则侧重于探究受访者的主观看法，为理解人们的行为、意愿和心理提供重要的依据。

通过调查问卷所收集的数据，通常以描述统计的方法呈现受访者的反应，其中最常用的方式是次数分布和百分比，以简明直观地显示数据的整体特征。为了深入分析受访者的反应倾向，研究者往往会使用一些人口变量（如性别、年龄、居住地）或背景变量（如教育水平、社会经济地位、职业类别）进行进一步的探究。

在这种分析中，研究者通常采用卡方检验，也就是进行交叉分析。交叉分析通过比较不同变量之间的关系，来检验变量之间的关联性。例如，研究者可能会分析不同性别的受访者对某一问题的不同反应，以了解是否存在显著的性别差异。这样的分析不仅揭示了数据中的趋势和模式，还为研究者提供了更深入的洞察，以便解释和推断整体的反应倾向。

9.2.2. 相关法

相关研究（correlational research），即探讨多个变量之间关联性的一种研究方法。这种方法通过精密测量多个变量之间的关系，通常使用连续性分数（score）来评估不同受试者对某一概念的反应。在相关研究中，研究者通过测量不同变量之间的关联性，常使用标准化的测验或量表来评估现象。相关系数（correlation coefficient）是一个关键指标，用于量化变量间关系的强度和方向。该系数的取值范围通常在[-1,1]，其中 1 表示完全正相关，-1 表示完全负相关，而 0 则表示无关联。

相关研究通常测量的是无法直接观察的抽象概念或心理属性，如自尊、焦虑等。因此，对这些抽象变量的定义与有效测量是研究成败的关键。虽然相关研究可以揭示变量之间的关联，但无法推断因果关系，也无法确定变量间的影响方向。比如，虽然可以通过相关分析发现学生的焦虑感和学业成绩之间存在负相关，但无法确定是焦虑影响成绩，还是成绩影响焦虑。尽管可以通过回归分析或路径分析等技术对相关数据进行预测或因果性分析，但这些方法仍不足以确立真实的因果关系。因此，相关性强的两个变量并不一定具有因果联系，仍需进一步实验或分析来验证是否存在因果关系。

9.2.3. 实验法

实验法(experimental method)，一种精密且严谨的研究方法，源自自然科学，旨在探讨多个变量之间的因果关系。实验法通过区分自变量（因）和依变量（果），并通过随机分派受试者到不同实验处理中，严格控制其他条件，测量特定行为或态度的变化。这种方法通常在实验室中进行，称为实验室实验法。如果实验是在现实生活的开放场域中进行，称为场地实验研究，但由于无法实现完全随机分派与环境控制，这种方法又称为准实验研究法(quasi-experimental method)。实验法的核心要件包括：随机分派受试者、操控自变量、观察依变量、控制干扰变量。

实验法的主要目的是通过操控自变量并观察其对依变量的影响，确定因果关系。具体来说，实验法旨在通过严格控制实验条件，排除其他干扰因素，从而明确某一变量（自变量）如何直接影响另一变量（依变量）。这种方法让研究者能够在尽可能减少外部变量干扰的情况下，探索变量之间的因果关联，而不仅仅是关联性。实验法的关键目的包括：

1）检验假设：通过实验验证某个假设是否成立，确定特定因素对结果的影响。

2）建立因果关系：通过对比不同实验条件下的结果，明确自变量的变化是否引起了依变量的变化。

3）控制干扰变量：通过控制其他变量，确保实验结果仅受自变量的影响，从而使得因果推论更为可靠。

4）可重复性：实验法的设计严谨、控制精密，允许研究者重复实验以验证结果的可靠性和一致性。

实验法的成败取决于自变量是否是引起依变量改变的唯一原因，因此控制干扰因素和环境是实验成功的关键。在实验中，受试者分为实验组和控制组，实验组接受自变量的影响，控制组则没有接受自变量的作用。研究者通过比较实验组与控制组的依变量得分差异，判断自变量是否引起变化。

从数据分析的角度，统计分析用于明确依变量的变动是否由自变量引起。自变量通常是类别变量（分类变量），因此常用涉及平均数差异检验（t检验、变异数分析等）来检验平均数差异。由于实验设计中自变量的安排方式不同，出现了各种变异数分析技术，以应对诸如重复量数设计、共变量处理、前后测设计等不同情境，这使得实验法中的统计分析相对复杂。

9.2.4. 三种主要的量化研究设计的比较

调查法、相关法和实验法是三种常见的研究方法，它们在研究目的、工具设计、数据收集与分析等方面各有特点。

1）调查法的主要目的是从样本中推估总体的特性，通常用于收集大规模数据。为实现这一目标，调查法的问卷设计精简易懂，问题多为具体、客观的数据（如人口统计、生活状态、行为频率等），以便在短时间内收集大量样本。统计分析较为简单，常使用描述统计（如次数分布、列联表）或区间估计，推论统计中多采用无总体分析方法（如卡方检验）。调查法的样本需求最大，通常不少于1000人，以降低抽样误差（邱皓政，2009）。

2）相关法侧重于探讨多个变量之间的关联性。其测量工具较复杂，通常需要经过信度和效度检验，问卷题目多为抽象概念，常涉及复杂的量表。相关法通过探讨变量间的关系，但无法确立因果关系。Cohen(1988)认为统计分析较为复杂，涉及连续变量，使用高等统计技术来处理数据，如回归分析、路径分析等。相关研究的重点在于测验的信度和效度，因此样本的大小与研究设计及信度和效度的提升有关。样本需求介于调查法和实验法之间，通常需至少300人，以保证数据的信度和效度。

3）实验法的核心在于通过操控自变量来探讨因果关系。实验法通常在实验室内进行，通过随机分派受试者并严密控制实验环境，确保研究结果的有效性。实验法的测量工具简洁明了，常借助精密仪器进行测量。其统计分析多使用变异数分析（ANOVA），因涉及多种实验设计，统计分析较为繁夏。实验法的样本需求较小，但每组至少需要30名受试者，以确保统计检验力。

综上所述，调查法注重大规模数据收集、统计分析较为简单，相关法专注于变量间的关联性探讨、统计分析夏杂，而实验法强调因果关系的验证，统计控制严格。每种方法根据研究目标的不同，各自发挥特有的优势。调查法、相关法及实验法三种方法的比较具体如<表 IX-1>所示：

<表IX-1> 三种主要的量化研究设计的比较

	调查法	相关法	实验法
主要目的	由样本推论总群	探讨变量间关系	探讨因果关系
	对于总体的描述与解释	建立通则与系统知识	建立通则与系统知识
样本特性	大样本	中型样本	小样本
	具总群体代表性	立意或配额抽样	随机样本、随机分派
研究工具	结构化问卷	测验或量表	实验设备、测验量表
测量题项	事实性问题	态度性问题	反应时间
	态度性问题 行为频率	心理属性的测量 测验编制与实施	行为频率 心理属性的测量

研究程序学理基础	抽样与调查 (抽样理论)	(测验理论与技术) 连续变量为主	实验操弄 (实验设计)
测量尺度	类别变量为主	线性关系分析 相关	类别自变量 连续依变量
统计分析	描述统计	回归	平均数差异检验
常用统计技术	次数分布	路径分析	t 检验
	卡方检验	探讨变量间关系	变异数分析
	无总体统计	建立通则与系统知识	共变数分析

来源：邱皓政(2009).

9.3. 研究者如何开展一项定量研究？

邱皓政(2009) 认为,一个典型的科学研究包含理论基础、数据搜集和资料分析三个部分，这也可以被视为量化研究的三个主要阶段，这三个阶段相互联系，构成了科学研究的完整过程，从理论到实证，再到分析与检验，每一步都为研究的准确性和科学性提供保障。

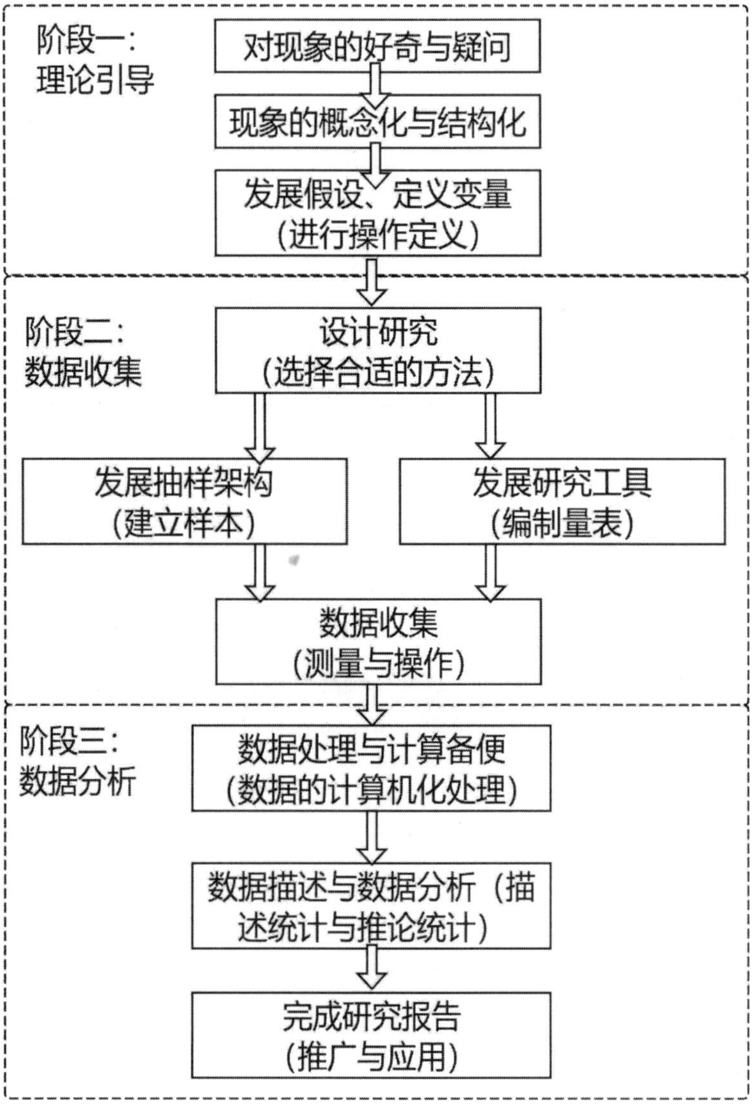

[图 Ⅸ-1] 量化研究基本程序

来源：邱皓政(2009).

9.3.1. 理论引导阶段

这是研究的起点。通过整理相关文献和理论，研究者可以明确界定研究问题的内涵和方向。理论基础为整个研究提供了逻辑框架和指导，使研究者能够在既有知识的基础上提出明确的研究问题或假设。这一阶段的核心在于运用已有的理论与研究成果，为后续研究活动奠定坚实的基础。

研究过程的初始阶段，即从好奇与疑问出发，到最终形成假设并操作化概念的步骤。研究的起点往往是研究者对某一现象的兴趣和疑问，这些疑问可能来自他们的个人经验、日常观察，或者是对前人研究成果中的未解问题产生的思考。一旦问题的雏形形成，研究者需要通过文献探讨来进一步澄清这些问题，明确涉及的概念，最终形成系统的研究假设。

接下来，研究者必须对他关心的问题进行概念化，即将模糊的想法转化为清晰、具体的研究概念。这一过程通常涉及参考相关领域的理论或背景知识。例如，当研究者想探讨“健身房会员流失率”时，他可能会借助发展心理学或人格心理学的知识来分析健身房会员的需求特质。这种文献和理论的支持有助于研究者更好地构建问题，使其更加具体和有意义。

在这个概念化过程中，研究者不仅需要提出假设，还要对假设中的变量进行明确的定义和描述。每个假设的提出通常与具体的研究问题直接相关，并且反映了变量之间可能的关系。例如，假设可以是简单的变量差异，也可以涉及更复杂的函数关系或因果关系的检验。此时，研究者要进一步明确假设中所提到的变量－它们具体指代什么，如何测量，这就需要操作型定义的帮助。

通过操作化，研究者将抽象概念转化为可以实际测量的变量。例如，研究者可能会将“信息设备的可提供性”定义为一个人每周接触计算机的时间，或者定义为距离最近的计算机设备的距离。操作型定义确保了研究中的变量可以量化和测量，使得研究过程能够在现实中得到检验和验证。

假设一个研究者对“健身房会员流失率”的现象产生了浓厚的兴趣和疑问。他可能会问：为什么健身房的会员容易放弃锻炼？是否存在某些群体在健身房的会员流失率更高，比如年龄较大的会员？会员对健身房的设备和环境满意度是否会影响他们坚持锻炼的时间？在这个过程中，研究者首先通过日常观察发现问题，而这些问题的产生可能是基于他个人在健身房的体验，也可能来自于对健身行业的分析报告。

接下来，研究者需要通过文献探讨，进一步明确健身房会员流失的相关因素。他可能会参考消费者行为学和健康心理学的理论，来探讨健身行为与设备满意度、环境满意度之间的关系。通过这些理论支持，研究者逐步形成了自己关于健身房会员流失的研究问题，并提出了几个假设：

假设一：不同年龄段的健身房会员在流失率上存在显著差异。此假设的核心在于探讨年龄与会员流失率之间的差异，即年龄是否是影响会员持续锻炼的重要因素。

假设二：健身房会员对设备的满意度越高，流失率越低。此假设反映了健身设备质量或种类与会员留存之间的关系，探索会员对设备的满意度如何影响他们是否継续锻炼。

假设三：设备满意度的差异对不同年龄段会员的流失率影响不同。此假设不仅关注设备满意度，还涉及年龄与设备满意度在流失率上的交互效应，尝试揭示更复杂的变量互动关系。

假设四：会员的年龄和设备满意度共同影响健身房流失率。此综合假设结合了年龄、设备满意度两个变量，试图探索它们对流失率的共同影响，可能需要借助结构方程模型来分析多个变量之间的复杂关系。

为了验证这些假设，研究者必须对所涉及的变量进行明确的操作型定义。例如，“设备满意度”可以通过对会员进行问卷调查来获得，问卷可能包含多个有关设备种类、质量和使用便捷性的问题，会员需要打分。而“流失率”可以定义为会员自入会以来在多长时间内停止去健身房的频率，或多久未使用健身房的服务。通过操作型定义，研究者可以将这些抽象的概念转化为可测量的数据。

经过这一过程，研究者便可以着手设计调查、收集数据，进而通过统计分析验证其假设的正确性。这个过程中，研究者不仅明确了问题，还成功地从理论和经验出发，提出了具有实际意义的研究假设，并通过精确的操作型定义为后续的数据收集与分析奠定了基础。这样，整个研究的执行计划就逐步得以实现，从一个模糊的问题发展为一个可操作的科学研究。

9.3.2. 数据搜集阶段

这一阶段由一系列实际的研究活动组成，目的是获取真实世界中的观察数据。研究者通过设计调查问卷、进行实验或收集现有数据等方式，获取与研究问题相关的实证资料。这个阶段的重点在于数据的真实性和可靠性，以确保研究的严谨性和科学性。研究者在经过概念澄清与变量定义后，必须制定研究计划以验证假设的正确性，即从方法选择到数据收集。选择正确的研究方法对于回答研究问题至关重要。

首先，研究者需要选择适当的研究方法，量化取向的研究方法可以分为实验法和非实验法，其中实验法侧重因果关系的验证，非实验法适合处理复杂变量之间的共变关系。其次，研究者必须建立抽样框架，明确总体范围（例如，定义健身房会员的年龄范围和地理区域），并选择适当的抽样方法，如随机抽样。接下来，研究者需要选择合适的研究工具，例如使用简单问卷或标准化测量工具来获取数据。最后，数据收集是研究的实际执行阶段，可能涉及问卷发放或实验操作，往往需要大量的人力和时间。

假设研究者对"健身房会员流失的原因"产生兴趣，他需要经过几个关键步骤来设计和实施研究。

1）研究方法的选择：首先，研究者选择了非实验研究，因为他的目标是探讨多个因素（如设备满意度、会员年龄、人际需求等）如何共同影响会员的流失率，而不是寻找单一的因果关系。非实验法能够更好地处理复杂变量之间的关系。

2）拟定抽样框架：研究者确定了研究的总体范围，即健身房会员，并决定聚焦于18至50岁的会员。为了确保数据的代表性，他决定采用随机抽样，从多个城市的健身房中随机抽取会员作为研究对象。这有助于保证不同地区和年龄段的健身房会员都能涵盖在样本中。

3）选择研究工具：接着，研究者需要设计用于收集数据的工具。他决定设计一个问卷来调查会员的流失情况以及潜在的影响因素。问卷包含了诸如"每周去健身房的次数""对健身设备的满意度""人际互动是否影响你去健身房的频率"等问题。如果研究者还希望测量心理需求，如会员对健身社交的需求强度，他可能会使用一个标准化的量表，专门测量人际需求和社交互动对行为的影响。

4）数据收集：最后，当样本确定且工具准备妥当时，研究者进入了数据收集阶段。他可能通过发放在线问卷或在健身房现场进行调查来收集会员的反馈。数据收集过程通常需要动员一定的资源，包括时间、人力和成本，以确保足够多的会员完成调查并提供有价值的数据。随着问卷的回收，研究者便可以获得健身房会员流失的相关数据，为后续的分析提供依据。

9.3.3. 数据分析阶段

第三阶段，即数据的整埋与分析，包含数据准备、数据分析和研究报告撰写三个部分：

1）数据备便：在研究执行后，研究者首先处理原始数据，包括过滤无效数据、计算回收率等。现代研究数据处理依赖计算机化操作，主要通过软件如SPSS或SAS进行数据编码、输入和检查。数据需经过转换才能用于统计分析。

2）数据分析：经过准备的数据可用适当的统计方法进行分析。首先通过描述统计和统计图表呈现变量特性，接着利用推论统计检验假设。研究者需根据变量类型（如类别变量与连续变量）选择正确的统计方法，如卡方检验、t检验或回归分析，以避免误用统计工具。

3）完成报告：数据分析完成后，研究者需要撰写研究报告。许多研究者虽然掌握了统计分析，但却缺乏将结果写成学术报告的能力。撰写报告不仅要求分析结果清晰易懂，还需符合学术规范，如APA格式。资深研究人员擅长将统计结果通过文字呈现和解释，这也是大学研究生训练的重要部分。

总而言之，研究的第三阶段不仅在于准确分析数据，更在于清晰有效地呈现研究成果。

在此阶段，研究者对收集到的实证数据进行系统分析，提供具体的比较和检验证据。通过统计分析、检验假设等方法，研究者能够回答研究中提出的命题是否成立，并基于数据得出最终的结论。这一阶段不仅验证了研究的理论假设，还为进一步的理论发展和实际应用提供了依据。

9.4 理论引导过程中的重要概念与程序

9.4.1 研究问题的定义

研究问题是指研究者对两个或多个变数之间关系提出的疑问，通常是科学研究的起点和核心。研究问题应以清晰的疑问句形式呈现，以便明确研究的方向和目标。例如，″变数A的大小有多大？″″变数A与变数B之间是否存在关联？″″参与学校社会事业项目是否会提高青少年的自尊心？“

9.4.1.1 研究问题的叙述要点

有效的研究问题具有以下特征：

1）疑问句：研究问题应以疑问句形式表述，以直接提出研究者的思考重点。

2）简明扼要：研究问题的表述应力求简洁明了，避免含糊或复杂化。

3）阐述变量关系：研究问题通常描述变数之间的关系，以此明确研究的关注点。

4）多种可能答案：研究问题应提供多个潜在答案，避免过于限定答案，确保有空间探索。

9.4.1.2 研究问题的选定

研究问题的产生往往基于以下来源：

1）研究者的经验：通过观察和实际操作经验，可以发现新颖而具有实际意义的问题。

2）文献稽查：通过阅读文献来发现现有研究的局限性或尚未探讨的领域。

3）社会需求：关注社会热点问题，解决社会需求往往能提升研究的现实应用价值。

在选择研究问题时，可参考以下几点：

1） 选择感兴趣的主题：确保研究者对该主题具有持久的兴趣，有助于保持研究的动力。

2）全面评估：在决定选题前，应对研究的难度、资源可用性和实际意义进行充分评价。

3）结合自身经验：选择符合自身知识或技能背景的题目，使研究更具可操作性。

4）与导师或同事交流：与教授、前辈、同事沟通，以获得更客观的建议和见解。

5）避免追求完美：不要过分追求选题的完美性，而应关注其实际意义和可行性。

6）选择有理论支撑的题目：确保所选研究问题有一定的理论基础，以便研究具有理论指导性。

7）避免题目范围过大：合理限定研究范围，避免过于宽泛，以确保研究的聚焦性和深度。

9.4.1.3 研究问题的评价标准

在评价研究问题时，可从以下角度考虑其意义：

1）主题重要性：研究问题应具备学术或社会上的重要性，具有推动相关领域发展的潜力。

2）应用性和适用性：所选研究问题是否具有现实的效用和应用价值。

3）理论关联性：研究问题应能与已有理论或概念框架相连，帮助填补理论空白或拓展现有研究的边界。

除了研究的意义，还需考虑研究问题的实际可行性，包括：

1)可验证性：研究问题应具备可验证性，能够通过数据或实验得到答案。

2） 道德和伦理考量：研究过程及结果应符合道德和伦理标准，避免侵犯个人或群体的利益。

3）变量的概念明确性：确保变量定义清晰，具备可测性，为后续的数据收集和分析奠定基础。

4）现实可行性：研究的实施是否具备必要的资源、时间和条件支持。

9.4.2 假设的定义与叙述要领

9.4.2.1 假设的定义与形式

假设是对两个或多个变量之间关系的初步陈述，用于为研究提供明确的研究方向。与研究问题通常以疑问句的形式不同，假设通常使用陈述句。例如，当研究问题为“变量A和变量B是否相关”时，假设则可为“变量A和变量B存在相关关系”或“变量A的增大会导致变量B的增大”。

假设通常采用“如果 A，则 B”的形式：
A：假设的前提条件，B：假设的结果条件。即，若 A 为真，则 B 也为真。这种形式可以进一步具体化为“越 A，越 B”的关系。例如，“青少年听古典音乐的次数越多，感性指数就会越高”。

在陈述假设时，需确保两个或多个概念之间的关系明确、具体。假设的陈述应清晰、直观，能够指明变量之间的关系方向，以便进行后续的研究和验证。

假设需清晰地指明变量之间的关系方向，以便更直观地展现变量间的正负关系。同时，假设中所涉及的概念和变量必须是可测量的，以便通过数据或实验进行验证。

9.4.2.2 变量之间的关系与假设

假设是对变量之间关系的陈述，它可以通过统计方法加以验证或证伪。在假设中，通常涉及自变量、因变量、调节变量和中介变量四类变量。

自变量(X)：自变量是研究中主动改变或观察的因素，它可能会对因变量产生影响。

因变量(Y)：因变量是研究中所观察的结果，受自变量影响。

调节变量(Z)：调节变量用以影响自变量和因变量之间关系的强度或方向。

中介变量(M)：中介变量起到连接自变量和因变量的作用，通过中介变量解释自变量对因变量的影响过程。

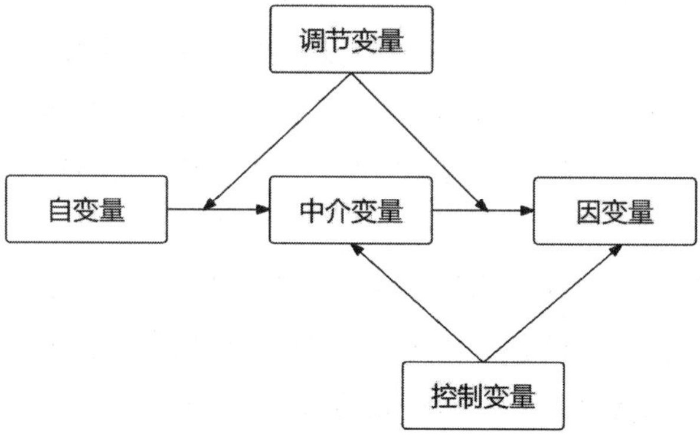

〔图 IX-2〕理论模型中的变量类型

9.4.2.3 自变量与因变量的关系

自变量X和因变量Y之间的关系主要可以分为两种类型：

因果关系：自变量X的变化直接导致因变量Y的变化，这是我们通常更感兴趣的关系类型。

相关关系：自变量X和因变量Y之间存在某种关联，但并不一定存在直接因果关系。

中介变量M　进一步细化了X对Y的影响过程，依据其对X与Y关系的"中介程度"可分为：

部分中介：X对Y的影响部分是直接的，部分则通过M产生作用。

完全中介：X　对Y的影响完全通过M实现，若无M的作用，X　会影响Y。

例如,在研究广告时，假设自变量是广告次数，因变量是销售量。这时，广告次数增加的话，会有销售量增加的关系。这种关系可以通过其他变量来解释。如果广告次数增加,消费者的认识度、态度、购买意图等就会发生变化。这些变量说明了广告次数和销售量之间的关系。这取决于中介变量的值，决定自变量和因变量之间的关系是否显着。

9.4.2.4 调节变量的不同作用类型

调节变量 Z 通过不同的方式影响自变量X和因变量Y之间的关系。具体分为以下几类：

加强型(strengthening)：随着Z的值增加，X对Y的关系得到强化。

削弱型(weakening)：随着Z的值增加，X对Y的关系减弱。

颠覆型(reversing)：随着Z的值增加，X对Y的关系从正向变为负向，或从负向变为正向。

9.4.3 概念定义与操作定义

概念定义和操作定义在研究中具有不同的目的和作用，理解它们的区别对科学研究十分重要。

9.4.3.1 概念定义与操作定义的差异

概念定义是对某一概念进行抽象和广泛的描述，用于在理论层面上帮助研究者和读者理解概念的基本含义和特征。

- 例子： 假设研究主题是“青少年的心理健康”。在这里，我们可以对“心理健康”进行概念定义：
- 心理健康：指个人在情感、心理和社会方面的状态，它包括个体在面对压力、应对日常挑战以及与他人建立良好关系方面的能力。心理健康可以通过情绪稳定、积极的自我形象以及良好的人际关系等特征来体现。

这个定义帮助研究人员在理论上理解心理健康的广泛含义,从而在后续研究中更好地识别其特性和重要性。

操作定义是将概念转化为具体、可测量的形式，以便在实际研究中收集和分析数据。操作定义的目的是确保研究中的概念可以被定量化，从而便于测量、验证和比较。

- 例子： 在上述例子中，如果研究者想要通过问卷调查评估青少年的心理健康状态，则需要对“心理健康”进行操作定义。假设使用心理健康量表（如“焦虑水平”“自尊感”或“人际关系质量”）来具体化心理健康的概念。
- 心理健康的操作定义：可以包括“自尊感测量表得分”“焦虑水平问卷评分”“人际关系质量问卷得分”等，通过具体的分数来反映青少年的心理健康状况。

通过操作定义，研究者可以将抽象的“心理健康”转化为可量化的数据。例如，问卷中的10道题各自评分相加，总得分高的青少年被认为心理健康状况较好，反之得分低的则心理健康状况较差。

概念定义为研究提供了理论框架，而操作定义则将概念转化为可操作的变量，使研究得以实际进行。在科学研究中，清晰的概念定义有助于理论探索，而有效的操作定义则使得研究结果具有实证支持和可量化性。

- 概念定义的特点：广泛、抽象，强调理论性。例如，在“心理健康”的概念定义中，研究者需要描述其特征，如情绪稳定和良好的人际关系，以便建立对这一概念的全面理解。
- 操作定义的特点：具体、可测量，强调量化。例如，将“心理健康”转化为焦虑水平、社交满意度等具体测量指标，方便实际操作。

9.5. 数据收集过程中的重要概念与程序

9.5.1. 什么是测量？

9.5.1.1. 对测量的理解

Nunnally和Bernstein(1994)认为测量是指利用一套符号系统来描述被观察对象某种属性的过程。在科学研究和日常应用中，测量扮演着至关重要的角色，它为研究者提供了将复杂的概念转化为可观察、可分析数据的途径。这套符号系统的表现方式主要有两种：一种是通过数字来表示某个属性的数量；另一种是通过分类来确定被观察对象的属性或特质属于哪个类型。

第一种方式是一个度量化（scaling）的过程，通过数字化来量化对象的属性程度或数量。比如，利用测量工具来记录身高、体重、温度、智商等数值，都是以数字形式呈现对象特定属性的大小或水平。这种数字化表示不仅有助于将抽象的概念转化为具体的数据，还能够进行进一步的统计分析，从而揭示事物之间的关系。

第二种方式是一种分类（classification）过程，用于确定对象的属性类别。与度量化不同，分类并不追求属性的数量，而是注重将对象归入某一类型或类别。例如，在社会科学中，可以根据受访者的职业、学历、居住地等，将他们划分为不同的群体，进而进行比较和分析。这种分类工作在研究中同样非常重要，为研究者提供了理解不同类型对象特征的基础。

从统计分析的角度来看，邱皓政(2009)认为测量是将研究者所关注的现象进行"变量化"的具体步骤。换句话说，测量的过程就是将某个特定属性的内容，转化为一种可以以变量形式呈现的可量化信息。这一转换的关键在于将抽象的概念或特征，如态度、行为、特性等，通过数据和符号来表达，从而使其能够被科学地观察、分析和解释。

在这个过程中，研究者关注的对象可以多种多样，既可以是单个个体，例如某个学生的学习成绩或健康状况；也可以是一群人，如某地区居民的社会经济地位、消费者的购买偏好；还可以是各种实体对象，例如城市中的建筑物、公司产品的销售量等。通过测量，将这些多样化的对象的特征转变为具体的数值或类别，以变量的形式呈现出来，这样一来，研究者就能够运用统计方法对这些数据进行系统、科学的量化分析。

变量化是科学研究的核心步骤之一，它不仅使得复杂的现象可以以可操作的方式进行分析，还为进一步的统计检验、模型构建和理论验证奠定了基础。通过这一过程，研究者能够识别和衡量不同属性之间的关系，揭示隐藏在数据背后的规律，为理论发展和实际应用提供有力的支持。

9.5.1.2. 变量与常数

变异（variety）是统计的根本，而测量与统计是一门研究变异的科学。社会和行为科学的研究之所以有意义，是因为测量可以揭示出因时间、个体差异等因素所引起的人类行为和社会现象的变化。如果社会中的所有事物都一致，统计、测量甚至科学研究本身将失去意义。假设如果所有植物的生长高度都完全相同，研究植物生因长的差异将失去意义，农业科学中的肥料效果、种子质量等研究也不再必要。同理，如果每个人的健康状态都一致，医学研究将没有存在的价值，疾病预防和治疗也无从谈起。因此，社会和行为科学以及自然科学的研究，正是为存在着时间、个体、环境等因素导致的变异，研究者才能通过测量和分析这些变异来理解现象背后的规律。

由于人类社会充满了多样性和变动，科学研究领域中有许多变量值得深入探讨。变数或变量(variable)是指某一属性因时、地、人物或环境的不同而发生变化，例如饮食习惯是一个变量，每个人的饮食偏好可能不同。相对的，如果某一属性在不同条件下始终不变，则称为常数，例如水在标准大气压下的沸点是固定的100摄氏度。学术研究的主要任务之一就是系统化地研究这些变量及其相互关系。当我们【应用】管理学理论解释问题时（如对一个理论进行实证检验），我们需要把理论中的构念转换成变量(variable)，并对变量提出各种假设，因此变量在管理学实证研究中是非常重要的.

9.5.2. 测量的尺度

测量的尺度是研究中对变量进行量化和分类的方式，根据变量的特性，可以分为以下四种主要尺度：

1）名义尺度（Nominal Scale）：名义尺度（又称类别尺度）用于对被观察者的某一现象或特质进行分类，并为不同类别赋予特定的数值。这类测量的变量称为名义变量，最简单的尺度，用于分类或标记不同类别，没有顺序或量的意义。名义尺度处理的是离散的类别数据，主要功能是分类，而不涉及大小或顺序的比较。例如，性别（男/女）、血型（A型/B型）等。名义尺度的变量只是不同类别的标签，无法进行大小比较。名义尺度的设计必须遵循两个基本原则。首先是互斥性（mutually exclusive），即每个类别之间应当是完全分离的，彼此没有任何交集或重叠。这意味着每个被测量对象只能被归类到一个明确的类别，不能同时属于多个类别。例如，在性别分类中，个体只能被归为“男”或“女”，不能同时属于两个类别。其次是完整性（exhaustive categories），即分类应涵盖所有可能的情况，确保每个被观察对象都有归属的类别，不会有遗漏的情况发生。换句话说，分类必须足够全面，以囊括所有可能的选项，例如婚姻状态的分类应包括未婚、已婚、离婚、丧偶等，以确保任何人的婚姻状态都能被准确归类。这两个原则的应用确保名义尺度的测量系统能够准确、清晰地描述被观察对象的特征，不仅避免混淆和重叠，还保证了所有可能选项的覆盖。

2）顺序尺度（Ordinal Scale）：不仅对变量进行分类，还能根据某种标准排列顺序，但无法确定不同类别之间的间隔大小。顺序尺度是一种既能够对某一现象或属性进行分类，又能够反映不同类别之间的大小顺序的测量方法。相比于简单分类的名义尺度，顺序尺度不仅分类，还强调类别之间的顺序关系。以顺序尺度测量得到的变量称为顺序变量，例如，学历水平（小学、初中、高中、大学）或比赛名次（第一、第二、第三）。

在顺序尺度的测量过程中，每个类别都会被赋予一个数值。这些数值不仅仅是为了区分类别，重要的是，它们必须反映类别之间的顺序。例如，大学教授的职级可以依次被标记为1（讲师）、2（助理教授）、3（副教授）、4（教授），这种数值分配需要体现从低到高的层级顺序。而与名义尺度不同的是，顺序尺度的数值并不能随意指定，必须遵循升序或降序的排列逻辑，不能任意分配数值给不同的类别。

这种尺度强调顺序，但不能衡量各类别之间的差距。尽管顺序尺度数值反映了顺序，但它们并没有具体的量化单位。例如，虽然我们知道教授的职级高于副教授，但无法量化这两者之间的具体差距。因此，顺序尺度的数据只能用于比较大小顺序，而不能进行加减乘除等数学运算。

此外，顺序尺度同样需要遵循互斥性和完整性的原则。互斥性意味着每个被测量对象只能属于一个明确的类别，不能同时归属多个类别；而完整性要求分类覆盖所有可能的情况，确保每个对象都有归类的选项。如果不遵守这两项原则，会导致数据混乱，使被调查者难以准确回答。

在统计分析中，顺序变量与名义变量由于都是离散的类别数据，通常以类别变量进行处理。尽管顺序变量具有顺序信息，但由于缺乏明确的数值单位，因此在统计分析中不能像连续变量那样使用标准的数学运算。常见的统计方法如列联表分析，可以有效地处理顺序变量的数据，帮助研究者了解类别之间的关系和分布情况。

3）等距尺度（Interval Scale）：等距尺度（或称间距尺度）是一种测量方法，用于评估某一特质或现象的程度，具备标准化的单位，能够体现不同对象之间的差距。与分类和顺序尺度不同，等距尺度不仅能够区分类别并排出顺序，还能够反映两个对象之间的相对距离或差距。测量得到的变量称为等距变量，例如日历上的年份、考试分数或时间（如钟表上的小时）。等距变量不仅具有顺序性，而且相邻数值之间的间隔是相等的，但没有绝对零点。

在等距尺度下，可以进行加减运算，但不能进行乘除运算，因为没有绝对的“零”点。等距尺度的重要特征是具有标准单位，因此不同的测量值之间的差距可以精确计算。例如，在考试分数中，90分与80分之间的差距和80分与70分之间的差距是相同的，即差10分。这使得等距尺度的数据可以进行加减运算和统计分析。然而，等距尺度的零点是相对的，而不是绝对的。相对零点意味着零值并不表示该特质完全不存在。例如，钟表上的0点并不代表“没有时间”，只是代表一天的开始。同样，公历年份的“公元0年”并不代表时间的起点，而是人为设定的参考点。因此，等距尺度的数值在加减时有意义，但在乘除运算时应谨慎使用。

4）比率尺度（Ratio Scale）：最精确的测量尺度，除了拥有等距尺度的特性外，还具有绝对零点，这意味着可以进行加、减、乘、除运算。例如，体重、身高、年龄、收入。比率尺度允许我们进行各种数学操作，因为零点表示某种属性的完全缺失。比率尺度是一种具备标准化单位且包含绝对零点的测量方式，常用于测量如距离、时间、速度等变量，这些变量称为比率变量。比率尺度不仅能够比较数值的大小和差距，还可以进行比率运算，因为零点表示该属性的完全缺失。例如，时间是比率变量，一场活动持续2小时，另一场活动持续1小时，2小时是1小时的两倍。因为时间有一个绝对零点（没有时间），这个比值“2倍”具有真实意义。

5）测量尺度的比较

名义尺度只能对现象或特质进行分类，其数值只能反映相等（=）或不等（≠）的特性。例如，不同的职业类别（如医生、律师、教师）只能表示职业的差异，而无法比较大小。

顺序尺度：能够根据大小对现象进行排序，除了相等和不等外，还具有大于（>）和小于（<）的特性。例如，满意度的等级（如非常满意、满意、不满意）不仅可以分类，还可以表示程度的高低。

等距尺度：在具备分类和顺序功能的基础上，数值能够表示相对的差距，因此可以进行加法（+）和减法（-）运算。例如，温度差异（如摄氏温度）可以通过相加或相减来表示温度的变化。

比率尺度：由于具有绝对零点，除了分类、顺序和加减运算外，还可以进行乘法（×）和除法（÷）运算，用于表示倍数关系。例如，体重可以通过比率计算出某人是否是另一个人的两倍重。

<表Ⅸ-2> 四种测量瓷都的数学关系比较

测量层次	数学关系			
	=or≠	>or<	+or−	×or÷
名义测量	√			
顺序测量	√	√		
等距测量	√	√	√	
比率测量	√	√	√	√

来源：邱皓政(2000).

总结来看，不同的测量尺度在数学特性上依次增加，从名义尺度的简单分类，到比率尺度的复杂运算，每种尺度都对应不同的分析能力。

<活动>

1. 文化观光部正在以访问韩国的游客为对象进行问卷调查。从以下各项问卷中获得的结果在名义、序列、等距、比例尺度中属于哪个？

- 1）请写上与您年龄相对应的号码。（　　）
  ① 10代 ② 20代 ③ 30代 ④ 40代 ⑤ 50代
- 2）这次旅行的主要目的是什么？（　　）
  ① 旅游 ② 工作 ③ 拜访朋友、亲戚 ④ 其他
- 3）您下榻的酒店职员的亲切度怎么样？（　　）

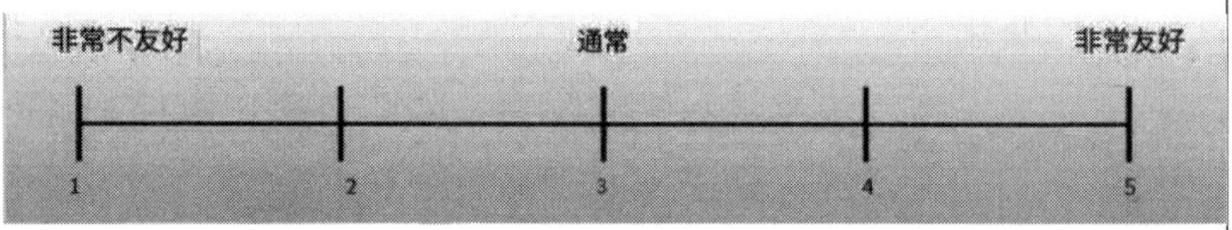

- 4）你打算待几天?(　　　)

2. 三一企划销售(株)利用泽泰公司在线销售干鱼。 为了了解销售上的改善点，对顾客进行了问卷调查。 从以下各项问卷中获得的结果在名义、序列、等距、比例尺度中属于哪个？

- 1）你多大年纪了？（ ）
- 2）过去一年，你在网上下单的次数是多少？（ ）
- ① 5次以下 ② 6~10次 ③ 11~20次 ④ 20次以上
- 3）你对最后购买的网上销售产品的价格满意吗？（ ）

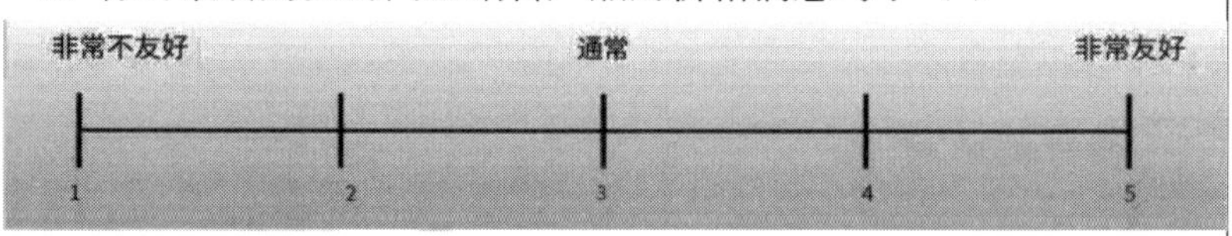

4. 请依次填写选项网上销售商品中感兴趣的商品。
- 第一(　　)、第二(　　)、第三(　　)、第四(　　)
- ① 鱿鱼 ② 鳀鱼 ③ 海带 ④ 贻贝

9.5.3. 测量量表

9.5.3.1. 测量的分类

斯蒂文斯（Stevens，1946，1951）提出的四级测量分类法（定类、定序（等级）、定距、定比）。对统计和数据测量的基本结构进行了详细划分，依据符号或数字传递的信息类型，将测量划分为四个不同的水平或量表：命名量表、顺序量表、等距量表和等比量表。每一种量表代表着不同程度的测量复杂性和信息量，也为研究者提供了在不同情境下选择适当数据分析方法的依据。

1）命名量表（Nominal Scale）：这是四级测量中最基础的测量形式，主要用于对对象或现象进行分类和区分。使用命名量表时，通常通过文字、符号或数字等对个体、物体或事件进行标记。这种量表并不反映事物之间的顺序或数量关系，仅仅起到分类的作用。例如，可以通过命名量表将性别分为“男性”和“女性”，或将交通工具分为“汽车”、“自行车”、“火车”等类别。命名量表中，变量被称为类别变量，数据之间无法进行任何数学运算。

2）顺序量表（Ordinal Scale）：顺序量表不仅可以将对象进行分类，还能够反映事物之间的顺序或等级关系。这种量表用来对事物进行排序，但不同等级之间的差距并不一定是相等的。举例来说，在一项比赛中，选手的名次（第一名、第二名、第三名）属于顺序量表。虽然名次体现了不同个体的表现顺序，但排名之间的差距（例如第一名与第二名的差距和第二名与第三名的差距）并不必然相同。

3）等距量表（Interval Scale）：这是测量的第三级别，除了具有顺序量表的排序功能外，还引入了相邻数据点之间的等距概念。即量表中任意两个相邻数值之间的差距是相等的。这种量表不仅可以说明顺序，还可以反映量值之间的相对差异。例如，温度的摄氏度量表就是一个等距量表，因为每增加一度的温度变化都代表相同的热量变化。然而，等距量表缺乏一个绝对的零点，零度并不代表“没有温度”，而是一个人为规定的点，这使得它不适用于一些特定的数学运算（如倍数运算）。

4）等比量表（Ratio Scale）：这是测量水平中的最高级别，除了具备顺序量表和等距量表的所有特点外，还具有一个绝对零点。绝对零点意味着所测量的特征在这一点上完全不存在。等比量表适用于更多的数学运算，包括加减、乘除等。例如，质量、长度和体积等物理量通常是以等比量表来测量的，因为这些量在零点时表示完全没有相应的属性，例如零公斤表示没有重量。这种量表不仅反映了对象之间的顺序和差距，还可以进行相对比例的比较，例如一件物品的重量是另一件物品的两倍。

总的来说，这四个测量水平为数据的收集、分析和解释提供了结构化的框架。不同的量表适用于不同类型的变量和研究情境。对于研究者而言，理解这四级分类法能够帮助他们根据研究需求选择合适的统计工具和分析方法，确保数据分析的准确性和有效性。

9.5.3.2. 几种常用的量表类型

1）Likert-type量表

Likert-type量表（李克特格式量表）是一种在社会与行为科学研究中广泛使用的测量工具，主要用于评估受测者对某些现象、态度或意见的反应。这种量表特别适合用于测量态度、感受或看法，并且以其简便易用的特点被广泛应用于各类问卷设计中。

一个典型的Likert-type量表通常由多项针对同一个特质或现象的陈述句组成，这些题目设计时具有相同的重要性。每个题目都包含一个陈述句，受测者需对该陈述作出反应，表示自己同意或反对的程度。每个陈述后面都有一套量尺，量尺由一系列连续的数字组成，通常以1到5或1到7的数值表示，每个数值代表一个不同的程度。例如，五点量尺中，数字1代表“非常不同意”，2代表“不同意”，3代表“无所谓、同意或不同意”，4代表“同意”，5代表“非常同意”。这些数字代表的是受测者对陈述的同意或反对的强度。

通过这种设计，Likert-type量表可以有效反映受测者对某一现象的态度。例如，如果研究者想要了解员工对公司福利制度的满意度，可以使用一系列类似的陈述句，如“公司福利制度符合我的期望”、“我认为公司的福利制度有助于员工的健康”等。受测者根据自己的感受，对每个陈述作出反应，选择最能反映其意见的数值。

举例来说，假设研究者设计了一份关于员工工作满意度的问卷，包含以下Likert-type题目：

<表Ⅸ-3> 员工工作满意度的问卷

题目	1 非常不同意	2 不同意	3 无所谓	4 同意	5 非常同意

我对目前的工作环境感到满意。					
我认为我的工作量合理					
公司提供的职业发展机会满足了我的期望。					

在这份问卷中，每个陈述句都有一个与之相对应的五点量尺，受测者根据自己的真实感受，选择一个最符合他们想法的数值。最终，研究者可以将所有题目的得分加总，计算出一个总分，以此来衡量员工的总体工作满意度。分数越高，代表受测者对工作越满意，分数越低则表示满意度较差。

Likert-type量表的优势在于，它能提供一种简单、直观的方式来量化受测者对某一现象的态度或感受。同时，因其分数能够加总计算出一个总分，研究者可以进一步分析这些数据，了解个体之间的差异和整体趋势。这种量表也非常适合应用于统计分析，因为它能够将复杂的态度或意见转换为可处理的数值数据，从而支持研究假设的检验。此外，Likert-type量表的灵活性很强，研究者可以根据具体研究需求调整量尺的数量（如三点、五点或七点），也可以根据研究主题设计不同的陈述句，确保其适用于特定的研究领域。通过这一方式，Likert-type量表成为社会科学、行为科学以及市场调研中不可或缺的测量工具。

2）Thurstone 量表

Thurstone量表是一种用于测量态度的心理测量工具，最早由心理学家路易斯·桑普森·瑟斯顿（Louis Thurstone）在20世纪20年代提出。与Likert-type量表不同，Thurstone量表的设计更加复杂，旨在通过更加精确的方法量化受测者对某个特定主题的态度。

Thurstone量表的主要特点在于态度的多项陈述，这些陈述各自代表一个不同的态度强度，每个陈述被赋予一个权重分数。受测者需要对这些陈述表达同意或不同意，从而推测出他们对某一现象或主题的总体态度。

Thurstone量表的开发过程通常包括两个步骤：一是陈述的产生，研究者首先收集一大批与测量主题相关的陈述，通常多达数百条。这些陈述的内容覆盖从极端反对到极端支持的广泛态度。二是专家评定，这些陈述随后由一组专家或评定者进行打分，分数代表每个陈述所表达的态度强度。评定者通常使用11点或类似的评分系统，对每个陈述进行打分，从而为每条陈述分配一个权重或“刻度值”。通过这种方式，Thurstone量表将不同的态度强度转化为可以量化的数值。每个陈述句在被最终确定后，代表一个特定的态度立场。

在实际应用中，受测者会看到一组已经分配了权重的陈述，并被要求对每个陈述作出“同意”或“不同意”的判断。每个陈述的权重提前由专家评定，因此受测者并不知道每条陈述的权重分数。最终，研究者通过计算受测者选择的陈述对应的分数来衡量其总体态度。例如，如果Thurstone量表用于测量一个人对环境保护的态度，它可能包括以下陈述：

<表Ⅸ-4> Thurstone 量表范例表

权重分数	平定	题目
10	£同意 £不同意	1.我认为保护环境是当务之急，所有人都应为此努力。
9	£同意 £不同意	2.我愿意每天减少对塑料制品的使用，以减少污染。
8	£同意 £不同意	3.政府应该大幅增加环保项目的资金支持。

7	£同意 £不同意	4.环境保护是重要的，但其他问题可能更优先。
6	£同意 £不同意	5.虽然我支持环保，但我认为环保问题有时被夸大
5	£同意 £不同意	6.我认为环保运动有时有些过头，投入的资源不合理。
4	£同意 £不同意	7.环境保护固然重要，但我认为经济发展更重要。
3	£同意 £不同意	8.我不认为环境问题是当前世界的主要问题之一。
2	£同意 £不同意	9.保护环境不是政府的职责，个人应该自行选择。
1	£同意 £不同意	10. 环境保护不应该成为国家政策的重点。

这些陈述都事先由专家进行了打分，例如，第1条陈述可能得到较高的分数（代表强烈支持环保的态度），而第10条陈述则可能得到较低分数（代表不支持环保的态度）。受测者阅读这些陈述后，选择自己同意的项，研究者通过汇总这些同意陈述的分数，计算出受测者对环保态度的总体分数。

Thurstone量表是一种高度精确的测量工具，适合用于对态度强度进行精细量化的研究。它通过专家对陈述进行打分，并将受测者的选择与预先设定的权重进行匹配，从而得出一个量化的态度分数。虽然它的开发和应用过程相对复杂，但其精确性使其成为态度研究中非常有价值的工具，尤其在那些需要深入了解不同立场和态度差异的研究中发挥重要作用。

3）Guttman量表

Guttman量表（又称累积量表）是由社会学家路易斯·古特曼（Louis Guttman）于20世纪40年代发展的一种测量方法，主要用于测量态度、信念或行为的累积性。Guttman量表的设计基于这样一种假设：如果一个受测者同意某一陈述，那么他也会同意难度或强度较低的所有陈述。因此，Guttman量表是一种具有单向累积特征的量表，受测者的回答应该遵循特定的累积模式。

Guttman量表由一组按照难度或强度顺序排列的陈述组成，每个陈述逐步增加对某个特质或现象的要求。例如，如果受测者同意一个强度较高的陈述，那么他也应该同意所有强度较低的陈述。若某个受测者不同意强度较低的陈述，但同意较高强度的陈述，可能表明他对该特质的态度或信念不一致。

Guttman量表主要用于社会科学和心理学研究，尤其适用于探讨某些态度或行为在强度上的累积性。例如，它可以被用于测量政治观点、社会偏见或某种技能水平的发展。假设研究者希望测量某人对政治参与的态度，Guttman量表可以设计如下：

<表Ⅸ-5> Guttman量表范例：政治参与程度

得分	题目	评定
1	我会偶尔阅读与政治相关的新闻。	£同意 £不同意
2	我会定期关注政治活动和动向。	£同意 £不同意
3	我曾参与过政治讨论或论坛。	£同意 £不同意
4	我曾参加过选举或政治活动的志愿者工作。	£同意 £不同意
5	我曾为某个政治候选人或政党捐款。	£同意 £不同意

按照Guttman量表的设计，受测者的得分反映了他在政治参与中的态度强度。得分越高，表明他的政治参与程度越高。如果

受测者同意“我曾为某个政治候选人捐款”，则理论上他应该同意所有前面的陈述。如果受测者选择了这个最高强度的陈述，意味着他同时也可能阅读政治新闻、参与讨论等。

如果受测者同意了较高强度的陈述，却不同意低强度陈述（如同意参加政治活动，但不同意阅读政治新闻），这种模式会被视为异常，需要进一步分析。

4）语意差别法

语意差别法（Semantic Differential Scale）是由心理学家查尔斯·奥斯古德（Charles Osgood）于1950年代提出的一种测量态度和概念的量表，主要用于探测受测者对特定概念、对象、事件或人物的情感、态度和认知评价。该量表通过一系列对立的形容词对（如“好-坏”、“强-弱”、“快-慢”）来衡量某个特定对象在不同维度上的特征。语意差别法通过让受测者在一对形容词对之间作出选择，以此来评估他们对某一事物或概念的态度。受测者通常在一个双极量尺上打分，量尺的一端是一个形容词（如“好”），另一端是它的相对反义词（如“坏”）。受测者根据自己的感觉在这两个极端之间进行打分，分数代表受测者的评价程度。

这种量表通常采用七点或五点的评分系统，以便研究者可以量化受测者的态度和感知程度。例如，评分可能从1（代表“非常好”）到7（代表“非常坏”），中间点则表示中立或不确定。语意差别法通常围绕三个主要维度来测量对象的特征：评价维度（Evaluation）是衡量对象的好坏或价值判断，例如“好-坏”、“喜欢-不喜欢”。力量维度（Potency）是衡量对象的强度或力量，例如“强-弱”、“大-小”。活动维度（Activity）是衡量对象的活跃性或动态性，例如“快-

慢”、“活跃-迟缓”。通过这些维度，研究者能够全面了解受测者对某个事物的整体态度，并分析不同维度之间的关系。

<表Ⅸ-6> 语意差别法范例

	评分尺度（1-7）						
有效－无效	1	2	3	4	5	6	7
简单－复杂	1	2	3	4	5	6	7
互动性强－互动性弱	1	2	3	4	5	6	7
有趣－无聊	1	2	3	4	5	6	7
自主－受限制	1	2	3	4	5	6	7

受测者根据他们对在线学习的感受，在每一对形容词之间选择一个数值，表示他们对在线学习在该维度上的看法。例如，受测者如果觉得在线学习非常有效，可能在“有效－无效”中选择1（表示“非常有效”）；如果觉得互动性较弱，可能在“互动性强－互动性弱”中选择6。

每个维度的得分可以帮助研究者了解受测者对在线学习在不同方面的看法。通过对所有受测者的评分进行汇总和平均，研究者可以形成在线学习在有效性、互动性、有趣性等多个维度上的整体认知图景。如果某个维度的得分显著偏高或偏低，研究者可以据此深入分析在线学习的优势或不足之处。语意差别法是一种灵活、简便的测量工具，能够通过多个维度评估受测者对某一事物的态度和感知。它适合用于测量产品、品牌、概念或人物的特征，尤其是在需要理解受测者对某个对象的情感或态度时。通过使用对立的形容词对，语意差别法能够为研究者提供深入了解态度结构的手段，广泛应用于心理学、市场研究、社会科学等领域。

9.5.4. 量化研究的测量格式

9.5.4.1. 类别性测量

类别性测量(categorical measurement)是问卷调查中常用的方式，尤其适用于评估人口特征或具体行为，例如饮食偏好、工作行业或居住类型等。这类问题通常出现在问卷的基本信息部分，用于收集受测者的背景数据，如他们的工作领域或居住环境。这些问题通过类别性测量能够为研究者提供基础信息，有助于了解受测者的基本特征，并将这些特征与其他研究变量联系起来，以便更深入的分析。

类别性测量一般采用封闭式问题，即提供给受测者若干固定选项，以便快速选择。例如，饮料偏好可能会列出多种选择，如咖啡、茶、果汁、碳酸饮料等。这种设计不仅方便受测者回答，也有助于数据的标准化和结构化，使后续的数据分析更加简便。

在设计类别性测量时，研究者需要遵循两大原则：互斥性和完整性。互斥性要求所有选项不能重叠，即每个选项之间应当是完全独立的。举例来说，如果问卷问到“居住环境”，选项可能包括“城市”、“郊区”、“农村”，每个选项应明确且互不重叠，受测者只能选择一个最符合自己情况的选项。完整性则要求所有可能的答案都应涵盖在选项中，避免遗漏。例如，如果问卷未能包含“海边社区”这一选项，则应当考虑增加一个“其他”选项来弥补。

虽然“其他”选项可以为一些特殊情况提供空间，但这种答案在后续数据分析中往往难以处理。受测者填写的“其他”内容通常无法与标准选项一同分析，这可能导致数据的部分丢失或处理复杂化。因此，除非非常必要，设计问卷时不建议频繁使用“其他”选项。

类别性测量的形式多样，常见的有单选题、复选题和排序题。其中，单选题是最简单、最常用的形式，每个问题仅允许受测者选择一个选项。例如，问卷可能询问“你最常用的交通工具是什么？”，选项可能包括“汽车”、“公交车”、“自行车”或“步行”，这类问题可以直接作为单一类别变量处理，在数据分析时易于计算频率或进行卡方检验。

相比之下，复选题允许受测者选择多个选项，增加了复杂性。举例来说，问卷可能会询问“你平常喜欢的运动项目有哪些？”，受测者可以同时选择“游泳”、“跑步”、“瑜伽”等多个选项。研究者在分析复选题时，通常需要将每个可能的选项作为独立的类别变量进行编码和处理，这样可以准确反映受测者的多重偏好。

排序题则要求受测者对多个选项进行优先级排序，例如问卷可能要求受测者将“安全性”、“经济性”、“舒适性”三个因素按照他们选择交通工具的优先程度排序。对于这种问题，研究者需要将每个选项转换为顺序变量，并依据排序信息进行编码处理，这样可以在数据分析时更好地反映出受测者的偏好顺序。

总之，类别性测量在问卷调查中因其易操作和广泛适用性而得到广泛使用。尽管单选题处理相对简单，但复选题和排序题为研究者提供了更丰富的数据分析可能性，尽管其编码和处理相对复杂。研究者在设计问卷时，必须确保问题的选项既符合互斥性和完整性原则，又能适当简化，以确保数据的准确性和可操作性。

9.5.4.2. 连续性测量

类别性测量的主要功能是鉴别差异，即通过将受测者归类到不同类别来确认他们所属的群体或特征。例如，在市场调查中，类别性测量可以用于识别消费者的购买偏好（如是否偏好有机产品）或职业类型（如教师、医生、工程师等），以便区分不同群体间的差异。相比之下，连续性测量的目的是测量某种现象或特质的强度和程度。这种测量更关注某一属性的高低或变化幅度，而不是简单的分类。例如，在体育科学中，研究者可能测量运动员的心率或力量表现，以确定训练效果的不同程度；在教育领域，测量学生的学习动机强度或考试成绩，则可以显示出每个学生在某一能力上的差异。

在社会与行为科学研究中，许多抽象特质（如焦虑感、幸福感、创造力等）都难以通过简单的分类来评估，因此研究者需要使用连续性测量来衡量这些特质的具体程度。例如，测量“焦虑感”时，不能仅将个体分为“焦虑”或“不焦虑”两类，而是要评估焦虑感的强度是否低、中或高。为此，测量学者开发了各种精密的测量尺度(如李克特量表或语义差异量表)，允许研究者根据特定需求对这些概念进行深入测量。

这种连续性测量在许多研究中至关重要，因为它不仅可以反映现象的相对差异，还能精确显示出变量的具体变化。例如，在心理学研究中，测量自尊心或幸福感通常使用从1到5或1到7的评分系统，受测者根据自身情况选择数值，这些评分能够展示情感状态的强度差异。同样地，健康研究可能通过测量血压或体重指数（BMI）的变化，来评估健康状况的不同程度。因此，类别性测量和连续性测量的使用取决于研究的目标和需求。类别性测量适用于简单区分不同群体或属性，而连续性测量则为研究者提供了更深入的工具，帮助他们精确衡量某些现象或特质的变化和强度。通过这种方式，研究者能够获取更加丰富和精细的数据，从而支持复杂的理论验证和假设检验。

9.5.6. 问卷法

9.5.6.1. 什么是问卷法？

问卷法（Questionnaire Method）也称问卷调查法，是指通过精心设计的一组结构化问题或陈述，向一组受测者分发问卷，以系统化地收集其对特定主题的意见、态度、行为或特质的调查方法（姚计海&吴小益，2023）。该方法通常采用封闭式问题（如选择题、评分题）和开放式问题相结合的形式，既便于数据的量化分析，也能收集详细的主观反馈。简而言之，问卷法是通过标准化问题收集大量受测者信息的一种调查手段，能够反映个体的态度、感知、行为模式等。

9.5.6.2. 问卷、量表与测验的关系

在量化研究中，最为常用的具体研究方法是问卷法，而最为常用的问卷就是量表。问卷、量表与测验是三种常用的研究和评估工具，虽然它们有不同的功能和用途，但在信息收集、特质评估和能力测量方面彼此紧密相关，并经常相互结合使用。

首先，问卷是一种广泛用于收集受测者信息的工具，通常由一系列结构化的问题或陈述组成，目的是了解受测者的态

度、意见、行为或背景信息。问卷的形式可以是开放式的（让受测者自由回答）或封闭式的（如选择题）。量表则是问卷的一种常见组成部分，用于测量某种特质或现象的强度和程度。量表通过一系列陈述或问题，使用标准化的评分系统来衡量受测者对某个概念或特质的感知或态度。例如，Likert量表是一种常见的测量工具，它通过评分系统量化受测者对某种态度的强弱。量表的主要功能是将抽象的态度或情感量化，方便统计分析。它经常出现在问卷中，以帮助研究者对具体的心理或行为特质进行量化评估。测验则更为正式和标准化，主要用于评估个体的能力、知识或心理特质。与问卷不同，测验通常有明确的正确答案或标准答案，特别是在智力测验和成就测验中，答案对错会直接影响评分。测验常用于教育和心理学评估中，通过一系列测试项目，客观评估受测者在某一方面的知识、技能或特质。智力测验（如IQ测试）和成就测验（如SAT、GRE）是典型的测验形式，而某些心理测验（如人格测验）也广泛用于研究人格特质。对问卷、量表与测验的关系的理解如下图所示。

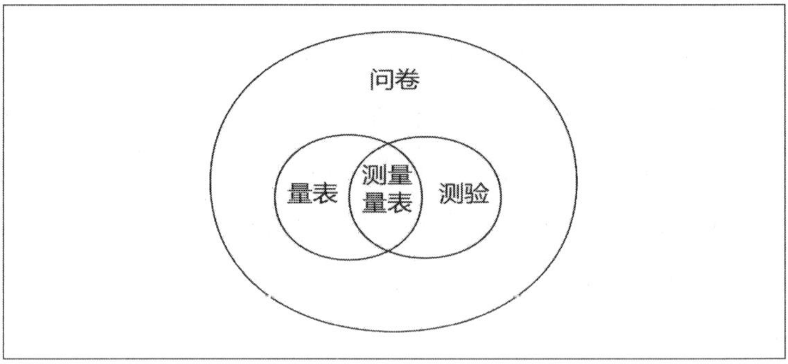

〔图 Ⅸ-3〕问卷、量表与测验的关系

来源：姚计海，吴小益，沈玲(2023).

三者之间有紧密的关系。问卷作为收集信息的具，常常包含量表，用于测量某些特质或态度的强度。量表帮助问卷实现对抽象概念的量化，提供了研究者对受测者某些特定行为或态度的深入分析。而测验则与问卷和量表的设计有所不同，它主要用于能力评估，侧重于标准化与准确性，帮助评估个体的认知水平、能力或人格特质。总结而言，问卷是一种广泛的工具，用于收集受测者的各种信息；量表则专注于对特定现象或特质进行量化评估；而测验则通过补充，帮助研究者从不同层面获取和分析受测者的数据。

9.4.6.3 问卷编制的原则有哪些？

问卷编制是一项需要细致规划和设计的工作，其质量直接影响研究数据的准确性和有效性。为了确保问卷能够有效地收集数据并准确反映受测者的态度、意见或行为，编制问卷时需要遵循以下几个重要原则：

1）明确研究目的

在设计问卷之前，研究者必须对研究目的有清晰的理解。明确研究的核心问题，确保每一个问题都与研究目标紧密相关，避免问卷包含无关或多余的题目。每个问题的设置都应为解决研究问题或假设服务。

2）简洁明了

问卷中的问题应尽量使用简单易懂的语言，避免使用复杂的术语或模糊的表达。问题的措辞应清晰、简洁，确保受测者能够准确理解问题的含义。过于复杂或模棱两可的问题会导致受测者的理解偏差，从而影响数据的准确性。

3）避免引导性问题

设计问题时，应避免使用引导性或暗示性的语言，这类问题可能会影响受测者的回答，使其趋向某个特定方向。例如，“你认为这个产品非常好，对吗？”这种问题容易引导受测者回答“是”。应该使用中立的措辞，确保问题客观、公正。

4）题目顺序合理

问卷中问题的顺序设计应符合逻辑性，通常从一般问题到具体问题，或从简单到复杂，避免受测者因为问题难度的变化而感到困惑。过渡自然的问题顺序能够使受测者更容易理解问题，并减少回答疲劳。

5）封闭式与开放式问题相结合

根据研究目的和数据分析需求，问卷可以包含封闭式问题（如选择题、是非题）和开放式问题（如请受测者自由表达观点）。封闭式问题便于量化和统计分析，而开放式问题能够收集更加丰富的定性信息。因此，灵活结合这两类问题有助于更全面地收集数据。

6）确保题目选项的完整性与互斥性

对于封闭式问题的选项设计，应遵循完整性与互斥性的原则。完整性意味着选项应涵盖所有可能的答案，避免遗漏；互斥性意味着选项之间不应有重叠，受测者的回答应唯一。例如，设计年龄段时，避免像“18-25岁”和“25-35岁”这样的选项重叠。

7）问题数量适当

问卷的长度应该适中，题目数量不宜过多，以免受测者感到疲劳或失去耐心。问卷过长可能会导致受测者在回答后半部分问题时草率作答，从而影响数据质量。理想情况下，问卷应在合理范围内覆盖所有核心问题，同时控制在受测者能够承受的时间内完成。

8） 避免双重问题

每个问题应只涉及一个主题，避免将多个问题混在一起。例如，“你认为这项产品价格合理且质量优良吗？”这一问题包含了两个方面，价格和质量。受测者可能会对两者有不同的看法，难以选择合适的答案。应该将这样的问题拆分为两个独立的问题。

9） 提供“无法回答”或“其他”选项

有些问题可能不适合所有受测者，或者提供的选项可能无法涵盖所有答案。为了避免强迫受测者选择不符合的答案，应提供“无法回答”或“其他”的选项，并允许受测者填写补充信息，以获得更加全面的反馈。

10） 预先测试（试点调查）

在正式发放问卷之前，应进行预先测试或试点调查，通过小范围的测试，评估问卷中是否存在措辞不清、选项不够完整等问题。这一步有助于发现并修正潜在的设计缺陷，确保问卷的可操作性和数据的可靠性。

11） 匿名性和隐私保护

确保受测者的隐私不受侵犯非常重要。问卷应设计为匿名，并告知受测者他们的回答将被严格保密。这有助于提高受测者回答的真实性，避免由于隐私顾虑而产生的回答偏差。

12） 尊重受测者的回答体验

最后，问卷设计应尊重受测者的回答体验，确保受测者能够在友好和轻松的环境中作答。设计简洁、美观的问卷界面，减少繁琐和不必要的操作，让受测者感到舒适，这将有助于提高问卷的完成率和数据的质量。

9.4.6.4. 研究者编制量表时的重要考量？

量表编制是一项复杂而精细的设计工作，旨在确保能够准确测量某些特定的心理特质、行为或现象。量表一般由指导语、题目和选项三部分组成。为了确保量表在使用过程中能够具有科学性、有效性和可靠性，编制时必须遵循一系列严格的设计原则和步骤。通过这些步骤，量表才能为研究提供高质量的数据，进而支持科学的分析与推论。

1）指导语

量表的指导语是不可忽视的组成部分，它为受测者提供了明确的答题指引。指导语的设计应当非常清晰、简明，避免使用复杂的表达或专业术语，以确保所有受测者能够准确理解量表的内容和回答方式。指导语应包括量表的目的、如何回答问题的详细说明，以及作答过程中需要注意的事项。这可以有效减少受测者的困惑，使其按照预期的方式进行作答。

指导语还应说明隐私保护措施，确保受测者的回答将被严格保密，这样能够提高受测者的参与意愿和回答的真实性。同时，指导语可以提供简短的回答示例，帮助受测者更好地理解量表的答题格式和要求，从而使回答更为准确。

指导语的结构通常包括以下几个关键内容：

一是调查目的说明。指导语应首先向受测者说明此次调查的目的，让他们了解为什么要参与这项调查或测量。这部分内容能够增加受测者对调查的理解和认同感，同时帮助他们意识到调查的重要性。示例："感谢您参加本次调查，我们希望通过您的反馈了解您对当前工作环境的看法。您的意见将帮助我们改进工作环境，提升员工的满意度。”

二是隐私和保密声明。为了提高受测者回答的真实性和准确性，指导语应包含隐私和保密声明，确保受测者的回答将被保密，不会用于任何损害他们利益的用途。这样可以让受测者感到安心，减少他们作答时的顾虑。示例：“请放心，您的回答将被严格保密，所有数据仅用于本次研究分析，不会透露您的个人身份信息。”

三是回答方式说明。指导语必须向受测者解释如何作答，即回答方式的具体说明，包括如何选择选项、填写信息等。如果是封闭式问题，需要说明选择的方式；如果是开放式问题，需要说明如何填写答案。示例：“请根据您对每个陈述的看法，选择最符合您意见的选项。请在每个问题下勾选一个最能反映您真实想法的答案。每个问题都有五个选项，从‘非常不同意’到‘非常同意’。”

四是作答要求。指导语应包含作答要求，明确受测者应如何回答问题，例如是否有时间限制、需要回答多少问题，或是否可以跳过某些问题。如果是强制作答的问卷，则需提示受测者必须完成所有题目。示例：“请完整回答所有问题，尽可能按照您的真实感受作答。整个问卷大约需要10分钟完成，作答过程中没有时间限制。”

五是如何处理不确定答案。有时受测者可能对某些问题感到不确定或没有明确意见。指导语应告知他们在不确定的情况下该如何作答，如选择“中立”或跳过该题。示例：“如果您对某个问题感到不确定，请选择‘不确定’或最接近您的看法的选项。”

六是感谢和鼓励。最后，指导语通常包含对受测者的感谢，并鼓励他们认真作答。感谢语不仅表达对受测者参与的感激，也可以让他们意识到其回答对研究的重要性，从而提升作答的积极性。示例：“感谢您抽出宝贵时间参与本次调查。您的回答对我们的研究非常重要，谢谢您的配合！”

完整指导语示例：

“欢迎您参加我们的工作环境调查！本次调查旨在了解员工对公司工作环境的真实感受，您的意见将帮助我们改进并为员工创造更好的工作条件。请放心，您的回答将被严格保密，所有数据仅用于研究目的，不会泄露您的个人信息。

请根据您的真实感受，对每个陈述选择一个最符合您意见的选项。每个问题都有五个选项，从‘非常不同意’到‘非常同意’。如果您对某个问题没有明确的看法，可以选择‘不确定’。整份问卷大约需要10分钟完成，您可以根据自己的节奏作答。感谢您抽出时间参与我们的调查，您的意见对我们至关重要！”

2）题目

题目是量表的核心部分，直接决定了测量的质量和效果。题目的设计不仅要简洁明了，避免使用复杂或难以理解的措辞，还要确保每个题目能够针对研究中需要测量的特定特质或现象。题目的措辞应该避免引导性语言，确保题目是中立的，不会影响受测者的回答倾向。同时，量表的题目要避免双重问题，即一个问题中同时涉及两个不同的主题。例如，"你觉得这款产品的质量和价格是否合理？"这样的题目会让受测者无法给出准确的答案，因为他可能对质量和价格有不同的看法。因此，应该将这类题目拆分成两个独立的问题，以确保每个问题只测量一个特定的方面。题目的内容还必须与研究的目标保持高度一致，确保每一个题目都为回答研究问题服务，避免包含不必要或无关的问题，浪费受测者的时间，影响数据的质量。

量表题目一般分为两类：封闭式题目和开放式题目。封闭式题目提供了预设的选项，受测者只能从中选择一个或多个答案，便于后续的量化分析，常用于Likert-type量表等。而开放式题目则允许受测者自由作答，这类题目能够收集更多细节和个性化的反馈，适合探讨复杂的态度或情感。

在量表中，题目可以进一步细分为态度量表题目、行为量表题目和评价量表题目等。态度量表题目通常用于测量受测者对某一事物的态度或观点；行为量表题目则用于评估受测者的行为模式或习惯；评价量表题目用于让受测者根据个人经验对某个对象进行评价。同时，量表题目的设计过程中应避免一些常见错误，比如双重问题、引导性问题、模糊问题以及否定性问题等。这些错误可能导致受测者无法准确作答，从而影响数据的质量和分析结果。

3）选项设计

量表选项的设计是问卷或调查设计中的关键环节，合理的选项能够确保数据的有效性和准确性，并提升受访者的参与体验。在设计量表选项时，需注意：

一是清晰简洁的语言，选项应该使用简明易懂的语言，避免专业术语或晦涩难懂的表达方式。受访者应能轻松理解每一个选项的含义，以减少误解或偏差。

二是选项要有明确的独立性，每个选项应当具备独立性，确保受访者在选择时能够准确区分每个选项，而不会因为选项之间含糊不清而感到困惑。避免选项内容重叠。

三是选项的覆盖性，所有可能的回答应当在选项范围内，避免遗漏可能的选择。尤其是当问卷涉及广泛的意见或态度时，设计者应考虑增加“其他”选项，供受访者填写自己无法归类的答案。

四是选项的平衡性，保持选项的平衡，避免倾向性或引导性，确保所有选项相对均衡，不引导受访者倾向某个选项。例如在满意度调查中，选项要包含正向和负向的评价。

五是选项数量适当，根据量表的测量目标，适当控制选项的数量。选项过多会增加受访者的选择难度，选项过少则可能不能准确反映受访者的态度或感受。一般来说，常见的 Likert 量表使用5到7个选项较为合适。

六是避免极端或模糊的表述，设计选项时应避免使用极端词汇或模棱两可的表述，如“永远”、“从不”、“通常”等词汇。这类选项可能会误导受访者，导致回答不真实。

七是包含中立或不确定选项（视情况而定），在某些情况下，允许受访者选择“中立”或“不确定”的选项是必要的。没有这类选项可能会迫使受访者做出不符合其真实态度的选择。但需要视情况而定，如果研究目标要求受访者表达明确的态度，可能不设置中立选项。

八是提供“无意见”或“不适用”选项，当某些问题可能不适用于所有受访者时，应提供“无意见”或“不适用”的选项，避免受访者被迫选择与实际情况不符的回答。

九是确保选项有逻辑性和一致性，选项的排列顺序应遵循一定的逻辑，通常从正面到负面，或从低到高。例如，满意度选项可以按照从“非常不满意”到“非常满意”的顺序排列，保证受访者回答时的逻辑连贯性。

十是与目标受众匹配，选项的设计应根据目标受众的特征进行调整。受众的文化、教育水平、语言能力等因素都会影响他们对选项的理解，因此需要根据具体受众量身定制选项内容，避免产生文化或语言上的误解。

总结来说，量表选项的设计需要注重语言清晰、选项独立且具备覆盖性和平衡性，并根据调查内容和受众特点合理设计选项的数量与类型。一个科学合理的量表选项设计能够提升数据的质量和可靠性，为后续的分析提供坚实的基础。

特别要阐明一下，在设计量表时，选用奇数或偶数选项会对数据收集和分析产生不同的影响。这两种设计各有优缺点，具体选择应根据研究目标和问卷的具体内容来确定。以下是奇数和偶数选项设计的主要差异及其影响：

首先，采用奇数选项时，量表通常会包含一个中立选项，例如 Likert 量表中的 "3 = 中立" 或 "不确定"。常见的奇数选项包括5点或7点量表。

奇数选项的优点：一是允许中立态度，当受访者对问题没有强烈倾向时，奇数选项提供了一个中间点，让他们可以选择"中立"或"无意见"。这对那些确实没有明确看法的受访者来说更公平。二是减少受访者猜测，在某些情况下，强迫受访者选择倾向性选项可能导致不真实的回答，奇数选项避免了这种强迫选择。三是适合态度模糊的主题，在涉及主观感受或复杂问题时，奇数选项能更好地反映出受访者可能存在的模糊态度。

而缺点则表现在：一是中立偏好，一些受访者可能倾向于选择中立选项，即使他们有更倾向性的意见，这可能会稀释数据的有效性，特别是在研究需要明确态度或倾向时。二是难以解读中立态度，选择中立选项的受访者有可能是真正的中立，也有可能是不愿意表明立场或不确定如何作答，这会导致数据分析中的不确定性。

奇数选项一般适用研究中需要了解受访者对某个主题的多种态度，包括正面、负面和中立；或受访者可能对某些问题持不确定或模糊态度的调查这样的场景。

其次，偶数选项设计中不存在中立选项，受访者必须在正面或负面选项中作出选择。这种情况也被称为“迫选法”。常见的偶数选项包括4点或6点量表。

偶数选项设计的优点：一是强迫受访者表明倾向，由于没有中立选项，偶数选项强迫受访者在正面或负面之间做出选择。这对于那些需要明确判断或偏好数据的研究来说非常有用。二是避免中立态度的偏向，偶数选项消除了受访者频繁选择“中立”的可能性，从而使研究能够获得更加清晰的态度倾向。

缺点则是：一是可能导致不真实回答，没有中立选项时，受访者可能会选择一个并非其真实态度的选项，因为他们不得不在两种不合适的选项之间做出选择。这可能会导致数据失真。二是不适合模棱两可的主题，如果研究的问题较为复杂或主观性较强，强迫受访者表明态度可能会增加其答题的困难，甚至引起他们的抵触情绪。

一般适用于需要明确的态度或倾向，研究者希望通过强制选择揭示受访者的真实偏好；或受访者对某个主题的态度相对明确，且研究问题不太复杂或含糊的场景

4）信度与效度

信度和效度是量表编制过程中必须关注的重要指标。信度是

指量表在不同情况下是否能够保持一致性，即无论在何时何地或针对不同群体进行测量，量表都应能得出相对一致的结果。确保信度的关键在于题目的措辞、结构和选项设计要足够稳定，并经过验证和测试。

效度是指量表能否准确测量研究者想要测量的特质或现象。题目应紧扣研究目标，确保测量内容与研究假设相关。如果题目偏离研究目标，量表的效度就会下降，导致数据无法支持研究结论。因此，编制时必须确保题目具有针对性，并通过预测试等方式来验证量表的信度和效度。

5）可读性和用户体验

量表的可读性和用户体验也是至关重要的部分。量表的视觉设计应简洁美观，题目和选项的排列要清晰有序，确保受测者在作答时不会因界面混乱而产生困惑。字体大小、行距、段落分布都需要合理设计，以提升整体可读性和使用体验。

题目数量也要适中，避免量表过长，导致受测者感到疲劳或失去耐心，影响回答的质量。研究者应根据研究目标和受测者的耐心程度，合理安排题目的数量，确保能够在获得足够数据的前提下，减少受测者的负担。

6）预测试与修订

在正式使用量表之前，进行预测试是必不可少的步骤。通过小范围的试点调查，研究者可以发现量表中的措辞问题、不合理的选项设计以及受测者在答题过程中遇到的困难。通过预测试获得的反馈，研究者可以修订和优化量表，确保在大范围应用时能够获得高质量的数据。

9.4.6.5. 测验发展的程序

测验发展的基本程序分为四个主要阶段：准备阶段、预试阶段、正式阶段和后续发展阶段。这些阶段共同构成了测验从构想到实际应用的完整流程，每个阶段的工作都至关重要，确保测验在科学性、信度和效度方面达到要求。以下是这四个阶段的详细说明：

1）准备阶段

准备阶段是测验开发的起点，主要包括文献整理与数据搜集、以及发展测验编制计划。

①文献整理与数据搜集

测验的开发首先需要明确测验的目的、目标人群以及要测量的特质或行为。因此，在这一阶段，研究者需要进行文献整理，搜集与测验相关的理论与实证研究，明确测验所要测量的核心构念（如智力、焦虑、动机等）。通过广泛阅读文献，研究者可以了解相关领域已有的测量工具，识别现有测验的不足之处，并借鉴已有的测量方法。这一步帮助研究者建立测验的理论基础。

此外，研究者还需收集初步数据，通过访谈、焦点小组讨论等形式了解测量对象的背景、特征和需求。这样可以确保测验的题目和内容适应目标人群的实际情况。

②发展测验编制计划

在完成文献整理后，研究者需要制定一个详细的测验编制计划，确定测验的结构、内容和题型。测验编制计划包括：

测验目的：明确测验用于评估的内容，如知识水平、心理特质、行为表现等。

测验结构：确定测验是否包括单一或多重维度（如智力测

验可能包含语言智力和数理逻辑等维度）。

题型选择：选择适合测量目标的题型（如选择题、填空题、开放式题目、操作性任务等）。

题目数量和难度：估算测验的题目数量，并初步设定题目的难度级别，确保覆盖从简单到复杂的广泛内容。

2）预试阶段

预试阶段是测验开发过程中的重要阶段，通过编写试题、进行小规模测试来验证初步设计的合理性，并根据数据进行修订。

①试题编写

在这一阶段，研究者根据测验编制计划编写试题。试题的设计必须符合科学标准，语言应简洁明确，避免含糊或双重意义的措辞。此外，题目应避免文化或背景偏见，确保所有目标人群都能理解和作答。试题的内容应该涵盖测量目标的各个方面，以确保测验的内容效度。研究者还需注意题目的数量与难度分布，确保题目既能区分不同水平的受测者，又不会让受测者感到过于困难或简单。

②预试施测

试题编写完成后，研究者需要在小范围内进行预试施测。预试通常在一个小样本上进行，以评估题目的理解度、操作性以及测验的整体结构。通过预试，研究者可以发现题目中的模糊、不合理之处或测验流程中的问题。预试的数据可以为后续的项目分析提供基础，帮助研究者修订题目和测验结构。

③项目分析

在预试数据的基础上，研究者进行项目分析，分析每个题目的质量。项目分析常用的指标包括：

题目难度：通过计算受测者正确回答题目的比例，评估题目的难易程度。

区分度：区分度反映题目能否有效区分高水平和低水平的受测者，区分度高的题目能够更好地测量受测者的差异。

题目与测验整体的相关性：通过统计分析，评估每个题目与整体测验结果的相关性。相关性高的题目对测量目标更为有效。

项目分析的结果用于修订或淘汰低效的题目，以提高测验的信度和效度。

3）正式阶段

正式阶段是测验的全面实施阶段，包括建立正式量表、正式施测和信效度分析。

①建立正式量表

根据预试阶段的结果，研究者对测验进行修改，建立正式量表。在这一阶段，所有的题目应符合内容效度要求，测验的结构应经过调整以确保合理，并且题目的排列顺序应便于受测者作答。正式量表通常是预试阶段经过修订后优化的版本。

②正式施测

正式量表开发完成后，研究者会在一个具有代表性的较大样本上进行正式施测。施测的样本应具有广泛的代表性，以确保测验结果的普遍适用性。通过正式施测，研究者可以收集到大量数据，用于后续的信度和效度分析。

③信效度分析（技术指标建立）

在正式施测后，研究者进行信度和效度分析，这是确保测验科学性的关键步骤。信度分析用于评估测验的可靠性，确保测验结果在不同情况下的一致性。效度分析则评估测验是否能够准确测量其设计目标，确保其有效性。常用的信效度分析方法包括重测信度、内部一致性信度、内容效度和结构效度等。通过信效度分析，研究者可以判断测验是否达到了预期的标准，并据此对测验进行进一步调整或确认最终版本。

4) 后续发展阶段

后续发展阶段是测验应用后的维护和优化过程，主要包括量表维护、常模的建立与更新。

①量表维护

在测验投入实际应用后，研究者需要对量表进行持续的维护和优化。这包括定期检验测验的信度和效度，评估其在不同群体或环境中的表现。如果测验在新的应用场景中表现不佳，可能需要修订题目或测验结构，以确保其适用性和准确性。

②常模的建立与更新

为了使测验结果更具解释性，研究者需要建立常模。常模是通过大量样本的测验得分建立的标准，用于比较个体受测者的成绩。例如，智力测验中的智商分数通常是基于常模标准化的。常模的建立使测验结果具有相对意义，可以用来对受测者进行客观评价。此外，常模需要定期更新，以确保其与时代和社会环境的变化相适应。例如，教育水平的提升可能导致常模中受测者的平均分数提高，因此常模应随时间变化而调整，以保持其有效性。

测验发展的基本程序包括四个主要阶段：准备阶段、预试阶段、正式阶段和后续发展阶段。在准备阶段，研究者进行文献整理和数据收集，制定测验编制计划。在预试阶段，研究者编写试题、进行预试施测，并通过项目分析进行修订。在正式阶段，研究者进行正式施测，并通过信度和效度分析确保测验的科学性。在后续发展阶段，研究者进行量表维护，并建立和更新常模，确保测验在应用中的长期有效性。这些阶段环环相扣，共同确保测验的科学性、可靠性和有效性。

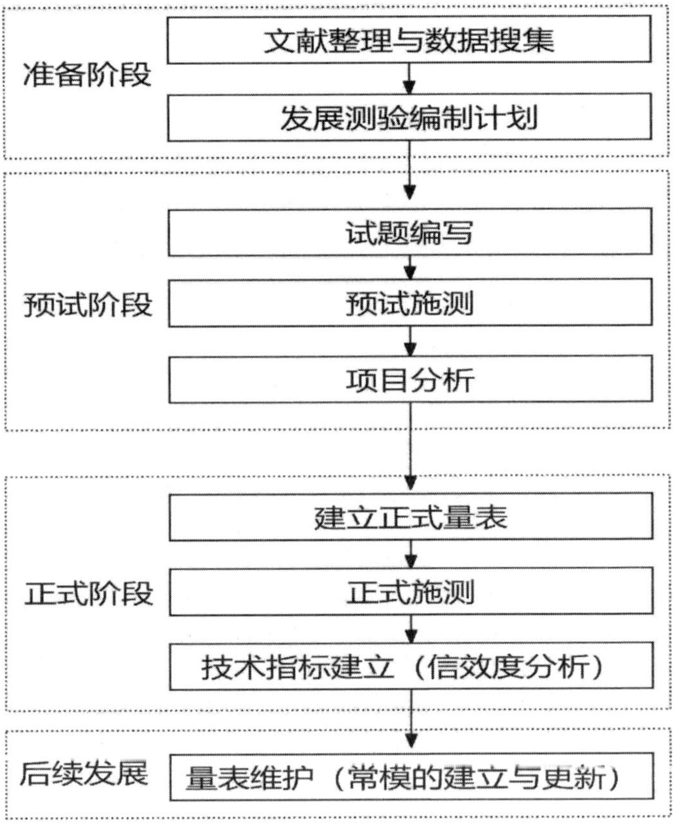

〔图 Ⅸ-4〕测验发展的基本流程

来源：邱皓政(2009).

9.5.7. 信度（Reliability）与效度（Validity）

9.5.7.1. 信度

信度是指测量工具的一致性或稳定性，即在相同条件下重复测量时，是否能够得到相似的结果。一个具备高信度的量表，意味着它可以在不同时间、不同样本上多次使用时，保持结果的一致性。信度反映了测量工具所获得数据的可靠性和重复性。在社会科学研究中，数据的一致性是确保研究结果可信和可重现的关键。

9.5.7.2. 信度的类型

1）重测信度（Test-Retest Reliability）：重测信度是指在一段时间后，使用同样的测量工具对相同对象进行测量，如果结果相似，则说明量表具有较高的重测信度。该方法特别适用于那些短期内不应有显著变化的变量，如性格、态度等。例如，研究者在两周间隔内两次测量同一群体的焦虑水平，若结果相似，则表示测量工具具备较好的重测信度。然而，受试者记忆效应或态度变化可能影响该信度。

2）复本信度（Alternate-Forms Reliability）：复本信度是通过使用两个等价版本的测量工具对同一群体进行测量，来评估它们结果的相似性。如果两个量表的测量结果一致，则说明它们具有较高的复本信度。该方法可以有效避免重测时由于记忆效应或熟悉度提高而影响信度的情况。复本信度通常用于心理学测试或学术考试中不同版本试卷的比对。

3）内部一致性信度（Internal Consistency Reliability）：这是信度最常用的评估方法之一，特别适用于测量内部多个项目（题目）之间的关系。内部一致性信度通过计算量表中各个题项之间的相关性，衡量这些题目是否能够一致地测量同一个特质或概念。最常用的内部一致性信度指标是Cronbach's Alpha系数。它的值介于0到1之间，通常认为Alpha值在0.7及以上表示量表具有较好的内部一致性。然而，Alpha值过高（>0.9）可能意味着题目重复性过高，可能有题项冗余。

4）评分者信度（Inter-Rater Reliability）：当测量依赖于主观评估（例如评分或评估）时，评分者信度用于衡量不同评估者对同一对象的一致性。如果多个评分者给出的评价结果一致，则表示评分者信度较高。常用的测量方法包括Kappa系数和相关系数。该信度类型在教育、心理学、医学等领域中尤为重要，例如对论文评分、患者病情评估或比赛裁判打分等。

9.5.7.3. 提高信度的方法

1）清晰的测量工具设计：避免模糊或多义的题目设计，确保受试者对题目的理解一致，减少主观解释的空间。

2）标准化测量程序：确保测量环境、操作步骤和条件的标准化，减少由于环境变化带来的测量误差。

3）增加题目数量：增加题项数量能够提高测量工具的信度，但也应避免过多冗余题目带来的受试者疲劳或困惑。

4）培训评分者：如果测量依赖评分者的主观判断，对评分者进行严格的培训，统一评分标准，以减少评分误差。

9.5.7.4. 效度

效度是衡量一个测量工具是否能够准确测量其设计所要测量的概念。换句话说，效度反映了测量结果的真实程度，即量表是否真正测量了所声称的特质或变量。高效度意味着测量工具不仅具有相关性，还能够实际反映研究者所关注的特定问题或现象。

9.5.7.5. 效度的类型：

1）内容效度（Content Validity）：内容效度指测量工具是否充分代表了研究对象的所有重要方面。一个高内容效度的量表应该全面涵盖所要测量的概念，而不遗漏任何重要维度。内容效度通常通过专家评审或文献分析来进行判断。例如，设计一个学术能力测量量表，应该包括阅读、写作、数学能力等多个相关方面。如果某些重要方面被忽略，那么这个量表的内容效度将受到质疑。

2）结构效度（Construct Validity）：结构效度衡量的是测量工具是否能够准确测量其背后的理论概念或结构。例如，测量“焦虑”这一心理特质时，量表是否能够合理反映焦虑的多维性（如情绪性焦虑、认知性焦虑）。结构效度可以通过因子分析等统计技术进行验证，以评估量表的题项能否有效区分不同的潜在构念。

3）效标效度（Criterion Related Validity）：效标效度反映测量结果与外部标准（效标）之间的相关性。它又可以分为：

①同时效度（Concurrent Validity）：指测量结果与当前的已知效标相符。例如，用新开发的测量工具测量员工绩效，并与现有的绩效评估工具进行对比，如果结果高度一致，则

该测量工具具有较好的同时效度。

②预测效度（Predictive Validity）：指测量工具的结果是否能准确预测未来的结果或行为。例如，大学入学考试的成绩能否有效预测学生未来的学术表现，就是预测效度的一种衡量。

③表面效度（Face Validity）：表面效度是指从表面上看，测量工具是否合理，是否看起来像是在测量目标概念。虽然表面效度较为主观，通常是通过直觉判断，但它在提高受试者对问卷或量表的接受度和理解度方面具有重要作用。例如，量表看上去是否合乎常理，受试者是否能够理解题目，并认为题目与测量目标相关。

9.5.7.6. 提高效度的方法：

1）确保题项与测量目标匹配：在设计量表时，每个题目都应该与目标概念紧密相关，避免无关题目影响测量效度。

2）使用已验证的工具：采用经过验证的测量工具或在已有工具基础上进行调整，确保测量的科学性和可靠性。

3）进行效度验证研究：通过与外部效标对比，或使用统计方法（如因子分析），评估量表的结构效度和效标效度。

9.5.7.7. 信度与效度的关系和区别

1）区别：信度反映的是测量工具的一致性，指的是相同条件下是否能得到一致的结果。即，信度高的量表可以在不同的时间点或情况下重复获得类似的结果，反映了测量结果的稳定性。效度则是测量工具的准确性，评估的是量表是否真正测量了它声称要测量的内容。效度高的量表能够准确反映研究者所要研究的现象或特质。

2）关系：首先，信度是效度的必要条件，但不是充分条件。一个具有高信度的量表，不一定具备高效度。例如，一个体重计如果每次都显示错误的体重，但结果总是一致的，它是高信度的，但效度却低（即不能准确反映真实的体重）。因此，测量工具的高信度并不自动意味着它有高效度。其次，高效度通常意味着高信度。如果一个量表能够准确测量目标概念，那么它的结果也往往是稳定和一致的。因此，一个高效度的量表通常也具有较高的信度。

例如，打靶时候命中靶心为有效，量表的题目就行每次打靶（姚计海&吴小益，2023）。有信度无效度：箭头集中在靶子的一个区域，但远离靶心。表示结果一致（信度高），但没有测量到正确的目标（效度低）。无信度也无效度：箭头分布散乱，没有集中点，也没有射中靶心。表示结果既不一致（信度低），也不准确（效度低）。有信度也有效度：箭头集中在靶心，表示结果既一致（信度高），又准确测量到目标（效度高）。

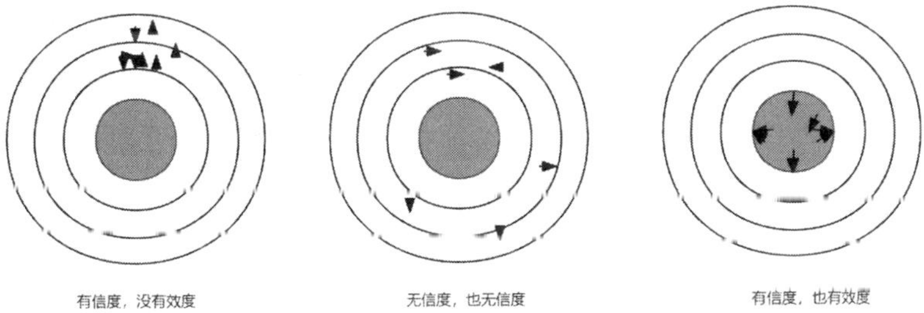

［图 IX-5］信度与效度关系

来源：姚计海，吴小益，沈玲(2023).

9.5.7.8. 量表的信效度与研究的信效度

1）研究的信度是指整个研究过程的稳定性和一致性，即研究是否能够在不同时间、地点或样本中重复并获得类似的结果。研究信度不仅与测量工具的信度相关，还与研究设计、数据收集方式、样本选择等方面有关。研究的信度具有两个特性：

一是重复性，如果相同的研究在不同的时间或环境下能得到相似的结果，则研究具有较高的信度。例如，一项关于教育效果的研究，如果在不同学校进行时得出相似的结论，则说明研究的信度较高。二是样本一致性，研究信度要求样本选择的一致性，不同样本之间的差异应尽可能保持可控性，以减少测量误差。

2）研究的效度是指研究结果能否准确反映真实世界的现象和关系。研究效度通常分为内部效度和外部效度：

内部效度指研究结果是否真正由研究者所假设的自变量引起，而非其他外部干扰因素。高内部效度的研究能够控制干扰变量，确保研究结果的因果关系是准确的。外部效度指研究结果能否推广到其他样本或情境中。高外部效度的研究可以在不同人群、地点或时间点得到类似的结果。高效度的研究意味着研究设计、数据收集、分析过程都能准确反映现实情况，并且结论具有普遍性。

3）研究信度与效度的关系

如果研究结果在不同时间或样本中无法重复（即信度低），那么研究结果的效度也会受到质疑，可能无法准确反映真实情况。信度高但效度低的研究，即使研究过程非常一致和稳定（高信度），但如果研究设计存在缺陷、变量控制不充分，导致研究结果不能准确反映实际情况，研究效度仍然较低。

4）量表的信效度与研究的信效度的关系

首先，量表信效度是研究信效度的基础。量表是研究的核心测量工具，它的信度和效度直接影响研究的信度和效度。高信度和高效度的量表可以确保研究数据的稳定性和准确性，从而为研究结果提供坚实的基础。其次，量表信度对研究信度的影响。如果量表的信度较低（例如每次测量结果差异较大），研究数据的稳定性将受到影响，导致研究信度下降。研究可能无法在不同条件下重复得到相似的结果。最后，量表效度对研究效度的影响。如果量表的效度较低（例如无法准确测量目标特质），研究数据的准确性将受到质疑，导致研究的内部效度和外部效度下降。研究可能无法真实反映研究对象的特征或研究问题的因果关系。

5）研究信效度涵盖量表信效度

研究信度与效度的范围更广，涵盖了数据收集、实验设计、样本选择、干扰变量控制等多个方面，而量表信效度只是其中一个重要组成部分。因此，即使量表信效度较高，如果研究设计不合理（例如干扰变量没有控制好），整个研究的信度和效度仍然可能较低。

9.5.7.9. 信度与效度在研究中的重要性

在社会科学、心理学、教育学、市场调查等领域中，信度和效度是确保测量工具科学性和可信度的核心标准。信度较差的测量工具可能导致结果无法重复，从而降低研究的可信性；而效度不足的测量工具则可能导致研究结论无法准确反映真实的情况。对于科学研究而言，量表设计者和研究者需要平衡信度和效度的要求，确保工具不仅稳定且能准确测量目标特质或现象。

9.5.8. 总体与样本

总体与样本是统计学、社会科学和科学研究中两个关键的概念，帮助研究者从有限的数据中推断出有关更大群体的信息。总体代表的是研究对象的完整集合，而样本则是从这个总体中随机或有计划地抽取的部分，用来进行数据分析和推断。

9.5.8.1. 总体（Population）

总体指的是研究者感兴趣的所有个体、对象、事件或数据的完整集合。它包括了符合特定条件的所有单位，这些单位具体取决于研究的对象。总体的定义完全依赖于研究目标。例子：如果研究目标是了解全国大学生的心理健康状况，那么全国所有的大学生就是总体。在一个企业的员工满意度调查中，该企业的所有员工即为总体。

总体的特点：

1）规模大：总体通常非常庞大，特别是在大规模社会调查或人口研究中，涉及成千上万甚至数百万个个体或对象。因此，研究者通常不可能对总体进行全面调查。

2）广泛性：总体是研究的最终目标，研究者希望通过对样本的分析，推断总体的特性和规律。

3）多样性：总体中的个体可以有很大的多样性，例如在全国范围内进行的大学生心理健康调查中，大学生群体在性别、年龄、地区、社会背景等方面可能存在很大的差异。

9.5.8.2. 样本 (Sample)

样本是从总体中抽取的一个子集，用于研究和分析。由于总体规模庞大且难以全面研究，研究者通常选择样本来代表总体，从而通过样本数据推断总体特征。样本是研究数据的来源，必须尽可能具有总体的代表性。例子：在全国大学生心理健康调查中，如果从全国范围内随机抽取了1000名大学生，这1000名学生就是样本。如果研究者想了解一家连锁超市中顾客的购物习惯，可以随机选择10家店铺的部分顾客进行调查，这些顾客就是样本。

样本的特点：

1）规模较小：相较于总体，样本的规模要小得多，这使得研究更加可行，也降低了时间和成本。

2）代表性：样本应当能反映总体的特征，这样通过样本得出的结论才有推广性。样本的代表性取决于取样方法和样本设计。3）随机性或系统性：样本的抽取方式对其代表性有直接影响。为了保证样本的代表性，通常采用随机取样方法，或使用分层随机取样等科学的抽样技术，减少样本与总体的偏差。

9.5.8.3. 总体与样本的关系

总体和样本之间的关系决定了研究的设计和结论的有效性。样本是从总体中提取的一个具有代表性的子集，研究者通过分析样本的特性，来推断总体的特性。

1）代表性：样本的代表性是研究成功的关键。如果样本能很好地反映总体的特征，那么研究者可以使用样本数据来推断总体的特性。因此，样本设计和取样方法对研究的准确性和可靠性至关重要。

2）推断性：由于样本是总体的一部分，研究者通过分析样本的数据来推断总体的情况。这种推断性是统计学中最常见的应用，通过计算样本的统计量（如平均值、标准差），研究者能够估计总体的参数（如总体平均值）。

3）抽样误差：由于样本只是总体的一个子集，无法完全代表总体的每个个体，因此样本与总体之间存在一定的抽样误差。为了减少这种误差，通常使用随机抽样或更复杂的概率抽样方法。

9.5.9. 取样方法

取样方法是研究设计中的关键环节，直接影响数据的代表性和研究结果的可靠性。取样方法的选择决定了研究是否能准确反映总体特征，并对研究结论能否推广到更广泛的人群具有重要意义。取样方法主要分为两大类：概率取样和非概率取样，它们适用于不同的研究目的和条件。

9.5.9.1. 概率取样 (Probability Sampling)

概率取样是指每个总体单位都有已知且非零的概率被选入样本。其特点是能够保证样本的随机性和代表性，因此研究者可以基于样本对总体进行推断，且能够计算样本误差。常见的概率取样方法包括：

1）简单随机取样：每个总体单位具有相同的被选取概率，样本通过随机数或计算机生成随机号码抽取。这种方法确保样本具有较高的代表性，适合结构均匀的总体。

2）系统随机取样：按照固定间隔从总体中选取样本，比如先随机确定一个起点，然后每隔固定人数选择一个样本。系统取样比简单随机取样更简便，但在存在周期性特征的总体中可能不够理想。

3）分层随机取样：将总体按某一特征（如性别、年龄、地区等）分层，然后从每层中按比例随机抽取样本。这种方法确保各个层次都有代表，适合结构夏杂的总体。

4）整群取样：将总体划分为若干自然群体（如班级、部门、村庄），随机选择若干群体并调查其中所有成员。该方法适合研究范围广、地理分布广泛的总体，但可能因为群体内部个体的相似性影响样本代表性。

9.5.9.2. 非概率取样 (Non-Probability Sampling)

非概率取样是指样本的选择依赖于研究者的主观判断或便利性，样本被选入的概率是未知的。非概率取样无法对总体进行推断，也无法计算样本误差，但在某些情况下仍具有应用价值。常见的非概率取样方法包括：

1）方便取样：研究者选择最容易接触到的个体或单位作为样本。这种方法简单易行，成本低，适用于资源有限或时间紧迫的情况，但样本代表性较差。

2）判断取样：研究者根据自身的专业判断选择具有典型性或研究意义的个体。这种方法可以聚焦于特定群体，但可能带来主观偏差，难以保证样本的随机性。

3）配额取样：研究者先确定不同类别（如性别、年龄、收入等）的配额，然后根据配额选择样本。配额取样保证了样本结构的多样性，但样本选择没有随机性，可能导致偏差。
4）滚雪球取样：研究者通过一个初始个体，逐步通过被调查者推荐其他符合条件的个体，适用于研究特殊或隐蔽群体（如少数群体、特殊职业群体）。该方法便于接触难以找到的个体，但可能导致样本的同质性偏差。

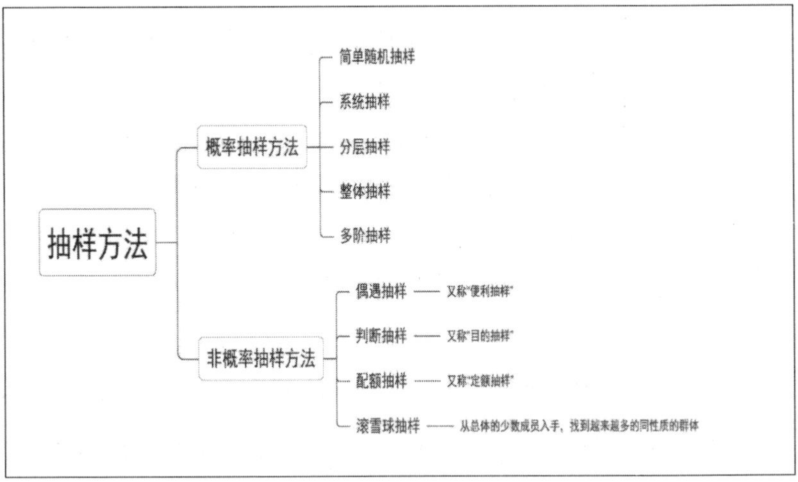

〔图 Ⅸ-6〕.取样方法

9.5.10. 误差

误差是指在测量、数据分析或研究过程中，实际观测值与真实值之间的差异。误差是不可避免的，它可能源自于多种因素，如数据的测量方法、样本的选择、外部环境的变化等。了解误差的类型及其影响，对于提高研究的准确性和有效性至关重要。误差通常可以分为两大类：系统误差（Systematic Error）和随机误差（Random Error）。

9.5.10.1. 系统误差（Systematic Error）

系统误差是指由于某些固定的、可预见的因素，导致观测值持续偏离真实值的现象。系统误差会产生一致的偏差，使所有的测量结果在同一方向上偏离真实值。它是可以避免或校正的，因为系统误差通常来源于某些可识别的因素，如不正确的测量工具或错误的实验设计。例子：一把尺子由于校准不准确，所有测量值都比真实长度短了0.5厘米。这就是一种系统误差。如果一个实验室温度总是比预期的高5°C，那么该温度误差会影响到所有实验结果。

1）系统误差的来源：

仪器误差：测量工具存在的问题，如尺子刻度不准确或电子设备校准不正确。

方法误差：由于使用了错误的测量方法或不当的实验条件，导致测量结果有偏差。

环境误差：环境因素（如温度、湿度、光照等）影响了实验结果。例如，在不同温度下进行的实验可能会导致测量误差。

人为误差：研究者在记录或分析数据时的系统性错误。例如，使用不正确的单位或不正确地读数。

2）系统误差的特征：

方向固定：系统误差往往导致测量结果在同一方向偏离真实值，可能会系统性地偏高或偏低。

可校正性：通过调整测量工具或改进实验方法，系统误差可以被发现并消除。

9.5.10.2. 随机误差 (Random Error)

随机误差是指由于不可预测或偶然因素引起的观测值偏差。它往往是由于测量过程中不可控的细微变化导致的，不像系统误差那样有规律可循。随机误差的方向和幅度是不固定的，有时会让测量值偏高，有时偏低，因此它会影响测量的精确性。虽然随机误差不能完全消除，但可通过增加样本量减少，通过多次测量和计算平均值，可以减小它的影响。例子：在测量一块物体的重量时，每次使用的天平可能会因为微小的空气流动、湿度变化等因素，导致测量结果出现轻微波动，这就是随机误差。两次用秒表测量同一跑步者的时间，结果可能有几秒钟的差异，这也属于随机误差。

1）随机误差的来源：

环境因素的随机变化：如温度、湿度或电源电压的瞬时变化等。

人类操作的微小差异：如同一个人进行多次实验，结果可能会有所差异。

测量设备的敏感性：在不同时间段，测量设备可能由于内部元件的波动产生小幅度误差。

2）随机误差的特征：

无方向性：随机误差的结果可能向上偏，也可能向下偏，方向和大小是随机的。

不可避免：即使实验设计和操作非常精确，随机误差仍然会存在，因为它是测量过程中的固有特性。

9.5.10.3. 抽样误差 (Sampling Error)

抽样误差是一种特殊的误差类型，发生在从总体中抽取样本进行推断时。由于样本只是总体的一个子集，样本数据不能完全代表总体，从而产生了误差。抽样误差是统计研究中的常见现象。例子：在全国范围内进行调查，如果只从某个地区抽取了100个人进行调查，那么这100个人的特征可能不能完全反映全国人口的特征，导致抽样误差。

1）抽样误差来源于样本的不完全性：由于样本不是总体，难免会出现偏差，这种偏差可能导致样本统计量（如平均数）与总体参数（如总体平均数）之间存在差异。

2）可通过增加样本量减少：一般来说，样本越大，抽样误差越小，因为大样本更能代表总体的真实情况。

3）无法完全消除：即使样本选择非常科学和代表性强，抽样误差仍然存在，因为样本永远不可能完全等同于总体。

9.5.10.4. 非抽样误差（Non-Sampling Error）

非抽样误差包括一切非由于抽样引起的误差，可能源自于数据收集、处理和分析的各个环节。非抽样误差通常比抽样误差更难识别和控制，它可能在问卷设计、数据录入、受测者作答等多个环节中产生。例子：在电话调查中，受测者可能因为社会期望效应而回答得不够真实，导致数据偏差。非抽样误差的来源：

1）测量误差：问卷设计不当或数据录入错误可能导致误差。

2）响应偏差：受测者可能提供不准确或不诚实的回答。

3）数据处理错误：在数据录入或分析过程中出现错误，也可能导致误差。

9.5.10.5. 减少误差的策略

1）校正系统误差：系统误差可以通过调整仪器、改进实验设计和控制外部环境来减少或消除。比如对测量设备进行校准、统一测量标准。

2）减少随机误差：虽然随机误差不可完全避免，但可以通过增加样本量、重复实验、取平均值来降低其影响。多次测量能平滑掉偶然误差，使结果更加可靠。

3）控制抽样误差：通过科学的取样方法，如随机抽样、分层抽样，确保样本具有良好的代表性。增加样本量也可以减少抽样误差。

4）降低非抽样误差：改善调查设计，减少数据录入错误，提高数据处理的准确性，确保调查方法科学、规范，有助于减少非抽样误差。

误差是研究过程中不可避免的现象，它分为系统误差、随机误差、抽样误差和非抽样误差。系统误差是由于固定因素造成的，可通过校正来消除；随机误差是偶然因素造成的，虽然无法完全消除，但可以通过增加样本量来减小其影响。抽样误差源于样本无法完全代表总体，而非抽样误差则可能在数据收集和分析的各个环节中产生。了解误差的来源、特点及其影响，有助于研究者通过合理的方法减小误差，提高研究的准确性和可靠性。

9.6. 数据分析过程中的重要概念与程序

在数据分析过程中，理解和运用正确的统计方法是确保研究结果可靠和有效的关键。统计分析主要分为两类：描述统计和推论统计。每种类型的统计方法在分析数据时都有其特定的目的和应用场景。

9.6.1. 统计方法类型

9.6.1.1. 描述统计

描述统计是对已收集数据进行总结、整理和描述的一套统计方法。它旨在将复杂的数据变得更为直观，通过数值和图表展示数据的特征，使得研究者能够清楚地了解数据的基本情况。主要功能：

①总结和概括数据：描述统计用于提供关于数据的简明概况。它通过统计量（如平均数、标准差、百分比等）来表示数据的集中趋势、离散程度和分布形态。

②直观展示：通过表格、图表（如直方图、条形图、散点图等）使数据变得更易于理解，帮助发现数据的趋势、分布和异常值。在任何研究的初期，描述统计用于展示和总结数据的基本情况，使研究者能够清楚了解数据的结构，并为后续的深入分析提供依据。

9.6.1.2. 推论统计（Inferential Statistics）

推论统计旨在通过样本数据来推断总体特征。由于在实际研究中通常无法直接收集到总体的所有数据，推论统计提供了一套从样本推测总体的方法。

1）主要功能：

①从样本推测总体：推论统计通过对样本数据的分析，推测总体的特征，如总体的平均值、比例等。

②检验假设：通过假设检验方法，推论统计可以验证研究者

的假设是否成立。例如，推论统计用于判断某种治疗是否有效，或两组数据之间是否存在显著差异。

2）常见的推论统计方法：

①参数估计：通过样本统计量估计总体参数（如总体平均数或总体比例）。这包括点估计和区间估计。

②点估计：使用样本数据计算一个具体的数值作为总体参数的估计值。例如，用样本均值作为总体均值的估计值。

③区间估计：提供总体参数所在区间的估计值，并结合置信水平。比如，90%置信区间表示有90%的概率总体均值落在区间内。

④假设检验：用于验证假设的正确性。研究者可以基于样本数据检验关于总体的假设是否成立。常见的假设检验包括t检验、卡方检验、F检验等。t检验用于比较两个样本均值是否有显著差异，常用于小 样本研究。卡方检验用于检验分类变量之间是否存在关联性，适用于频数数据。F检验用于比较两个或多个样本的方差，判断它们的波动性是否相同。

⑤相关和回归分析：用于研究两个或多个变量之间的关系。相关分析用于测量变量之间的线性关系。常见的相关系数是皮尔逊相关系数。回归分析用于预测或解释一个变量如何随另一个变量变化。例如，线性回归分析可以预测一个因变量如何受到自变量的影响。

描述统计与推论统计是数据分析中的两大类统计方法。描述统计专注于对已有数据的总结和直观展示，通过集中量数和变异量数等工具，帮助研究者了解数据的基本特征。而推论统计则通过样本数据来推测总体的特征，检验研究假设，并通过参数估计、假设检验、相关与回归分析等方法，得出更具推广性和预测性的结论。两者通常在数据分析过程中配合使用：先用描述统计总结和探索数据，再通过推论统计对总体特征进行推断或验证假设。掌握这两种统计方法对于进行科学研究和分析数据是至关重要的。

9.6.2. 常见的描述统计方法

9.6.2.1. 集中量数 (Measures of Central Tendency)

集中量数通过计算数据的中心位置或“集中点”来总结数据的特性。常见的集中趋势指标包括：如平均数、中位数、众数，它们用于描述数据的集中趋势。

1）平均数（Mean）：所有数据的总和除以数据的个数，表示数据的平均水平。

2）中位数（Median）：将数据按大小排序后处于中间位置的数值，用于描述数据的中间值。

3）众数（Mode）：数据中出现频率最高的值。

9.6.2.2. 变异量数 (Measures of Variability)

变异量数离散程度的度量：反映数据的分散性或变异程度，常见的离散指标包括：变异量数如方差、标准差、极差，用于描述数据的离散程度或分散情况。

1）方差（Variance）：数据每个值与平均数的差的平方的平均值，表示数据的离散程度。

2）标准差（Standard Deviation）：方差的平方根，是数据偏离平均数的典型距离。

3）极差（Range）：最大值与最小值的差，反映数据的整体分布区间。

4）四分位距（semi-Interquartile Range, QR）是一种用来衡量数据分散程度的统计量，它表示数据集中间50%的范围。QR是数据的“第3四分位数（Q3）与第1四分位数（Q1）”之间的差值，计算公式为：

$$QR=\frac{|Q3-Q1|}{2}$$

其中：Q1（第1四分位数）：表示数据集中有25%的值小于或等于该数值。Q3（第3四分位数）：表示数据集中有75%的值小于或等于该数值。

QR用于描述数据分布的中间50%部分的范围，它能排除极端值的影响，因此比极差（最大值与最小值的差）更稳健。QR常用于检测数据中的异常值（outliers），通常通过以下规则：数据点小于 Q1－1.5×QR或大于 Q3+1.5×QR的值，通常被视为异常值。

9.6.2.3. 相对量数 (Relative Measures)

相对量数是一类用于比较两个或多个数据集之间差异的统计量，能够帮助研究者从不同角度理解数据。相对量数通过比率或相对差异来表示数据中的变化或关系，而不仅仅关注绝对数值。相对量数通常用于比较不同群体、变量或时间点的变化趋势，使研究者能够在不同背景下分析数据的相对位置或波动情况。常见的相对量数类型：

1）比例（Proportion）是指某一类别或部分占总体的比例大

小，常用于分类变量数据。比例的数值在0到1之间，用于表示某一特定类别在总体中的相对频率。如果在一个100人的样本中有60人喜欢A品牌产品，那么喜欢A品牌的比例为60/100 = 0.6（或60%）。

2）百分比（Percentage）是比例的延伸，它将某个类别的相对值乘以100，便于直观表示某个部分占总体的百分比。例如在某次调查中，发现有25%的受访者支持某项政策，表示25人中有1人支持这项政策。

3）比率（Ratio）是两个数量的相对比较，用于比较两组或多组数据之间的关系。比率不仅适用于分类数据，也可以用于连续数据。例如如果一个公司有100名男员工和50名女员工，则男女员工的比率为100:50（或2:1），表示每2名男性对应1名女性。

4）相对差异（Relative Difference）用于衡量一个值相对于另一个值的变化或差异，通常用百分比来表示。例如用来评估某事物的增长率或减少率。例如：假设某产品的销售额从1000元增加到1500元，销售额的相对增长率为（1500 - 1000）/1000 = 0.5（或50%）。

9.6.2.4. 标准分数（Standard Scores）

标准分数（也称为z分数）是一种用于将不同数据集中的个体数据标准化、使其具有可比性的方法。标准分数表示一个数据点与数据集平均值的偏差，并将其偏差转化为以标准差为单位的标准值。通过标准分数，研究者可以比较来自不同数据集或量尺的数据，分析它们的相对位置。

1）标准分数的公式：

公式：z = (X - μ) / σ

X：样本中的某个具体数值

μ：样本的平均值

σ：样本的标准差

z：标准分数，表示X值距离平均数的标准差个数

2) 标准分数的解释：

如果z分数为0，表示该数值与平均值相等。

如果z分数为正数，表示该数值高于平均值，且正值越大，偏离平均值的程度越大。

如果z分数为负数，表示该数值低于平均值，且负值越大，偏离平均值的程度越大。

例如，假设某个班级的数学考试平均分是70分，标准差为10分。某个学生的分数是85分，那么该学生的标准分数为：

z = (85 - 70) / 10 = 1.5

这意味着该学生的成绩比平均分高出1.5个标准差，表现优于大部分同学。

相对量数通过比率、百分比和相对差异等方式帮助研究者分析数据的相对位置和关系，适合用于比较不同群体或变量之间的差异。而标准分数是一种将不同数据集标准化的工具，使得研究者可以在不同背景和量尺下比较个体的表现。两者都是研究者在数据分析中常用的工具，能够帮助更好地理解数据的特征和趋势，并且在实际应用中起到了重要的作用。

9.6.2.5. 偏度（Skewness）与峰度（Kurtosis）

偏度与峰度是两种用来描述数据分布形态的统计量，它们

能够帮助研究者更好地理解数据相对于标准正态分布的形状特征。在数据分析中，偏度和峰度提供了额外的信息，帮助识别数据集是否存在偏斜、尖峰或分布异常。这对于分析数据的性质、选择合适的统计方法至关重要。

9.6.2.5.1. 偏度

偏度是一种衡量数据分布的对称性或倾斜性的指标，它反映了数据分布是否偏向一侧。偏度描述了数据分布的形状是否倾向于某一边，数据点是否集中在平均值的一侧，以及尾部的长短。如果一个数据集的偏度值为0，表示分布是对称的，也就是说分布的左右两侧几乎一样多。偏度的值可以是正的、负的或者接近零。

1） 偏度的类型：

①正偏度（右偏，Positive Skewness）：当偏度值为正时，数据分布向右倾斜，意味着右侧有较长的尾巴。也就是说，大部分数据集中在分布的左侧，而右侧出现了一些较大的值。这种现象表明数据中存在少数较大的异常值，拉长了右侧的分布。一个典型的例子是收入分布，大多数人的收入集中在中低水平，但极少数高收入个体使得分布向右偏斜。正偏的分布中，均值会大于中位数。

②负偏度（左偏，Negative Skewness）：当偏度值为负时，数据分布向左倾斜，意味着左侧有较长的尾巴。在这种分布中，大部分数据集中在右侧，而左侧有少数较小的异常值。这种现象常见于考试分数的分布中，如果大多数学生得分较高，少数学生得分较低，分布就会向左倾斜。负偏的分布中，均值会小于中位数。

③偏度为零：当偏度值接近0时，表示数据分布大致对称，左右两侧的形状大致相同，数据没有明显的倾斜方向。正态分布是最典型的对称分布，偏度为0。在正态分布中，均值、中位数和众数是相等的。

2）偏度的意义：

偏度的主要作用是帮助我们识别分布是否对称，是否存在异常值的影响。通常情况下，偏度值越大，表明数据分布越不对称。如果偏度值较大（正或负），则可能意味着数据中存在较为显著的异常值或离群点，这对统计分析方法的选择至关重要。例如，如果数据严重偏斜，可能需要使用非参数统计方法，或者在分析前对数据进行变换。

9.6.2.5.2 峰度（Kurtosis）

峰度是一种用来衡量数据分布相对于正态分布的尖峰度或尾部厚度的统计量。它描述了数据的集中程度，即数据在均值附近的集中程度和分布的尾部是否比正态分布更厚或更薄。峰度不仅仅是看分布是否有一个“高峰”，更重要的是它反映了数据集中在均值附近还是分布在尾部区域。

1）峰度的类型：

①正峰度（Leptokurtic）：正峰度的分布比正态分布有更尖的峰和更厚的尾部，表示数据集中在均值附近，但同时也有更多的极端值。峰度值大于3的分布就是高峰态分布（正峰态）。这类分布意味着大部分数据非常接近均值，但偶尔出现的极端值会比正态分布更多。金融市场的波动就是一个典型的例子：市场在大部分时间内变化不大，但偶尔会出现剧烈波动。高峰态分布容易产生异常值，因此在金融风险管

理、气象数据分析等领域具有重要意义。

②负峰度（Platykurtic）：负峰度的分布比正态分布更平坦，尾部也较薄，表示数据分布相对分散。峰度值小于3的分布为低峰态分布（负峰态）。这种分布意味着数据在均值附近的集中程度较低，数据在两端尾部的出现频率也较少。低峰态分布中的数据较为分散，极端值较少。比如某些行为数据中，受试者的反应分布较为分散，均值附近的数据较少。

③正态峰度（Mesokurtic）：正态分布的峰度值等于3，表示该分布既没有特别尖锐的峰，也没有厚实的尾部，数据分布较为均衡。正态分布的峰度是数据分布中最常见的基准形态。

2）峰度的意义：

峰度在分析极端值的频率和数据的集中程度时具有重要作用。如果峰度较高（正峰度），则意味着数据中有更多的极端值，表明分布的尾部比正态分布的尾部更厚。这对风险评估、极端事件预测等应用非常有价值。而如果峰度较低（负峰度），则表示数据较为分散，极端值的出现频率较低。

9.6.2.5.3. 如何解释偏度和峰度的数值

1)偏度数值的解释：

偏度 ＞ 0：表示分布右偏，尾部向右侧延伸。

偏度 ＜ 0：表示分布左偏，尾部向左侧延伸。

偏度 ＝ 0：表示分布对称，类似正态分布。

2)峰度数值的解释：

峰度 ＞ 3：表示高峰分布，尾部比正态分布厚，数据集中在均值附近。

峰度 ＜ 3：表示低峰分布，尾部比正态分布薄，数据较为分散。

峰度=3：表示正态分布，数据均匀分布在均值附近和尾部。

偏度描述了数据分布的对称性及其倾斜方向，反映了数据是否偏向一侧。峰度描述了数据的集中程度及尾部厚度，反映了数据在均值附近的集中程度和极端值的频率。

9.6.3. 相关分析

相关分析是用于研究两个或多个变量之间关系的一种统计方法。通过相关分析，研究者可以了解不同变量之间是否存在关联，以及关联的强度和方向。相关分析在社会科学、经济学、医学等研究领域中被广泛应用，能够帮助揭示变量之间的相互影响。

9.6.3.1. 数据特点

在进行相关分析之前，理解数据的特点至关重要。相关分析的方法选择取决于数据的类型、分布和测量尺度。以下是相关分析中常见的数据特点：

1）连续型或等级数据：皮尔逊相关分析通常用于处理连续变量（如身高、体重），而斯皮尔曼和肯德尔相关更适用于处理等级或非连续数据。

2）线性关系：皮尔逊相关分析假设两个变量之间存在线性关系。如果变量之间的关系非线性，皮尔逊相关可能会产生误导性结果。

3）分布：皮尔逊相关要求数据呈正态分布，而斯皮尔曼和肯德尔相关对数据分布不做严格要求，适用于非正态分布的数据。4）缺失数据和异常值：相关分析对缺失数据和异常值较为敏感，因此在进行相关分析前应进行数据清理，确保结果的准确性。

9.6.3.2. 相关分析方法

1）皮尔逊相关（Pearson Correlation）
皮尔逊相关是最常用的相关分析方法，用于衡量两个连续变量之间的线性关系。皮尔逊相关系数（r）的取值范围是-1到1，表示变量之间的关系强度和方向。

r = 1：完全正相关，两个变量呈正向线性关系。

r = -1：完全负相关，两个变量呈负向线性关系。

r = 0：无相关，两个变量之间没有线性关系。

适用条件：

①两个变量为连续变量。

②数据呈现线性关系。

③数据应近似服从正态分布。

例如，研究者想知道学生的学习时间与考试成绩之间的关系。通过计算皮尔逊相关系数，他们可以判断学习时间和考试成绩之间是否存在线性相关关系，以及这种关系的强度。

2）斯皮尔曼相关（Spearman Correlation）
斯皮尔曼相关用于衡量两个变量之间的等级相关性，适用于非线性关系或等级数据。斯皮尔曼相关系数（ρ或rs）根据变量的等级顺序进行计算，而不要求数据呈现线性关系或正态分布。

适用条件：

①适用于连续变量和顺序变量。

②适用于非线性关系。

③数据不需要正态分布，适合处理异常值或非正态分布的数据。

例如，研究者想分析员工工作年限和工作满意度之间的关系，满意度数据按等级（如1到5）进行测量。斯皮尔曼相关能够处理这种等级数据，并揭示变量之间的关系。

3）肯德尔相关（Kendall Correlation）

肯德尔相关是一种基于等级顺序的相关分析方法，适用于分析两个变量之间的非参数相关性。肯德尔相关系数（τ）通过比较变量之间的等级一致性或不一致性来衡量相关性，适用于处理小样本数据或存在大量并列数据的情况。

适用条件：

①适用于非正态分布数据。

②适合处理并列数据（即排名相同的个体）。

③适用于较小的样本量。

例如，研究者想了解企业中员工的资历与晋升机会的关系。由于部分员工的晋升机会排名相同，肯德尔相关能够有效处理这种并列的排名数据，并衡量两个变量的相关性。

4）偏相关（Partial Correlation）

偏相关用于分析两个变量之间的相关性，同时控制第三个或多个变量的影响。偏相关通过排除第三个变量的影响，揭示两个主要变量之间的纯粹关系。偏相关分析在多变量研究中非常常见。

适用条件：
①当研究者希望排除干扰变量的影响时使用。
②适用于连续数据。
示例：研究者想分析学习时间与考试成绩之间的关系，但考虑到学生的智力水平可能影响结果，因此他们可以使用偏相关控制智力水平，探究学习时间与成绩之间的纯粹相关性。

5）基于交叉表的相关分析（Correlation Based on Crosstabulation）

交叉表相关分析主要用于分析分类变量（如性别、学历等）之间的相关性。通过交叉表可以显示两个分类变量的分布情况，常用于分析变量之间是否具有统计学上的关联性，通常会结合卡方检验。
适用条件：用于分类变量。
适用于定类数据（如性别、婚姻状况等）。
示例：研究者想分析性别与购车偏好之间的关系。他们可以通过交叉表显示男性和女性在不同车型中的选择分布情况，结合卡方检验判断性别与购车偏好之间是否存在显著关联。

相关分析是研究变量之间关系的常用方法，根据数据类型和研究需求的不同，可以选择不同的相关分析方法。皮尔逊相关适用于线性关系的连续数据，斯皮尔曼相关和肯德尔相关适合处理非线性或等级数据，偏相关用于控制其他变量影响，交叉表相关分析则适用于分类数据。通过选择合适的相关分析方法，研究者可以深入了解变量之间的关联性，并为后续的研究提供依据。

9.6.4. 差异分析

差异分析是一类用于比较不同组别间差异的统计方法，目的是判断不同群体之间的特征、行为、态度等是否存在显著差异。差异分析根据数据类型和研究目的的不同，可以分为多个方法，包括卡方检验、t检验、方差分析（ANOVA）等。以下是差异分析的几种常用方法的详细介绍。

9.6.4.1. 类别数据的分析-卡方检验 (Chi-Square Test)

卡方检验是用于分析类别数据（分类变量）之间关系的一种非参数检验方法。它通过计算实际观测频数与期望频数之间的差异，判断两组分类变量是否相关联。常用于独立性检验和拟合优度检验。卡方检验的特点：

1）适用于定类或定序数据，例如性别、职业、学历等分类变量。

2）不要求数据为正态分布，适合分析非连续变量。

3）常与交叉表结合使用，分析两个分类变量之间是否存在关联。

卡方检验一般适用于：一是独立性检验，判断两个分类变量之间是否存在统计学上的关联。二是拟合优度检验，判断样本的分类分布是否符合理论分布。例如研究者想了解性别（男性和女性）与购买电子产品类型（手机、平板、笔记本）的关系。通过卡方检验，可以判断性别和购买偏好之间是否存在统计学上的显著关联。

9.6.4.2. 平均数的差异检验-t检验（t-Test）

t检验用于比较两个组别之间的平均数差异，常见于实验设计和样本研究中。t检验假设样本数据服从正态分布，适用于小样本情况下的差异检验。t检验的类型：

1）独立样本t检验：用于比较两个独立群体的平均数差异，例如男性与女性的收入差异。

2）配对样本t检验：用于比较同一群体的两个不同时间点或不同条件下的测量结果，如同一批学生的前测和后测成绩。

t检验的适用条件一是数据是连续型的。二是数据服从正态分布。三是两组数据的方差相等（可通过Levene检验进行检验）。例如，研究者想比较使用新教学方法和传统教学方法的两组学生的考试成绩是否存在显著差异，可以使用独立样本t检验来进行分析。

9.6.4.3. 平均数的变异分析-方差分析（ANOVA）

方差分析（ANOVA, Analysis of Variance）是一种用于比较三个或多个组之间平均数差异的统计方法。ANOVA通过分析组间方差和组内方差的比值来判断是否存在显著差异。ANOVA的类型：

1）单因素方差分析（One-Way ANOVA）：用于比较一个自变量（因素）下的多个组之间的差异。例如，研究不同年龄段对某产品满意度的差异。

2）双因素方差分析（Two-Way ANOVA）：用于同时分析两个自变量对因变量的影响，并考察它们的交互作用。例如，分析性别和教育程度对收入的共同影响。

ANOVA的适用条件一是因变量是连续数据。二是自变量是分类数据（至少有三个水平）。三是数据呈正态分布，且各组方差相等。例如，研究者想分析不同学习方法（传统课堂、在线学习、混合式学习）对学生成绩的影响。通过单因素方差分析，可以判断这三种学习方法的效果是否存在显著差异。

9.6.4.4. 多因子变异数分析（Multifactor ANOVA）

多因子变异数分析（也称为多因素方差分析）是对多个因素（自变量）同时进行分析的扩展方法，用于研究多个因素对一个因变量的影响以及这些因素之间是否存在交互作用。多因子方差分析不仅可以比较不同组别之间的差异，还可以探讨不同因素之间的交互效应。

1）特点：

同时考察多个自变量的影响。

能分析各自变量的主效应和交互作用。

2）一般适应于：一是当研究设计中涉及多个因素时，例如同时研究性别、年龄、教育水平对工作满意度的影响。二是可以揭示自变量之间是否存在相互作用（即交互效应），即一个自变量对因变量的影响是否会因另一个自变量的变化而变化。例如，研究者想分析性别和教学方法（传统教学、在线教学）的交互作用对学生成绩的影响。通过多因子变异数分析，可以研究性别与教学方法之间是否存在交互效应，即不同性别的学生是否对不同教学方法有不同的反应。

差异分析是用于比较不同组别间差异的统计方法，涵盖了多种方法，如卡方检验、t检验、方差分析和多因子变异数分析。每种方法适用于不同类型的数据和研究设计，卡方检验适用于分类数据，常用于分析变量之间的独立性。t检验用于比较两个组别之间的平均数差异，常用于实验和比较研究。方差分析（ANOVA）适用于比较多个组别的平均数差异，帮助研究者理解多个组别之间的变异。多因子变异数分析则用于分析多个自变量对因变量的综合影响及交互作用。通过差异分析，研究者可以检验不同群体之间的差异是否显著，并为进一步的研究提供依据。

9.6.5. 回归分析和路径分析

回归分析和路径分析是用于研究变量之间关系的常用统计方法。通过这些方法，研究者可以探讨一个或多个自变量（预测变量）对因变量（结果变量）的影响，甚至进一步了解变量之间复杂的因果关系和中介作用。以下是关于回归分析、路径分析和中介效应分析的详细介绍。

9.6.5.1. 回归分析（Regression Analysis）

回归分析是一种用于研究两个变量之间的定量关系的统计方法。它通过建立数学模型来预测因变量的值，解释自变量和因变量之间的关系。最常见的回归分析是简单线性回归，用于分析一个自变量对一个因变量的影响。

1）简单线性回归模型：

$Y=\beta 0+\beta 1X+\epsilon$

Y：因变量（被预测的变量）

X：自变量（预测变量）

β0：截距，表示当自变量为0时因变量的值。

β1：回归系数，表示自变量每变化一个单位时，因变量的变化量。

ϵ：误差项，表示模型中未解释的部分。

2）适用条件：

自变量和因变量是连续变量。

变量之间存在线性关系。

残差（误差项）独立且服从正态分布。

例如，研究者想知道学生的学习时间（自变量）对考试成绩（因变量）的影响。通过简单线性回归，研究者可以得出学习时间对成绩的预测模型，分析学习时间的增加是否显著提高考试成绩。

9.6.5.2. 多元回归分析（Multiple Regression Analysis）

多元回归分析是回归分析的扩展，用于研究多个自变量对因变量的联合影响。多元回归可以帮助研究者探讨多个因素在同时存在时对结果的影响，并量化每个自变量的独立贡献。

1）多元回归模型：

$Y=\beta 0+\beta 1X1+\beta 2X2+\cdots+\beta nXn+\epsilon$

X1,X2,⋯,Xn：多个自变量。

β1,β2,⋯,βn：每个自变量的回归系数，表示该自变量对因变量的独立影响。

2）适用条件：

自变量可以是连续变量或分类变量。

适用丁多个因素共同影响因变量的情况。

各个自变量之间不应存在强共线性（即自变量之间的相关性不应过高）。例如，研究者想探讨多种因素（如学习时间、课堂参与度、家庭支持等）对学生成绩的影响。通过多元回归分析，研究者可以同时考察这些因素对成绩的影响大小，评估哪个因素对成绩贡献最大。

9.6.5.3. 路径分析（Path Analysis）

路径分析是回归分析的扩展，专门用于研究多个变量之间的因果关系，尤其是在多个因变量和自变量之间存在复杂关系的情况下。路径分析通过绘制路径图，展示变量之间的直接和间接影响。

1）特点：

①通过路径系数表示变量之间的影响大小，路径系数相当于标准化的回归系数。

②能够揭示变量之间的因果链条，分析一个变量如何通过其他中介变量影响另一个变量。

③路径分析通常基于结构方程模型（SEM），能够处理多个因变量和多个自变量之间的复杂关系。

2）路径分析的步骤：

①确定模型：根据理论假设构建路径模型，定义自变量、因变量和中介变量之间的因果关系。

②路径图绘制：绘制变量间的因果路径，使用箭头表示直接影响。

③估计路径系数：通过回归或其他统计方法估计路径系数，表示变量之间的影响强度。

例如，研究者想探讨父母教育背景、家庭经济水平对孩子学业成绩的影响，同时分析父母教育背景通过家庭经济水平间接影响学业成绩的作用。路径分析可以揭示这些变量之间的复杂因果关系。

9.6.5.4. 中介效应分析（Mediation Analysis）

中介效应分析是一种特殊的路径分析，旨在研究中介变量在自变量与因变量之间的作用。中介效应分析探讨自变量是否通过中介变量间接影响因变量。常用于心理学、教育学和社会科学等领域。

1）中介效应分析的模型分为两个部分：

①自变量对中介变量的影响（路径a）：衡量自变量如何影响中介变量。

②中介变量对因变量的影响（路径b）：衡量中介变量如何影响因变量。

③自变量对因变量的直接影响（路径c）：衡量自变量直接影响因变量的部分。

④完全中介：如果自变量通过中介变量对因变量的全部影响都被解释，那么称为完全中介。

⑤部分中介：如果自变量对因变量的影响部分通过中介变量实现，还有一部分是直接的，则称为部分中介。

2）中介效应的步骤：

①检验自变量对因变量的直接影响（路径c）。

②检验自变量对中介变量的影响（路径a）。

③检验中介变量对因变量的影响（路径b）。

④通过Sobel检验或Bootstrap方法检验中介效应的显著性。

例如，研究者想分析学习动机（自变量）是否通过学习策略（中介变量）影响学业成绩（因变量）。通过中介效应分析，研究者可以探讨学习动机是否间接通过学习策略影响学生成绩，甚至揭示出学习策略在整个过程中所起的作用。

回归分析和路径分析是研究变量之间关系的核心工具。通过回归分析，研究者可以量化自变量对因变量的影响，理解变量之间的线性关系。多元回归分析进一步拓展了回归分析，能够处理多个自变量的联合影响。路径分析则更复杂，它能够揭示多个变量之间的因果链条，展示直接和间接影响。中介效应分析特别关注自变量通过中介变量对因变量的影响，能够揭示变量之间的间接作用。通过这些方法，研究者能够更全面地理解变量之间的复杂关系，为理论研究和实践提供深入的依据。

9.6.6. 因子分析

因子分析是一种多变量统计分析方法，旨在通过减少数据的维度，找出隐藏在多个变量背后的少数潜在因子。这种方法用于解释变量之间的相关结构，将原始数据中的众多相关变量归纳为几个核心的不可直接观测的因子（或称构念），从而揭示数据背后的内在结构。

9.6.6.1. 什么是因子分析？

因子分析是一种用于简化复杂数据集的方法。它通过分析多个观测变量之间的相关性，将高度相关的变量组合为少数几个因子。这些因子可以解释数据中的大部分方差，因此，因子分析能够帮助研究者理解数据的核心结构，并减少数据维度。因子分析主要应用于社会科学、心理学、市场研究等领域，常用于提取潜在变量或简化问卷数据。例如，研究者可能通过因子分析来归纳出心理健康的不同维度（如情绪、压力、社交功能等），这些维度是通过多个相关的问卷项目提取出来的。

因子分析的主要目标：

1）降维：将众多原始变量减少为少数几个因子，简化数据结构。

2）解释方差：找到解释数据方差的少数潜在因子，这些因子能概括数据背后的主要模式。

3）探索结构：揭示多个变量之间潜在的关系，发现其背后的共同因素。

9.6.6.2. 探索性因子分析（Exploratory Factor Analysis, EFA）

探索性因子分析（EFA）是一种用来发现数据中潜在因子结构的统计方法。它假设研究者对数据中的因子结构不确定，因此通过探索数据中的变量之间的相关性，找出潜在的因子。这种方法广泛应用于没有预先设定模型或理论框架的研究中，目的是从数据中找出变量之间的内在联系，并根据统计结果对潜在因子进行解释。

1）EFA的主要步骤：

①相关性矩阵：首先，EFA会计算变量之间的相关性矩阵，用于发现相关性高的变量群组，这些变量可能会归属于同一个潜在因子。

②因子提取：通过数学方法（如主成分分析或最大似然法），提取出最能解释数据方差的少数几个因子。

③因子旋转：为了使因子的解释更加清晰，进行因子旋转（如正交旋转或斜交旋转），使每个因子和变量之间的关系更明确。

④因子解释：研究者根据旋转后的结果，解释每个因子的意义。这一过程依赖于每个变量在因子上的载荷，即每个因子对原始变量的影响大小。

2）EFA的特点：

①没有预设模型：EFA是一种探索性方法，研究者没有对因子的数量或结构做出预设假设。

②适用于数据降维：EFA用于从大量变量中提取少数几个核心因子，简化数据的复杂性。

EFA用于调查问卷、心理测试、市场研究等数据分析中，帮助发现潜在的维度或结构。例如，研究者设计了一份包含20个问题的问卷，目的是评估大学生的学习动机。通过EFA，研究者发现这些问题可以归结为三个潜在的因子：外部动机、内部动机和社交动机。这三个因子解释了学生学习动机的主要方面。

9.6.6.3. 验证性因子分析（Confirmatory Factor Analysis, CFA）

验证性因子分析（CFA）是用于检验特定理论模型或假设的一种方法。在CFA中，研究者在进行分析之前已经提出了明确的因子模型，并假设了特定的变量与因子之间的关系。通过CFA，研究者可以验证该模型是否与实际数据吻合，评估模型的拟合度。

1）CFA的主要步骤：

①模型设定：研究者基于理论或先前的研究，假设一组变量如何归属到潜在因子中。例如，设定4个变量与“外部动机”相关，5个变量与“内部动机”相关。

②估计参数：使用结构方程模型（SEM）估计因子模型中的参数，计算因子载荷、误差项等。

③模型拟合度检验：通过拟合度指标（如卡方检验、RMSEA、CFI、TLI等），评估模型与数据的匹配程度。如果拟合度良好，表示数据支持研究者的假设模型。

④模型修正：如果模型拟合度较差，研究者可以根据修改指数或其他信息对模型进行修正。

2）CFA的特点：

①基于理论模型：CFA是验证性分析，研究者有明确的理论假设或模型框架。

②模型拟合度检验：CFA的核心是评估模型的拟合度，以确定理论模型与数据是否匹配。

CFA广泛用于检验问卷或量表的结构是否符合预设的理论框架。例子，在验证大学生学习动机的研究中，研究者已经基于先前研究假设了三种动机维度：外部动机、内部动机和社交动机。通过CFA，研究者可以验证这些问题是否确实如假设所示，分属于这三种动机，并检查该模型与实际数据的拟合程度。

9.6.6.4. 探索性因子分析与验证性因子分析的区别

EFA常用于早期研究或没有清晰理论框架时；CFA用于模型检验，通常在有明确理论背景的情况下使用。主要在目的于模型预设上有区别：

1）目的不同：EFA用于探索数据中的潜在因子结构，而CFA用于验证预设的理论模型。

2）模型预设：EFA没有明确的模型假设，研究者从数据中寻找模式；CFA则有明确的模型假设，研究者通过数据检验假设。因子分析是研究夏杂变量结构的重要工具，分为探索性因子分析（EFA）和验证性因子分析（CFA）。EFA帮助研究者在没有明确模型假设的情况下探索潜在的因子结构，简化数据维度；CFA则用于检验预设模型，评估理论假设与数据的吻合度。两者共同帮助研究者揭示数据背后的结构和关系，为理论建构和验证提供重要依据。

9.7 定量研究结果分析与解释

在本章中，我们将何根据第9章中介绍的几种统计分析方法来呈现和解释适当的结果。为此，我们将通过说明现有的研究成果并检验适当的解释方法来呈现结果。

9.7.1 描述性统计结果分析与解释

通过频率分析或描述性统计分析获得描述性统计结果，可以认为是研究数据基础分析的必要程序。

9.7.1.1 频率分析结果

频数分析主要用于描述研究对象的人口背景（孩子的性别或年级）。它还用于对由分类变量组成的问题进行分析，在针对儿童、教帅等的民意调查中，可以通过频率分析进行基本数据分析。

<示例 1>

对研究对象的人口背景进行频率分析的结果如下。

共向研究对象发放了420份儿童问卷，剔除18份存在大量问题或数据不真实的数据，共402份数据用于分析。研究对象的总体特征见<表Ⅸ-7>。五年级学生204人，六年级学生198人，男生200人，女生202人。

<表 Ⅸ-7>研究对象的人口背景

年级 性别	五年级	六年级	全部的（%）
男	108(26.9)	92(22.9)	200(49.8)
女	96(23.8)	106(23.4)	202(50.2)
全部的（%）	204(50.7)	198(49.3)	402(100.0)

<示例 2>

在频率分析中，有一种可以同时比较两个分类变量的分析方法。这称为交叉分析，其示例如下。

试图进行交叉分析，以了解儿童认识到的性水平与自信水平的关系。由<表Ⅸ-8>可知，儿童自信心水平在不同水平上的分布差异有统计学意义。由表Ⅸ-8可知，认为自己学习比同龄人更好的儿童中，自信心高的儿童比例（42.2%）高于普通（24.2%）儿童中自信心高的儿童比例（13.2%）自信心低的儿童比例（13.2%），相反，自信心低的儿童比例高于普通或认为学习好的儿童。 Pearson x2值显示为20.871，在 p<.01 水平下，这一差异在统计上具有显著性。

<表 Ⅸ-8> 成绩水平与自信心水平之间的交叉分析结果

变量		自信心水平			全部的	Pearson x2
		低	一般	高		
成绩水平	低	16	50	10	76	20.871**
		21.1%	65.8%	13.2%	100.0%	
	一般	37	189	72	298	
		12.4%	63.4%	24.2%	100.0%	
	高	9	39	35	83	
		10.8%	47.0%	42.2%	100.0%	
全部的		62	278	117	457	
		13.6%	60.8%	25.6%	100.0%	

**p<.01

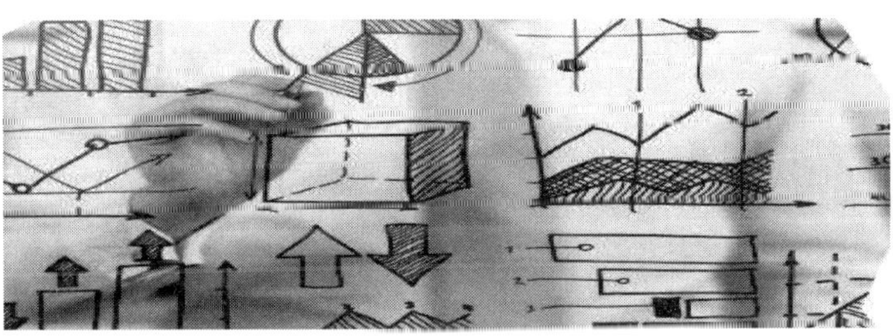

9.7.7.2 技术统计分析

描述性统计分析得到的结果与频率分析的统计量大致相似。然而，与频率分析覆盖分类变量的值相比，描述性统计分析涉及数量变量，即连续变量值。描述性统计分析用于考察分布的一般特征，对于描述性统计值的解析，一般参考典型集中趋势值可见的平均值(mean:M) 和分布距离平均值有多远的山葡萄测量工具标准差 (standard deviation:SD) ，以及最小值和最大值。

<示例 3>

技术统计分析的结果呈现与解释方法如下。

自我效能感测试的技术统计结果如<表Ⅸ-9>所示。从表9-?可以看出，研究对象的自信心平均值为2.74，标准差为0.43；自我调节效能感的平均值为2.87，标准差为0.43；任务难度偏好的平均值为2.65，标准差为0.54；自我效能感总体得分的平均值为2.77，标准差为0.40。自我效能感测试采用4分制，2分表示'不太是'，3分表示'有点是'。研究对象的平均值在2.65至2.87之间，因此可以认为他们具有一般水平的自我效能感。

<表 Ⅸ-9> 自我效能感测试的技术统计

变量	平均值	标准差	最小值	最大值
自信心	2.74	.43	1.20	4.00
自我调节效能感	2.87	.43	1.00	4.00
任务难度偏好	2.65	.54	1.29	4.00
自我效能感	2.77	.40	1.20	3.93

<思考 1>

"在描述描述性统计分析的结果时我应该记住什么？"

描述性统计不同于推论性统计。推论统计还报告平均值和标准差等描述性统计数据，但在推论统计的情况下，对平均值进行统计比较，因此一组的平均值"高于"另一组的平均值。或者，它可以被描述为"低"。然而，仅基于描述性统计的结果，一个平均值"高于"另一个平均值。应避免使用"低"或"低"。例如，在前面的<表IX-9>中，自我调节效能的平均值2.87与任务难度偏好的平均值2.65在数值上存在差异，但两个平均值没有通过均值差异比较分析进行比较，因此将某事物描述为"较高"或"较低"是错误的。

并且随着统计包的发展，平均值和标准差被计算到小数点后4位或5位，在报告结果时，最好四舍五入到小数点后第3位，只报告到小数点后第2位。另外，在报告平均值时，不要报告子因素总分的平均值或总体总分的平均值，而是报告项目平均值（即数字除以问题数），可以帮助读者轻松理解平均数的意义是有的。

9.7.2 平均数的变异分析与解释

9.7.2.1 独立样本T检验结果

独立样本T检验是一种用于比较两个从不同总体中抽取的样本是否在均值上存在差异的统计方法。总体是独立的，意味着从一个总体中抽取的样本不会影响另一个总体中抽取的样本。例如，在比较夫妻之间的婚姻满意度时，如果从丈夫总体中抽取丈夫样本，从妻子总体中抽取妻子样本，则是独立样本；但是，如果从丈夫总体中抽取丈夫样本，并从这些丈夫的妻子中抽取妻子样本，则为依赖样本。独立样本T检验适用于检测小学五年级男生和女生在自我效能感上的差异，或检测实验组和控制组的事后测试结果是否存在差异。

为了使用独立样本T检验，因变量必须是连续变量。如果因变量是类别变量，建议使用前面介绍的交叉分析，而不是独立样本T检验。在咨询专业中，问卷或测试常使用Likert量表。Likert量表在单项题时属于顺序量表（类别变量），但如果要使用各项分数的总和，则可以视为连续变量。

<示例 4>

独立样本 T 检验的结果呈现与解释方法如下。

为了探讨男女儿童在自我效能感、成就动机、社区意识及自我理解方面的差异，进行了独立样本T检验。根据<表Ⅸ-10>的结果，男孩的成就动机平均值为3.11，女孩的成就动机平均值为3.18，在显著性水平.05下，性别在成就动机上存在差异，且女孩的成就动机高于男孩。在社区意识方面，男孩的平均值为2.94，女孩的平均值为3.03，也在显著性水平.05下显示出性别差异，且女孩的社区意识高于男孩。相反，在自我效能感方面，男孩的平均值为2.78，女孩的平均值为2.77；在自我理解方面，男孩的平均值为2.91，女孩的平均值为2.92，结果表明在自我效能感和自我理解上不存在性别差异。

<表Ⅸ-10>

性别在自我效能感、成就动机、社区意识及自我理解上的差异

变量	性别	N	平均值	标准差	t
自我效能感	男	380	2.78	.43	.279
	女	374	2.77	.36	
成就动机	男	380	3.11	.53	-2.034*
	女	374	3.18	.50	
社区意识	男	380	2.94	.58	-2.235*
	女	374	3.03	.51	
自我理解	男	380	2.91	.45	-.323
	女	374	2.92	.43	

* $p<.05$

<思考2>

注意水平或注意概率(p)应该标在哪里呢？"

纵观先行研究，你会发现每个研究表示显着性水平或显着概率的方式不同。显着性水平或显着性概率有时显示在表中，有时单独显示在表下方。将显着性水平或显着性概率如<表Ⅸ-11>所示，还是表内只标"*"，表下单独标出"*"的含义，如<表Ⅸ-12>所示？

<表Ⅸ-11> 性别成就动机差异

变量	性别	N	平均值	标准差	t	p
成就动机	男	380	3.11	.53	-2.034	.042
	女	374	3.18	.50		

<表Ⅸ-12> 性别成就动机差异

变量	性别	N	平均值	标准差	t
成就动机	男	380	3.11	.53	-2.034*
	女	374	3.18	.50	

* $p<.05$

最近出现了两种都允许的趋势。在表里在显示显着性概率的情况下，具有可以准确显示统计分析结果计算出的显着性概率值的优点。相反，在表下显示显着性水平时，没有显示准确的显着概率，只能知道是否包含在表下提示的显着性水平中。在表里 虽然显示显着性概率看起来更准确，但推理统计的程序是研究者先确定显着性水平，然后根据其显着性水平决定采用假设和驳回，因此要想符合该程序，最好在表下单独标明显着性水平。

9.7.2.2 单因素方差分析（One-Way ANOVA）

单因素方差分析是一种检验三个或三个以上群体之间是否存在差异的统计方法，自变量为类别变量，变量为一个个数，其值（组）应不少于3个，因变量为量化变量。以比较成绩上、中、下人群的自我尊重感是否存在差异为例。

<示例 5>

单因素变量分析的结果提示和解释方法如下。

为了了解根据儿童认识的父母的养育态度,父母-子女关系是否存在差异,尝试了单因素方差分析。由<表 Ⅸ-13>可知，迟到儿童的父母养育态度严格，父母-子女关系的平均值为3.11，迟到儿童的平均值为3.54。认为温柔的儿童组平均值为4.16，3组平均差异的5值为43.310，p<。在01水平上显示出有意义的差异。对于这些差异，Schette事后检验显示，与认为父母养育态度温和的儿童组相比，具有统计学意义的儿童组得分更高，并且具有统计学意义的儿童组得分高于认为父母养育态度温和的儿童组。因此， 可以认为, 根据父母的养育态度，父母-子女关系存在显著差异。

<表 Ⅸ-13> 父母养育态度导致的父母-子女关系的差异

因变量		N	平均值	标准差	F	Schette 事后检验
父母-子女关系	严格(a)	37	3.11	1.02	43.310**	a<b<c
	正常(b)	250	3.54	.79		
	温和(c)	170	4.16	.73		
	总和	457	3.73	.86		

**p<.01

9.7.3 相关研究结果分析与解释

相关研究侧重于统计分析和解释研究中收集的数据，更侧重于阐明任何事件或现象内在的两个变量或更多变量之间的一般关系。这里将讨论两个以上变量的共同变化程度和提示其关系静态或负方向的相关分析,以及用于预测两个以上独立变量的变化的一个从属变量的变化的中多回归分析结果的解释。

9.7.3.1 相关分析结果

相关性分析为查明变量之间的因果关系提供了必要的基础信息。但是,相关关系本身并不是因果关系,相关只意味着两个辩人相互相关的程度。如果两个变人之间关系高,那么这些变人有共同变化的倾向,例如,如果成绩和自我效能感之间存在关系,那么成绩高的儿童可以认为自我效能感高。但这并不意味着成绩是自我效能感的原因。只能预言,如果某个儿童的成绩高,那么那个儿童自我效能感高的可能性就会大。因此，在解释相关分析结果时，与其描述成存在因果关系，不如只注重变量之间的关联性。

为了进行相关分析，两个以上变量的变量必须是连续变量的量化变量。数量变量之间的相关性可以通过获得Pearson的积率相关系数来计算。当两个变量都是序列尺度(等位)时，需要获得Spearman的等位相关系数，但咨询和心理专业的研究大多使用量化变量，因此这里只举例说明Pearson的适合率相关系数。

<示例 6>
相关分析结果提示和解释方法如下。

为了掌握小学生的自我效能感、成就动机、共同体性及自我理解之间的关系，尝试了Pearson的适率相关性分析。 由<表Ⅸ-14>可知，儿童的自我效能感具有成就动机（r=678，PC.01）、共同体性（r=.498，PC.01）、自我理解（r=.508，P〈。与01)呈显著正相关，儿童成就动机与自知性（r=.560，PC.01）呈显著正相关，自知性（r=.533，PC.01）呈显著正相关，自知性（r=.431，P<）。可见，与01)呈显著正相关。 因此,儿童的自我效能感、成就动机、共同体性及自我理解之间可以看作是相互关联的。

〈表Ⅸ-14〉自我效能感、成就动机、共同体性及自我理解之间的关系(N=754)

变量	自我效能感	成就动机	共同体性	自我理解
自我效能感	-			
成就动机	.678*	-		
共同体性	.498**	.560**	-	
自我理解	.508**	.533**	.431**	-

**p<.01

<思考 3>
“正如上面提到的”在描述相关分析结果时需要注意的是什么”

相关关系本身并不意味着因果关系。虽然相关系数表示两个以上变量之间的关联性或倾向性程度,但在描述结果时,最好不要描述成存在因果关系。例如,在上述示例结果中,如果记述”自我效能感越高,成就动机就越高”,则有可能误认为自我效能感是原因,成就动机是结果。 因此,最好描述成”自我效能感和成就动机之间存在关联”的程度。
另一个值得注意的是，应该避免仅将两个或更多个相关系数与数值进行比较，然后以"高"或"低"的方式描述。在多个相关系数中，如果相关系数非常高或低于其他相关系数，则可以突出并特征性地描述，但由于相关系数的差异不是通过统计比较来鉴定的，因此不宜采用"某个变量之间的相关性高于其他变量之间的相关性"的方式描述。还应注意，某些变量之间的相关系数包含在显着性水平内，即使加上"*"，也要解释为"两者之间存在关系"或"高"。事实上，在相关分析中"两者的相关度为0(H0:ρ=0)"是零假设，替代假设是"两者之间的关系不是0"（HA:ρ≠0），假设检验中有意义只是驳回零假设，因此"相关不是0"，换句话说，认为"两者之间不是没有关系"的程度更为妥当。

9.7.3.2 多重回归分析结果分析与解释

多重回归分析是将多个自变量进行最优组合，以提高预言一个因变量的准确性的一种统计方法，一般来说，自变量多的话，可以更多地解释因变量的变化。 中多元回归分析方式主要有输入法（enter method）、前进选择法（forward selection method）、后退排除法（backward elimination method）、步进选择法（stepwise selection method）。

输入方法是将研究者选择的自变量同时投入到回归模型中,自变量不是按照什么顺序投入,而是一次性投入决定回归模型。前进选择法是从不含任何自变量的回归方程出发，根据研究者制定的标准，将自变量逐一添加到回归方程中。倒置消除法包括所有自变量，对模型进行估计后，从描述因变量贡献较小的自变量开始从模型中去除并重新估计，直到没有贡献低于预设一定量的变量为止，然后以剩余的变量确定最终模型。逐步选择法是将自变量的添加与去除适当组合，得出最佳回归方程的方法。在逐一添加变量时，对模型中已经包含的每个变量进行显着性检验，如果不显着就去除的方法，目前使用最多。

<示例 7>

多重回归分析结果的提出和解释方法如下。

以小学生的成就动机、共同体性及自我理解为自变量，对小学生的自我效能感进行了多重回归分析。变量投入方式使用了阶段选择法(stepwise selection method)。

所有三个自变量在测量自我效能感的模型中均显示显着。由<表Ⅸ-15>可知，包含3个变量的模型的F统计值为252.749，显著性概率p<.01水平上，模型中包含的自变量显着解释了小学生的自我效能感。此外，自体效应总变化量的50.3%（调整确定系数为50.1%）由自变量解释。

<表 Ⅸ-15> 回归模型的方差分析表(N=754)

	SS, Sum of Square	Degree of Freedom	MS, Mean of Square	F
Regression	61.527	3	20.509	252.749**
Error	60.857	750	.081	
Total	122.384	753		
R2(adj.R2)=.503(.501)				

**p<.01

对个体自变量对自我疗效感的贡献和统计学意义进行检验，结果（见表Ⅸ-16），显著水平为0.05，自变量对自我疗效感有显著影响（t=14.976），P<.01)，自我理解(t=5.797，p=.000、共同体性(t=4.357、p=000)，表示自变量相对贡献度的标准化系数依次为成就动机(.505)、自我理解(.180)、共同体性(.138)，对自我效能感产生影响。

<表 Ⅸ-16>自我效能感的多重回归分析(N=754)

自变量	非标准化系数		标准化系数 (β)	t
	β	标准误差(SE)		
常数	.762	.078		9.750**
成就动机	.393	.026	.505	14.976**
自我理解	.163	.028	.180	5.797**
共同体性	.101	.023	.138	4.357**

**p<.01

我们将使用Baron和Kenny（1986）提出的三阶段梅菜回归分析方法来观察中介效应。

<示例 8>

现将尹京美和吕来哲（2013）研究中使用的三级介导回归分析的例子介绍如下。

如<表Ⅸ-17>所示，从母亲权威态度与学业迟缓行为的关系中，社会所施加的完美主义的媒介效应可以看出，权威态度对社会所施加的完美主义（=-1.130，P<.05）和学业迟缓行为（B=-3.328，P<.001）均有显著影响，满足第一阶段和第二阶段的要求，此外，将权威态度和社会所赋予的完美主义作为自变量共同投入回归分析，权威态度的影响较第2阶段降低(B=-.312，P<.001）同时，社会所施加的完美主义对因变量学业滞后行为有显著影响(=.117，P<.05)。换言之，社会所施加的完美主义被证明是权威态度对学业延迟行为的影响的部分媒介。　独立发言人对学业延迟行为的说明力，权威态度单独的情况为10.7%，包含社会赋予的完美主义的情况为12.1%。

<表Ⅸ-17>母亲权威的养育态度和学业迟延行动之间的关系中,社会所赋予的完美主义的媒介效果(N=373)

程序	自变量	因变量	β	t	R2	F
1	权威态度	完美主义	-.130	-2.520*	.017	6.352*
2	权威态度	学业迟缓行为	-.328	-6.677***	.107	44.586***
3	权威态度	学业迟缓行为	-.312	-6.353***	.121	25.414***
	完美主义		.117	2.383*		

*p<.05,**p<.01,***p<.001

<示例 9>

完成第三步程序后，应通过Bootsrapping等程序验证自变量经参数影响因变量的媒介效应是否显著。

下面是提示Bootsrapping结果的例子。对于Bootstrapping方法，在95%置信水平下计算下限和上限值后，如果该值之间不包含零，则将其解释为显着。使用自举方法估计间接效应，发现效应值为.17(S.E.=.06)，在95%的置信水平下，下限值为0.07，上限值为0.40，显着。分析结果见<表Ⅸ-18>。

〈表 Ⅸ-18>关于媒介效果的Bootstraping鉴定结果

中介变量	系数	S.E.	95%的置信水平	
			下限值	上限值
完美主义	0.17	0.06	0.07	0.40

对于调节效果，先检验调节效果的显著性，如果调节效果显著，接着给出简单梯度分析结果。此时,按照Aiken和West(1991)的建议,一般分为特定独立变量为平均值、比平均值高1标准偏差、比平均值低1标准偏差的情况。

<示例 10>

下面介绍金明燮(音)、金佳贤(音)、郑智妍(音)(2020)研究中使用的回归分析调节效果的例子。

如<表Ⅸ-19>所示，社会赋予的完美主义越高，自我损伤策略的使用就越高，成长思想越高，自我损伤策略的使用就越低。另外，社会赋予的完美主义和成长思想集之间的调节效果也显着。B=-0.20, SE=0.09, p=.034. 为了具体确认调节效果的模式，将成长思想组水平分为平均值、高于平均值1标准差、低于平均值1标准差的情况，考察了社会赋予的完美主义与自我损伤化战略使用之间的关系（Aiken&West，1991）。

分析结果显示,三个群体在社会上赋予的完美主义越高,自我损伤化战略的使用就越高,但其效果却越小。即低于平均值1个标准差时，社会所施加的完美主义与自我损伤策略使用之间的回归系数为.35（p<.001）。而平均值为2.26（p<.001），高于平均值1标准差值为1.17（p=.009），表明生长情绪越高，社会所施加的完美主义对自我损伤策略使用的影响越低。

<表Ⅸ-19>社会赋予的完美主义和成长思想对自我损伤化战略的影响(N=201)

自变量	R2	B	SE	β	t	95%的置信水平(下限值, 上限值)
完美主义(A)	.22***	-0.56	0.12	-0.29	-4.60***	[-0.80, -0.32]
成长思维(B)(Growth Mindset)		0.26	0.49	0.34	5.35***	[0.16, 0.35]
A×B		-0.20	0.09	0.14	-2.14*	[0.38, -0.02]

*p<.05, **p<.01, ***p<.001

X. 混合研究法

10.1. 混合研究的性质

混合研究方法到底具有怎样的性质？引得越来越多的研究者开展混合方法研究，是值得我们思想的问题。

10.1.1. 什么样的研究困境适合使用混合研究方法？

在准备研究时，研究者需要明确选择混合方法的理由。并非所有情况都适合使用混合方法，有时，定性研究更为合适，特别是在研究者希望深入探索某个问题、尊重参与者的观点、描绘情境的复杂性和传达多元视角时。而在某些情况下，定量研究可能更有效，尤其是当研究者试图理解变量之间的关系或分析特定因素对结果的影响时。在讨论混合方法时，我们并不想贬低单一定量或定性方法的价值，因为选择取决于具体的研究情境。此外，我们也不希望将混合方法的应用限制于特定领域或主题。总体而言，混合方法在社会科学和健康科学等广泛领域中具有广泛的适用性。

10.1.1.1. 复杂现象的探索

当研究主题涉及复杂的社会现象，既需要定量数据来识别趋势，又需要定性数据来理解背后的原因和动机。采用混合方法研究以探索复杂现象的原因在于单一研究方法的局限性无法充分揭示这些现象的多维性和深度。复杂现象通常涉及多个相互作用的变量，如社会文化因素、个人心理状态及环境条件，这些变量的动态交互使得现象本身变得难以捉摸。定量研究虽然能提供大量数据和广泛的趋势，但它常常无法深入理解数据背后的情感、动机和个体体验，这些都是复杂现象的重要组成部分。

另一方面，定性研究能够提供深刻的洞察，帮助研究者探索参与者的观点和经历。然而，定性研究的样本量通常较小，结果的普适性较弱，可能难以形成广泛的结论。在这种情况下，混合方法研究的整合性显得尤为重要。通过结合定量和定性数据，研究者能够在广泛的背景中深入挖掘个体的具体情况，从而形成更全面的认识。混合方法的灵活性使研究者能够在理论验证过程中根据需要进行调整。例如，在定量分析中发现某个变量的影响力不足以解释现象时，研究者可以迅速转向定性研究，以探索该现象的潜在原因和背景。这种动态反馈机制使得研究更加适应复杂的现实情境，有助于更准确地理解和解释研究对象。

10.1.1.2. 理论验证与探索性研究相结合

混合方法能够有效结合假设检验与探索性研究，为研究者提供了一个多维度的分析框架，帮助揭示理论的深层次内涵和广泛适用性。在需要验证已有理论的同时，探索新的观点或假设时，混合方法可以结合定量的假设检验和定性的探索性研究。采用混合方法研究能够在一个统一的框架内充分利用定量和定性研究的优势，提供更全面的视角来理解复杂问题。首先，许多理论的建立基于一定的假设，而这些假设往往需要通过定量研究进行严谨的检验。定量研究通过收集大样本数据，能够有效评估变量之间的关系，验证理论的普适性和可靠性。此过程通常涉及统计分析，以确认假设是否成立，这为理论提供了坚实的基础。

然而，理论验证本身可能无法揭示所有的层面，尤其是当理论未能充分考虑某些变量或社会背景时。此时，定性研究的介入显得尤为重要。定性方法允许研究者深入探索参与者的个人经历、态度和观点，帮助识别那些未被量化的因素。这种探索不仅能够为理论验证提供更丰富的背景信息，还可能激发出新的研究问题和假设，推动理论的进一步发展。

10.1.1.3. 单一数据源不足

当定量数据不足以提供完整的视角时，定性研究可以补充信息，提供更全面的理解。定量与定性研究之间存在互补关系。定量研究以其系统性和可测量性为特点，能够揭示总体趋势、模式和统计关系，为理论提供坚实的实证基础。然而，定量数据的局限性在于，它往往只能提供一个表面化的视角，忽视了参与者的主观体验、情感和背景，这在研究复杂现象时可能导致重要信息的遗漏。

然而，仅依赖定性研究同样存在局限性。定性研究通常样本较小，结果的普遍性较低，可能导致研究结果的主观性和不确定性。因此，在面对复杂问题时，仅依赖单一方法往往无法全面捕捉现象的全貌。混合方法研究通过结合定量和定性数据，使研究者能够在广泛的基础上深入挖掘，形成更全面的理解。

单一数据源不充分的表现形式主要有以下几种：片面性，依赖单一数据源可能导致对现象的理解过于狭隘，无法全面反映复杂性。例如，仅通过定量调查得出的统计数据，可能忽视了参与者的主观体验和背景因素。缺乏深度，定量数据虽然能够提供广泛的趋势，但往往难以深入探讨个体差异和情感。这可能导致对某些现象的表面理解，而无法揭示其内在机制和原因。样本局限性，定性研究通常样本较小，可能不具代表性，从而限制了结果的普适性和可靠性。这种局限可能使得研究结论无法推广到更广泛的群体或情境。数据不一致，单一数据源可能无法捕捉到现象的多样性，导致数据间的不一致性。例如，定量数据可能显示某种趋势，但定性数据却表明参与者的真实体验与之相悖。理论验证不足，如果仅依赖单一数据源，可能无法有效验证理论的全面性和适用性。缺乏多种数据支持，理论的普遍适用性可能受到质疑。动态变化无法捕捉，复杂现象往往具有时间和环境的动态变化特性，单一数据源可能无法反映这些变化的影响，从而导致对现象的误解。

10.1.1.4. 结果的验证与解释

当初步的研究结果需要进一步验证或解释时，这种情况下需要研究采用混合方法，用第二个数据验证或是解释第一个数据结果。在初步研究中，尤其是定量研究得到的结果，虽然能够揭示趋势和关系，但往往缺乏对现象深层原因的深入理解。因此，在需要进一步解释这些结果时，采用混合方法显得尤为必要。

首先，定量研究能够提供宏观视角，通过大样本数据分析揭示普遍趋势。然而，这些趋势可能掩盖了更细微的个体差异和背景因素。例如，一项关于教育干预的定量研究可能表明，整体上成绩有所提高，但未能解释为什么某些学生的提升幅度较大或较小。此时，依靠单一的数据来源，研究者可能无法捕捉到影响结果的关键变量。

其次，定性研究的介入能够为定量结果提供深度和细致的解释。通过访谈或案例分析，研究者可以深入探讨参与者的主观体验、动机和情感。这种探讨不仅可以验证定量数据的准确性，还能揭示定量结果背后的复杂因素。例如，在教育研究中，通过与学生的访谈，研究者可以理解不同背景的学生在接受相同干预时的不同感受，进而解释为何定量结果显示的整体趋势可能在不同个体中产生不同影响。

10.1.1.5. 动态变化的环境

在快速变化的环境中，混合方法允许研究者灵活应对，通过不断收集和分析数据适应新的情况。首先，快速变化的环境常常伴随着复杂性和不确定性，单一方法难以应对这种多变的局面。定量研究虽然可以通过大样本数据捕捉到趋势，但在快速变化的情境中，这些趋势可能很快过时，无法反映当前的实际情况。相对而言，定性研究能够更灵活地捕捉参与者的实时反馈和情感变化，从而为研究者提供深入的背景理解。

其次，混合方法允许研究者在研究过程中动态调整数据收集和分析策略。当定量研究初步结果显示出某种趋势时，研究者可以迅速进行定性访谈，探讨这些结果的背景和原因。例如，在疫情期间的社会行为研究中，初步的调查可能显示在线学习的普遍接受，但通过定性访谈，可以深入了解不同学生群体在这一转变中的挑战和适应过程。

此外，混合方法研究为研究者提供了多角度分析的能力。

通过结合定量和定性数据，研究者可以形成更加全面的视角，从而更好地理解复杂环境中各个因素之间的相互作用。这种综合分析不仅提高了研究的深度，还增强了结果的可信度和有效性。

最后，快速变化的环境要求研究者具备敏捷反应的能力。混合方法的灵活性使研究者能够及时调整研究设计，响应新的数据和情况。这种适应性使得研究者能够不断更新对环境变化的理解，确保研究结果始终与实际情况相符。

10.1.1.6. 开放式研究问题

当研究问题较为开放或尚未完全确定时，混合方法能够帮助研究者探索并形成新的假设或研究方向。首先，开放式研究问题通常具有较高的复杂性和多样性，可能涉及多个变量和相互关系。在这种情况下，单一研究方法难以全面捕捉现象的多维度特征。定量研究虽然能够提供广泛的数据支持，但在探索性阶段，它可能无法揭示潜在的变量或关系。而定性研究则能通过深入访谈、观察或焦点小组讨论，帮助研究者了解参与者的观点和体验，从而发现新的研究线索。

其次，混合方法能够提供灵活性，支持研究者在探索过程中动态调整研究方向。当初步定性研究揭示了某些关键主题或变量时，研究者可以设计定量调查以验证这些发现，进一步明确研究问题。例如，初步的定性访谈可能显示出参与者在某一社会现象中的独特看法，这时研究者可以利用定量问卷来评估这一看法在更大范围内的适用性和影响。

最后，混合方法允许研究者在面对不确定性时保持灵活应变的能力。随着研究的深入，研究者可能会发现新的变量或问题，这时混合方法能够方便地进行方法的调整，确保研究方向始终与实际情况相符。这种适应性是处理开放式研究问题的关键。

10.1.2. 为什么要采用混合方法研究？

在选用混合方法研究之前，研究者应该明确为什么要采用混合方法，即混合方法有哪些优点，如此才能令其他人相信混合方法的价值。接下来,我们将列举混合方法的一些优势。
1)全面性：混合方法的一个显著优点是其具有全面性，结合定量和定性数据，提供更全面的研究视角，帮助深入理解复杂现象。定量数据能够揭示广泛的趋势和模式，提供客观的统计分析和实证支持。通常基于大样本，使得研究结果具有较高的代表性和普遍性。然而，定量研究往往无法深入探讨背后的原因和个体差异，这就需要定性研究的补充。定性研究则能深入挖掘参与者的主观体验和情感，提供关于复杂现象的细致理解。通过结合这两种方法，混合研究不仅能够确认定量结果的有效性，还能解释其背后的复杂因素。定性与定量的混合使得研究者能够从多个角度审视问题，形成更为全面的理解。此外，混合方法还促进了理论的丰富和发展。定量数据可以验证已有理论，而定性数据则能够揭示新的变量或关系，为理论的扩展提供基础。
2)灵活性：研究者可以根据研究问题的需要，灵活选择和调整方法，适应不同的研究情境。首先，研究者可以根据研究目标和背景选择适合的方法组合。例如，在某些情况下，定量数据可能是主要的关注点，研究者可以首先进行大规模的问卷调查，以识别普遍趋势。随后，若发现某些趋势需要进一步解释，研究者可以进行定性访谈，深入了解参与者的观点和体验。其次，这种灵活性也体现在数据收集和分析过程中。研究者可以根据初步结果的反馈，及时调整研究设计。如果定量分析显示出意外的模式或结果，研究者可以迅速开展定性研究，以探索背后的原因和影响因素。这种动态调整能力使研究者能够更有效地应对复杂和快速变化的研究环境。此外，混合方法还允许研究者在同一研究中使用不同的数据收集技术，从而增强结果的可信度和全面性。例如，在社会科学研究中，研究者可能会同时进行问卷调查和深入访谈，以确保不同角度的数据相互验证，形成更为稳健的结论。最后，灵活性还意味着研究者能够更好地应对参与者的多样性和研究情境的复杂性。不同背景的参与者可能对同一现象有不同的看法，通过灵活调整研究方法，研究者能够更加全面地捕捉这些差异，确保研究结果的有效性和适用性。

3)增强结果的有效性：通过不同方法收集数据，实现结果的相互验证，从而显著增强研究的有效性和可信度。首先，使用定量和定性两种方法可以实现相互验证。当定量研究通过统计分析得出某一结论时，定性研究可以对这些结论进行补充和解释。例如，如果一项定量研究发现某种干预措施在提升参与者满意度方面有效，定性访谈则可以帮助研究者理解参与者对该措施的具体感受和反馈。这种解释过程使得研究结果更加坚实，减少了偶然性和偏差的可能性。其次，混合方法允许研究者从不同角度分析同一现象。定量数据能够提供广泛的趋势和模式，而定性数据则能揭示更深层次的原因和背景。这种多维度的分析不仅能增强对结果的理解，还能够提高研究的有效性。此外，混合方法的使用可以帮助识别和解决潜在的偏差。在单一方法的研究中，某些变量可能被忽视或错误解释，而混合方法则可以通过交叉验证，识别这些问题并提高数据的可靠性。研究者能够从多样化的数据中获得更为全面的见解，从而增加结果的科学性和可信度。

4)互补性：通过结合定量和定性研究的优点，使研究者能够从多维度全面理解复杂现象，增强结果的深度和解释力。首先，定量研究往往缺乏对个体差异和复杂背景的深入理解。而定性研究则能捕捉参与者的情感、态度和主观体验，从而补充定量研究的不足。因此，定量和定性方法的结合使得研究者能够从宏观和微观两个层面全面理解现象。其次，互补性体现在研究问题的多维度分析上。当研究者面对复杂的研究问题时，单一方法可能无法有效捕捉所有相关变量和因素。这种互补的方式不仅增强了研究的深度，也提高了结果的解释力。此外，互补性还体现在数据验证的层面上。定量结果可能受到样本选择、测量误差等因素的影响，而定性研究可以通过丰富的上下文信息对定量结果进行验证或解释。这种交叉验证机制使得研究结论更为稳健，减少了偏差的可能性。最后，混合方法的互补性还能够为理论的发展提供新的视角。定量研究可以验证已有理论的适用性，而定性研究则可能提出新的假设或解释，推动理论的进一步发展。这种理论与实证的互补，为学术研究提供了更多的创新空间。

10.1.3. 研究者在进行混合方法研究时可能遇到的挑战？

混合方法研究并非适用于所有类型的研究，选择合适的方法取决于研究问题的性质、目标和具体情境。某些研究可能更适合定性或定量方法，因为混合方法研究也会遇到一定挑战，如方法整合的复杂性、资源要求的增加、研究设计的高难度以及数据解释的潜在矛盾，这些都可能影响研究的有效性和可靠性。

10.1.3.1. 方法整合的复杂性

将定量与定性数据有效整合可能较为复杂，研究者需要掌握多种研究方法和数据分析技术，这对其能力提出了更高的要求。包括数据收集、分析和解释的能力。这不仅要求研究者能够熟练运用统计工具进行定量分析，还需要掌握定性研究技巧，如访谈、观察和内容分析等。此外，研究者必须能够设计一个合理的框架，以确保两种数据能够有效互补，并在结果报告中清晰地呈现这些整合后的发现。由于这种整合过程的复杂性，缺乏相关经验或技能的研究者可能会导致研究结果的不一致或解释上的混乱。

10.1.3.2. 时间与资源需求

混合方法研究通常需要更多的时间和资源进行数据收集和分析。混合方法研究通常需要更多的时间和资源进行数据收集和分析，这一挑战可能限制其实施的可行性。由于涉及定量和定性两种方法，研究者不仅需要设计和执行调查或实验，还需进行深入访谈、焦点小组讨论或观察，这些都增加了时间和人力成本。此外，数据分析阶段也更为复杂，研究者需要处理多种类型的数据，确保其有效整合和相互验证。因此，充足的资金和时间安排是成功实施混合方法研究的关键，缺乏这些资源可能导致研究的延误或质量下降。研究者在决定是否采用混合方法研究时，应考虑以下问题：

1)时间管理：研究者是否有足够的时间进行全面的数据收集和分析，包括定量和定性部分？

2)资源配置：是否有足够的资金和人力资源支持混合方法的实施？

3)技能水平：研究者是否具备进行定量和定性研究所需的技能和经验？

4)研究设计：是否能够合理设计研究框架，以有效整合两种数据？

5)数据管理：是否有能力处理和分析多种类型的数据，确保结果的可靠性和有效性？

通过对这些问题的认真考虑，研究者可以更好地评估采用混合方法的适宜性。

10.1.3.3. 数据解释的困难

定量和定性数据的结果可能存在矛盾，研究者需要小心解释并找出两者之间的联系。数据解释的困难是混合方法研究中的一项重要挑战，尤其是在定量和定性数据的结果存在矛盾时。研究者需要小心地分析和解释这些结果，以避免误导。首先，研究者必须识别出两种数据之间的潜在差异和冲突，探讨背后的原因和上下文。例如，定量数据可能显示某种干预效果明显，但定性访谈可能揭示参与者的不同体验和看法。这就要求研究者深入挖掘可能的影响因素，如文化背景、情境因素或个体差异。其次，研究者需要寻找定量和定性数据之间的联系，提出合理的解释和理论框架。这一过程可能需要反复的思考和调整，以确保最终的结论既能够反映数据的真实性，又能提供有意义的洞见。最后，研究者还需在结果报告中清晰地呈现这些复杂的关系，帮助读者理解数据的多重含义和研究的整体价值。

10.1.3.4. 方法论的争议

不同领域的研究者对混合方法的有效性和科学性持有不同看法，混合方法研究作为一种较新的研究路径，近年来逐渐受到关注，但仍有许多人尚未完全理解其价值或持有怀疑态度。这种不理解可能源于对研究方法的传统偏见，许多人习惯于使用单一的方法进行研究，因而对混合方法的有效性和适用性产生疑虑。有些研究者将其视为一种“新”方法，可能认为自己没有时间去学习和掌握这样一种复杂的研究方式。此外，混合方法的特点在于它结合了不同的研究哲学和方法论，这种哲学基础的多样性也导致了一些学者的拒绝态度。他们可能认为混合方法无法提供一致的理论框架或方法论指导，进而影响研究的科学性和严谨性。

10.2. 如何选择合适的混合方法设计方案

10.2.1. 研究者进行混合方法研究设计时应注意的关键点

在探讨混合方法研究的过程中，研究者需要关注一些关键设计要素，以确保研究的可实施。这些关键点不仅涉及方法的选择和整合，还包括研究目标的明确性和数据收集的策略。以下将详细介绍研究者在进行混合方法研究设计时应注意的几个关键点，以帮助研究者更好地规划和实施研究。

10.2.1.1. 明确研究目标

在设计研究之前，明确研究目标。研究者需要清晰地界定研究的主要问题和目的，以确保选择适合的方法和设计。这有助于选择合适的定量和定性方法。目标应具体且可测量，以便后续的数据收集和分析能够有效回应研究问题。此外，明确的研究目标还能指导研究设计的整体结构，确保定量和定性数据的整合方式能够有效支持研究结论。研究者还应考虑研究目标与实际可行性之间的平衡，确保在资源和时间限制内达到预期的研究成果。这样，研究的有效性和可信度将得到增强。

10.2.1.2. 明确使用混合研究方法的原因

在设计混合方法研究时，研究者应确保至少有一个明确的理由来解释为何结合定性和定量方法。这种结合过程充满挑战，只有在充分理由的基础上才能取得有效成果。格林等（1989）提出的五大理由（如三角互证和互补）以及布莱恩（2006）提供的16个更为详尽的理由，为研究者理解混合方法的必要性提供了良好的框架。这些理由可以视为通用指导，帮助研究者评估其选择并为决策提供辩护。此外，混合方法研究常常源于多种原因，并且在研究过程中可能会出现新的理由。因此，拥有一个清晰的理由来解释为何结合多种方法，是设计混合方法研究的关键。研究者应意识到，这些采用混合方法的原因应被看作一个通用框架，以便在选择时进行评估并为自己的决策提供依据。

在混合方法研究中，明确主题使用混合方法的原因。首先，这能够确保研究设计与研究目标相契合，使研究者能够充分利用混合方法的优势，增强研究的整体质量。其次，混合方法能够揭示复杂的现象或问题，尤其在社会科学领域，单一方法可能无法捕捉到所有的维度。例如，在研究学生学习体验时，定量数据可以提供整体的趋势，而定性数据则能深入探讨学生的个人感受和动机。这种方法的结合使得研究者能够提出更具深度和广度的结论，从而为政策制定或实践改进提供更有力的依据。此外，明确使用混合方法的原因还有助于增强研究的说服力。当研究者能够清晰阐述为什么选择混合方法，说明其带来的独特价值时，研究成果更容易被接受和采纳。这种透明度也能够增强研究的伦理性和可信度，有助于获得参与者和相关方的信任。

<表 X-1> 选用混合方法设计原因分类

提出者	主要观点
Greene, Caracelli & Graham (1989)	三角互证法(triangulation)指从不同方法得到的结果中，寻求趋同性、验证与一致性。 互补(comlementarity)指利用一种方法得到的结果，来阐释、巩固、说明、澄清用另一种方法得到的结果。 发展(development)旨在利用一种方法所得的结果来发展另一种方法，通常认为发展包括抽样、实施和测量决策。 起步(initiation)旨在发现矛盾和异常，对框架的新看法，并根据来自一种方法的问题或答案，来重塑另一种方法的问题或答案。 扩展(expansion)旨在针对研究的不同部分使用不同方法，来增加研究内容，扩展研究范围。
	三角互证法或更强的效度(triangulation or greater validity)与一种传统观点有关：定量与定性研究可以结合，使结果进行三角互证，来确定它们是否可以相互佐证。 抵消(offset)则关乎这种论调：定量和定性研究各有长短，结合两种方法，研究者使可以削减它们的弱势，撷取二者的长处。 完备(completeness)指使用定量和定性两种方法，能使研究者对其感兴趣的研究领域进行更全面的考察。 过程(process)指定量研究让研究者了解社会生活的框

Bryman (2006)	架，而定性研究则使研究者能准确判断过程，采取合理行动。 不同的研究问题(different research questions)指定量和定性研究可以各自回答不同的研究问题。解释(explanation)指研究者使用一种方法，来帮助解释另一种方法的研究发现。 意外的结果(unexpected results)指当一种方法得到了令人意外的结果，而这一结果可以运用另一种方法来理解，那么结合定量和定性研究将是富有成效的。 工具开发(instrument development)指这种情况：研究者使用定性研究来形成工具，如问卷或量表项目，这样可以得到措辞更准确、内容更全面的封闭式答案。 取样(sampling)指使用一种方法来使对个人或案例的抽样更简便。 信度(credibility)指采用多种方法可以增强研究结果的可信度。 背景(context)与这种情况有关：研究者根据定量研究的结果，来结合定性、定量两种方法－－这一定量研究提供了背景性知识，以及一般化的、具有外部效度的研究发现，或是问卷调查发现的多个变量间的关系。 阐释(illustration)指运用定性数据来解释定量结果，就像使“干巴巴”的定量发现生出“血肉”，丰满起来。 实用性或增强结果的效用(utility or improving the usefulness of findings)指这种观点:对研究实践者和其他人来说，结合使用定性和定量两种方法会更有效。这点对关注实践的文章来说尤其重要。 确认和发现(confirm and discover)指在一项研究中,利用定性数据形成假设,使用定量研究检验假设。 观点的多样性(diversity of views)包括两个略有不同的原理--通过分别进行定量和定性研究，来整合研究者和参与者的观点;以及通过定量研究揭示变量间的关系,同时借由定性研究来揭示研究参与者眼中的意义。强化,或基于定量和定性结果(enhancement or building upon quantitative and qualitative findings),指采用定性方法来解释或讨论定量发现；或是采用定量方法来解释或讨论定性发现。

10.2.1.3. 确认方法适配

根据研究问题的性质和需求，灵活选择合适的定量和定性方法，确保两者能够相互补充。确认方法适配是混合方法研究中的一个重要环节，研究者需要根据研究问题的性质和具体需求，灵活选择合适的定量和定性方法。这一过程不仅涉及对每种方法的优缺点的评估，还需要考虑如何使两者相互补充，以形成一个综合的研究框架。首先，研究者应明确研究问题的核心要素，评估其复杂性和多维性。在此基础上，选择定量方法来识别普遍趋势、模式和变量之间的关系，尤其是在需要广泛样本数据时。同时，定性方法可以深入探讨参与者的主观体验、背景和动机，为研究提供更丰富的情境信息。其次，研究者应确保所选方法之间的协同效应。例如，定量研究的结果可以为定性研究提供背景和依据，而定性研究的发现则可以帮助解释定量数据中出现的异常情况或趋势。这种互补性使得研究结果更为全面，增强了研究的解释力和可信度。最后，研究者应保持方法的灵活性，根据研究进展和初步结果的反馈，适时调整所用的方法，以确保最佳的适配性和效果。通过精心设计和灵活调整，研究者能够有效地整合定量和定性方法，为复杂问题提供更深入的见解。

10.2.1.4. 确定混合方法设计路径

混合方法设计可以分为固定式和生成式。固定式混合方法设计(fixed mixed methods designs)在研究开始时就确定如何使用定量和定性方法，并按照计划执行。而生成式混合方法设计(emergent mixed methods designs)则根据研究进程中出现的议题动态调整方法，例如在发现一种方法不足时添加另一种方法(Morse& Niehaus, 2009)。虽然这两种设计看似对立，但实际上，它们构成了一个谱系，许多混合方法设计可能同时具有固定和生成的特点。例如，研究者可能计划进行一个先定量后定性的两阶段研究，但第二阶段的细节可能依据定量结果的解释进行调整。

在设计混合方法研究时，研究者不仅可以选择固定式和生成式设计，还可以探索其他设计路径。相关文献讨论了多种设计方法，主要分为基于类型学的和动态路径。基于类型学的混合方法设计(typology-based approach)强调对不同设计的分类，研究者可根据研究目的和问题选择合适的设计，已有多种分类方式被提出并总结。动态路径(dynamic approaches)则关注研究设计过程的各个部分及其相互关系，强调设计的灵活性和互动性。研究者需认真考虑研究目的、概念框架、研究问题、方法和效度等五个重要部分之间的关系。协作路径(synergistic approach)作为一种动态路径，强调不同方法间的相互作用，其效果大于单独使用时的总和。建议新手研究者优先采用基于类型学的路径，以获得明确的设计框架和方法，帮助解决研究中的挑战。随着经验的积累，研究者可以更有效地应用动态路径进行混合方法设计。

10.2.1.5. 确保数据的科学性

研究者需要在整个研究过程中保持数据的可靠性。首先，选择合适的方法至关重要，在定量研究中，应使用经过验证的测量工具和问卷，以确保数据的可靠性和有效性；在定性研究中，应选择适当的访谈和观察方法，以获取真实且深入的参与者反馈。其次，样本选择也不容忽视，研究者应确保样本具有代表性，如采用随机抽样等方法以减少偏倚，同时在定性研究中使用目的抽样选择相关经验的参与者，以保证数据的深度。此外，标准化的数据收集程序同样重要，研究者需确保在不同时间和条件下收集的数据可比，并为数据收集团队提供培训，以提高数据质量。此外，研究者还应重视研究设计的严谨性，包括清晰的研究问题、合理的样本选择和数据收集策略。这些因素都直接影响数据的科学性，并最终决定研究结论的可靠性。在数据分析阶段，研究者应使用适当的统计方法进行定量分析，并进行结果的显著性检验，确保结果的可靠性；而在定性分析中，需采用系统化的编码和主题分析方法，以保持分析的透明性和符合标准。此外，研究报告应详细描述数据收集和分析的方法，使其他研究者能够复现研究，增强透明性和可复现性。最后，利用多方法验证同一现象，可以增强结果的一致性，并将定量结果与定性见解相结合，以提供全面的解释。寻求同行评审和反馈也是必要的，这有助于增强研究的严谨性和可信度。

10.2.1.6. 确保数据的整合性

研究者需要在设计阶段就考虑如何有效整合定量和定性数据，以形成全面的结论。首先，研究者应明确整合的目标，思考两种数据如何相互补充，揭示更深层次的见解。其次，研究者需要制定清晰的数据分析流程，确保在数据收集和分析过程中，定量与定性数据能够有效结合。这可能包括在数据分析的不同阶段，分别对定量和定性数据进行初步分析，再进行整合，以便识别出两者之间的联系和相互影响。最后，研究者应在报告研究结果时，清晰呈现整合后的数据，使读者能够理解数据如何相互支撑，形成一致的结论。这种整合性不仅增强了研究的可信度，也为后续研究提供了坚实的基础。通过精心设计和明确的分析流程，研究者可以有效整合定量与定性数据，为复杂问题提供更加全面的视角。

10.2.1.7. 确保数据结果的可比性

确保数据结果的可比性是混合方法研究中的一个重要环节，研究者需要在设计阶段考虑如何使定量和定性数据结果能够有效比较，从而得出一致的结论。首先，研究者应明确两种数据的研究问题和目标，确保定量和定性方法关注的焦点相互一致。这种一致性有助于在分析结果时进行有效对比。其次，在数据收集过程中，研究者应采取统一的标准和程序，以确保不同方法获取的数据在性质和背景上具有可比性。例如，在定量研究中，使用相同的样本框架和测量工具；在定性研究中，确保访谈或观察的主题和问题与定量数据保持一致。这可以帮助确保在后续分析时，定量结果与定性结果能够进行有意义的比较。此外，研究者还应在数据分析阶段采用适当的比较方法。定量数据可以通过统计分析揭示趋势和差异，而定性数据可以通过主题分析提炼出与定量结果相关的核心观点。研究者需要在报告中清晰地呈现这些结果，指出定量和定性数据之间的相互关系和一致性。最后，研究者应在研究报告中讨论数据结果的可比性，强调两种数据在研究结论中的相互支持。这不仅增强了研究的可信度，也为后续研究提供了重要的参考依据。通过系统化的设计和严谨的数据分析，研究者可以有效确保混合方法研究中数据结果的可比性，促进对复杂现象的全面理解。

10.2.2. 关于定量与定性部分"混合"的重要考量

要选择一个适当的混合方法设计，包括四个层面上的关键考量（John W.Creswell&Vicki L. Clark，2007），各部分间的交互程度；各部分间相对的优先级;各部分的解释顺序以及对各部分进行混合的程序。

10.2.2.1. 确定定量和定性部分的交互程度

确定定量和定性部分的交互程度是混合方法研究中研究者的关键考量。交互程度指定性和定量部分保持相互独立或是相互作用的程度（John W.Creswell&Vicki L. Clark，2007）。研究者需要明确定量和定性数据在研究中如何相互影响和补充。交互程度可以是完全独立的，也可以是相互依赖的(Greene,2007:120)。在独立关系中，定量和定性部分各自独立进行，互不影响，研究者通常在数据分析后将结果进行整合。这种方式允许研究者在不同层面上深入分析问题，但可能限制了对研究主题的全面理解。相对而言，在交互关系中，定量和定性部分则是相互作用的。定性数据可以帮助解释定量结果的含义，而定量数据也能够为定性发现提供更为广泛的背景和支持。这种方法能够更全面地探讨研究问题，提供更深入的洞察，但同时也增加了研究的复杂性。因此，研究者在设计混合方法研究时必须仔细考虑这两种关系，选择最适合其研究目标的交互程度，以确保研究的有效性和深度。

10.2.2.2. 确定定量和定性部分的优先级

在某些情况下，研究者需要强调定量或定性数据的重要性。优先级的确定将影响研究的整体设计，例如，如果研究主要目的是验证假设，定量部分可能优先；而如果研究旨在探索新现象，则定性部分可能更为重要。当然也存在二者同等重要的情况。研究者需要清晰地设定各部分的优先级，以指导后续的数据收集和分析。

10.2.2.3. 确定定量和定性部分的时序

时序(也指研究步调或实施过程)指研究中定量和定性部分的时间关系。即定量和定性数据收集和分析的先后顺序。时序通常与数据收集的时间安排密切相关，但更深层次的含义在于研究者在使用定量和定性数据结果时的顺序。时序不仅仅影响数据的收集过程，更重要的是，它关乎整个研究的结构和分析方式。研究者需要考虑在分析过程中，定量与定性数据的整合顺序，这可能影响结果的解释和研究的整体框架。例如，在某些设计中，定量研究可能先行，以确定趋势或模式，然后再进行定性研究，以进一步解释这些趋势；而在其他设计中，定性研究可能首先进行，以形成假设，再通过定量研究进行验证。混合方法设计中的时序可以分为三种主要类型：并行式、顺序式和多阶段组合式。

1） 并行式时序：在这一设计中，研究者在同一阶段同时进行定量和定性部分的研究。这种方式允许两种数据的收集和分析在时间上重叠，使得研究者能够实时比较和整合两种数据的结果，从而增强研究的深度和广度。

2）顺序式时序：此设计指的是研究者在两个不同的阶段分别进行定量和定性部分的研究。在这一模式下，研究者先进行一个部分的数据收集和分析，然后再进行另一个部分的数据收集和分析。研究者可以选择先收集定量数据并进行分析，随后再进行定性数据的收集和分析，或者反之。这种方式可以帮助研究者在进行第二部分研究时，借鉴和利用第一部分的发现和洞察。

3）多阶段组合式时序：在这一设计中，研究者实施多个研究阶段，可能结合有序式和/或并行式的时序。这种设计适用于较为复杂的研究项目，通常涉及三个或更多的阶段。例如，某个混合方法研究可能在初始阶段进行定量调查，随后进行定性访谈，最后再通过定量分析验证前两者的结果。这样，研究者能够从多角度深入探讨研究问题，实现更为全面的理解。研究者应根据研究目标合理安排时序，以确保各部分结果的有效整合。

10.2.2.4. 确定定量和定性部分的交界点与混合策略

在混合方法设计中，研究者需要认真考虑如何有效地整合定量与定性方法。这种混合不仅被称为结合或整合，还涉及到定量与定性部分之间的明确关联，研究者在这一过程中处理独立关系和交互关系。这两个概念为我们理解混合方法的时机和方式提供了重要框架，即交界点与混合策略。

交界点是定量和定性部分在研究过程中发生混合的具体环节。交界点是指定量和定性数据在研究中如何相互关联并形成整合的部分。研究者需要明确这些交界点，以便在分析阶段有效地将两者结合，发现更全面的研究结论。例如，定量结果中的某个特定趋势可以引导定性研究中的深入访谈，从而为该趋势提供背景和解释。研究的四个关键节点:阐释、数据分析、数据收集和设计是实现有效混合的关键所在。在每个节点，研究者都有机会运用不同的混合策略，以实现定量与定性数据的有效整合。

1)阐释过程中的混合指研究者在收集、分析完定量、定性数据后，在研究的最终阶段混合定量、定性部分。研究者应在讨论阶段对定量与定性研究结果进行对照，分析其相互关系，得出结论和推断。从而揭示定量数据的趋势和定性数据的深层见解。所有混合方法设计都应在阐释部分深入探讨两种方法结合所提供的新知，这不仅是研究总结，更是对成果的升华。在这一阶段，研究者反思定量与定性数据如何互补，并考虑这种综合方式对相关领域的理论与实践的启示。在定量和定性部分保持独立的混合方法设计中，最后的阐释阶段是唯一发生混合的地方。这种独立性确保数据收集和分析的严谨性，同时为研究的深度和广度提供保障。

2)在数据分析阶段，研究者可以同时分析定量和定性数据，以寻找相互支持的证据。数据分析中的混合指研究者在分析定量和定性数据时将两者进行结合。首先，研究者分别对定量数据进行定量分析，对定性数据进行定性分析。然后，采用合并策略，将两组结果整合。例如，研究者可以在比较和阐释的矩阵中联系定量与定性结果，以进行深入分析。另一种方法是将一种类型的研究结果转换为另一种数据类型，再通过分析转换后的数据来合并定量和定性结果。通过这种综合分析，研究者能够增强结论的可信度，识别出数据之间的相互关系和模式。

3)在数据收集阶段，数据收集过程中的混合指研究者在收集第二种数据时，将定量和定性部分结合。在这种情况下，研究者采用连接(connecting)策略，以一种类型的数据收集为基础另一种类型的研究结果。例如，研究者可以根据定量研究的结果来进行定性数据的收集，或根据定性研究的结果来组织定量数据收集。通过这种连接，研究者能够具体化研究问题、选择参与者、形成数据收集标准或测量工具，从而有效地将定量和定性部分整合在一起这种策略确保定性研究能够针对定量结果提出的具体问题，避免数据收集的盲目性和片面性。通过这种有针对性的定性研究，研究者能够深入挖掘定量数据背后的动因和影响因素，从而提升研究的深度。

4)最后，在设计阶段，研究者需明确研究的整体框架和逻辑，以确保定量与定性部分能够在整个研究中无缝衔接。根据John W.Creswell和Vicki L. Clark观点，设计层面上的混合指研究者在更大的研究设计阶段将定量和定性部分结合。这种混合可以发生在多种范围内，如传统的定量或定性设计、解放理论以及社会科学理论。研究者可以采用三种策略进行设计层面的混合：嵌入式混合、基于理论框架的混合和基于项目目标框架的混合。嵌入式混合策略涉及在单一方法的设计中嵌入另一种方法，例如在较大的定量设计中加入定性部分，或在定性设计中加入定量研究。这种嵌入特性根据主要设计框架具体实施。基于理论框架的混合则是指在特定的变革性或实质性框架下对定量和定性部分进行结合，以统一研究视角。基于项目目标框架的混合则是在研究项目总体目标下，结合定量和定性方法，以引导多阶段研究项目的整合。合理的设计不仅有助于优化数据的收集和分析，还能确保研究结果的连贯性和系统性。通过在设计阶段的周密规划，研究者能够有效地将定量和定性部分结合，形成完整的研究视角。

如何“混合”定量和定性部分？是研究者进行混合方法研究最核心的考量。混合定量与定性部分的方式多种多样，研究者可以采用多种策略进行整合。例如，可以在分析阶段通过并行的比较，揭示定量与定性数据之间的关系，或者在报告结果时以叙述的方式将定量数据和定性见解相结合，形成一个全面的叙述。基于上述的这些交界点，John W.Creswell和Vicki L. Clark认为研究者可以采取多种混合策略：

1）合并两个数据集，通过将不同来源的数据结合，为研究提供更全面的视角，帮助研究者识别和解释现象；

2）将第一组数据的分析与第二组数据的收集相联系；

3）在更大的设计或程序中嵌入一类数据，这种策略允许研究者在一个整体框架下进行系统的探讨，从而形成更完整的研究视角；

4）运用理论框架或程序来整合多组数据，通过理论视角将不同类型的数据有效结合，增强研究的深度和逻辑性。

10.2.3. 研究者进行混合方法研究设计时可选择的方案类型

在混合方法研究设计中存在无数种可能的混合方法组合形式；然而在研究实践中最常出现的组合形式，只有为数不多的几种。每种形式适用于不同的研究日的和情境。对一新手来说，推荐使用类型学选择研究设计，而根据类型学选择研究设计，也意味着研究者选择了一种指导方法实施的框架和逻辑。以下是几种常见的混合方法研究设计方案：并行设计、时序设计和嵌入式设计是基本混合方法设计。此外，还有两个综合了多种设计元素的设计:变革性设计和多阶段设计。

10.2.3.1. 平行式设计方案

一致性平行设计最初被称为“三角”设计,这种设计使用两种不同方法来得到关于同一主题的互证的结果(Jick,1979)。同时进行定量和定性研究，赋予两种方法同等的重要性。收集两种数据，互不干扰。两种数据的收集和分析在时间上是并行的，然后最终结果在分析阶段将其整合。这种设计能够快速获取全面的信息，便于比较和交叉验证结果。路径示例：在同一研究中同时发放问卷并进行访谈，数据收集完成后分别分析定量数据和定性数据，最后将两者的结果整合以形成全面的结论。

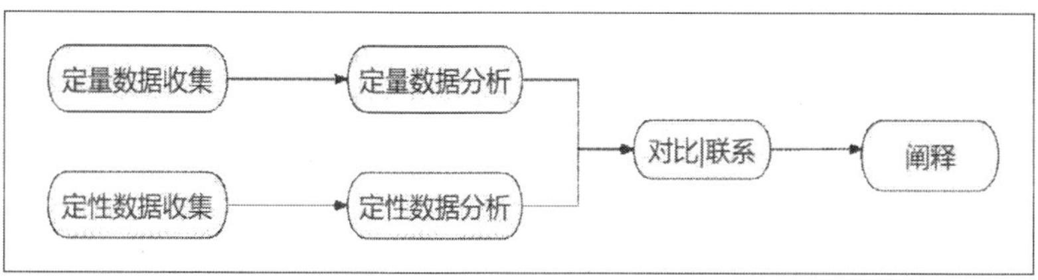

［图X-1］一致性平行设计典型示例图
来源：John W.Cresswell,&Vicki L.Chuck (2017).

选用平行设计时，除了要使设计与研究目的相契合，还要注意以下事项：

1）数据收集的协调性：确保定量和定性数据的收集方法和工具能够有效互补，以获得全面的研究视角。

2）分析方法的兼容性：定量和定性分析方法应能相互支持，确保最终的整合能够体现两者的独特贡献。
3）样本选择的代表性：在选取参与者时，考虑样本的代表性，以确保所得结果能够广泛适用。
4）时间安排的合理性：合理安排数据收集和分析的时间，以确保两种数据的整合顺利进行。
5）理论框架的一致性：确保在整个研究过程中，所采用的理论框架能够统一指导定量和定性部分的研究。

10.2.3.2. 时序式设计方案

时序设计又称为时序模型（Tashakkori，Teddlie，1998）、顺序三角互证（Morse，1991）、迭代设计（Greene，2007）等。它们可以区分时序设计中是定量部分还是定性部分在前(Creswell, Plano Clark et al. ,2003)。时序式设计中，定量研究和定性研究按照特定的顺序进行。研究者通常首先收集一种类型的数据，然后根据第一阶段的结果设计和实施第二阶段。时序式设计又根据第二种方法的类型可分为探索性时序设计和解释性时序设计。

解释性设计在第一阶段进行定量研究，接着得到具体结果并进入第二阶段。第二阶段,即定性研究阶段,旨在更深入地解释第一阶段的结果,这一设计名称正反映了它强调结果解释的特性。此设计也称为定性后续设计(qualitative follow-upapproach)。先进行定量研究（如实验），然后通过定性研究（如焦点小组）对定量结果进行解释和深入探讨。描述：这一设计强调先进行定量研究，后进行定性研究，以解释和理解定量研究的结果。

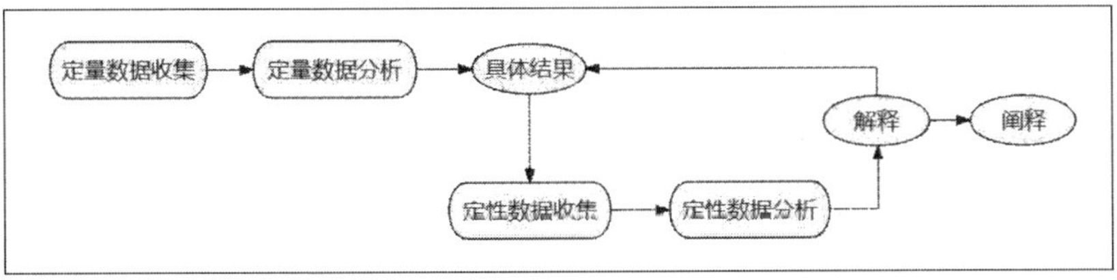

〔图 X-2〕解释性时序设计典型示例图

探索性设计也是一种两阶段的顺序设计，研究者在开始第二个定量研究阶段前,先对某一主题进行了定性探索。探索型时序设计也被称为测量工具开发设计,以及定量后续设计。首先进行定性研究（如访谈），以探索现象，生成假设或研究问题，然后进行定量研究（如问卷调查）来验证这些假设。

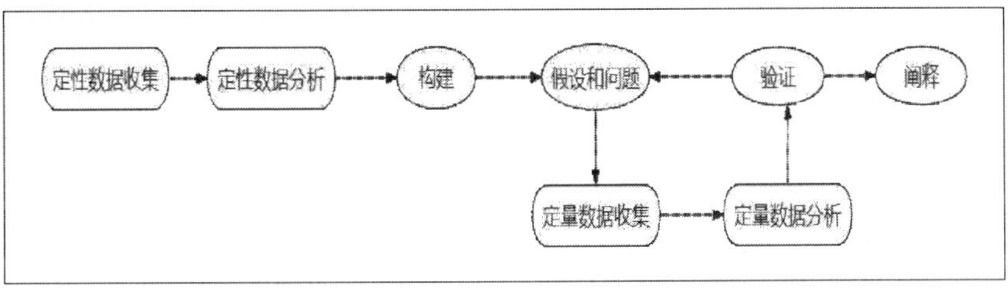

〔图 X-3〕探索性时序设计典型示例图

10.2.3.3. 嵌入式设计方案

嵌入式设计是研究者在一个传统的定量研究设计或定性研究设计中整合进定量、定性两种数据的收集与分析。在主要的定量研究或定性研究中嵌人另一种方法，以补充主要数据的不足。通常一种方法是主导的，而另一种方法则用来增强理解。

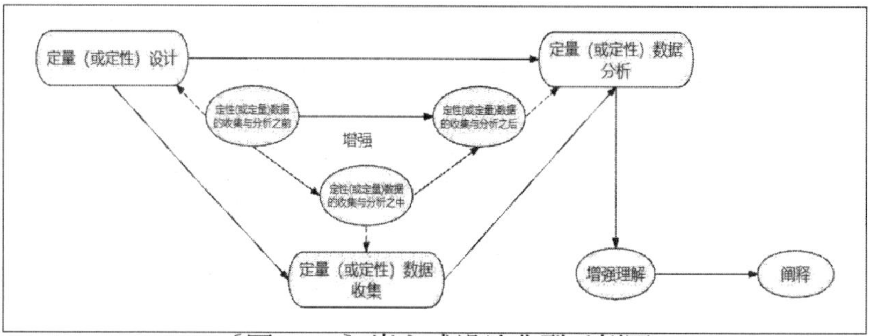

〔图 X-4〕嵌入式设计典型示例图

10.2.3.4. 变革性设计和多阶段设计

当研究者采用以理论为基础的框架那么他所用的研究设计便超出了上述的混合方法设计。比如变革性设计是在变革性理论框架内形成的混合方法设计，所有决策（如交互、优先次序、时序和混合）均需在该框架内进行，以确保理论视角的统一性。而多阶段设计是一种超越基本混合方法设计的混合方法设计。多阶段设计则是指研究者在实现总研究目标的过程中结合顺序和并行研究的方法，以灵活应对研究进程中的需求。多阶段设计是一种复杂的混合方法研究设计，特点在于在研究过程中分为多个阶段，结合定量和定性研究方法。每个阶段可以是顺序进行，也可以是并行进行，目的是在不断收集和分析数据的基础上，动态调整研究方向，以深入理解研究对象的复杂性。该领域的早期著作讨论过“夹层设计”,指研究者在三个研究阶段中交替使用定量、定性方法（如定性、定量、再定性）。

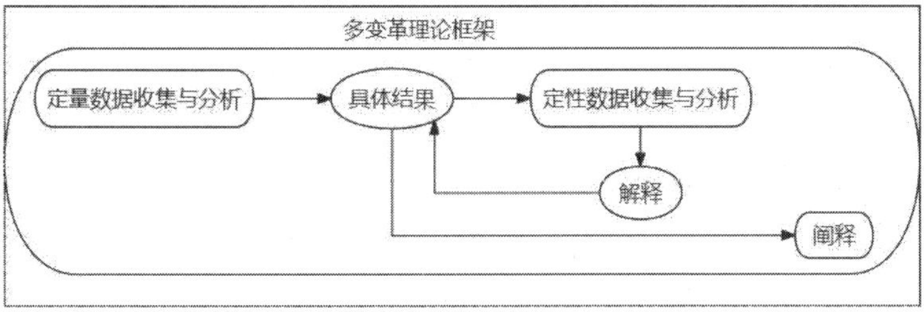

〔图 X-5〕变革性设计典型示例图

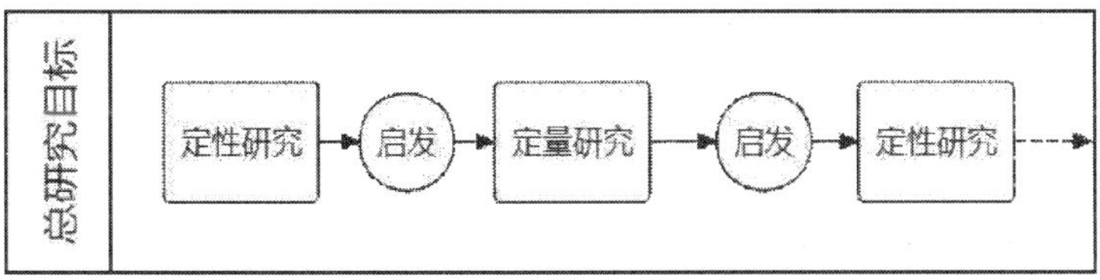

〔图 X-6〕多阶段设计典型示例图

来源：John W.Cresswell,&Vicki L.Chuck(2017).

10.3. 混合研究设计的程序

混合研究方法设计程序是一个系统的步骤流程，用于有效地规划和实施混合方法研究。本节主要根据John W.Creswell和Vicki L.Clark的研究，介绍平行设计、时序设计以及嵌入式设计实施步骤。

10.3.1.平行设计的实施程序

平行设计的实施程序主要包括四个步骤：

1）数据收集：研究者同时独立收集定量和定性数据，确保两种数据在研究问题中具有同等重要性。

2）数据分析：研究者分别使用标准的定量和定性分析程

序，分析各自的数据集。

3）数据合并：在分析结果后，研究者将定量和定性数据的分析结果进行合并。这一步骤可以通过直接比较两种结果或转换结果形式以加强联系。

4）结果解释：研究者解释定量和定性结果在何种程度上相同、相异、相关，并探讨如何整合以回应研究的总目标，从而获得更深入的理解。

〔图 X-7〕一致性设计基本实施程序的流程图

来源：John W.Cresswell,&Vicki L.Chuck(2017).

10.3.2. 时序设计的实施程序

根据John W.Creswell和Vicki L. Clark的研究，解释性设计的程序包括四个主要步骤：

1）定量研究：研究者设计并实施定量数据的收集和分析。

2）识别与指导：研究者识别需要进一步解释的定量结果，并基于这些结果指导定性研究部分的建立，形成定性研究问题和数据收集提纲，进入混合的交界点。

3）定性研究：研究者收集并分析定性数据，完成定性阶段的研究。

4）结果解释：研究者解释定性结果如何解释定量结果，提供新的洞见，并说明整体研究如何回应研究目的。

第一步	设计并实施定量研究部分: 提出定量研究问题，明确定量研究方法。 获得许可。 识别定量研究样本。 运用测量工具收集封闭式数据。 运用描述性统计、推断性统计和效应量来分析定量数据回答定量研究问题，并为第二阶段的研究选定参与者。
第二步	根据定量研究结果使用策略: 确定对哪些定量结果进行解释，比如: 显著的结果; 不显著的结果; 异常值; 群体差异。 运用这些定量结果来 完善定量研究问题和混合方法研究问题; 确定选择哪些参与者作为定性样本; 设计定性数据收集提纲(protocols)。
第三步	设计并实行定性研究: 根据定量研究结果，提出定性研究问题，并确定定性研究方法。 获得许可。 有目的地选择有利于解释定量结果的定性样本。 根据守则收集开放式数据--守则是根据定量结果形成的。 运用生成主题的程序和定性研究的特定方法来分析定性数据,回答定性研究问题和混合方法研究问题。
第四步	解释两种相关的研究结果: 总结并解释定量研究结果。 总结并解释定性研究结果。 讨论定性研究结果在何种程度上、何种方式有助于解释定量研究结果

〔图 X-8〕 解释性设计基本程序的流程图

来源：John W.Cresswell,&Vicki L.Chuck(2017).

根据John W.Creswell和Vicki L. Clark的研究，探索性设计的程序包括四个主要步骤：

1）定性数据收集与分析：研究者首先收集并分析定性数据，以探索某一现象。

2）开发测量工具：在混合的交界点，研究者根据定量阶段的结果开发测量工具、识别变量，或提出待检验的命题，从而连接定性和定量阶段。

3）定量研究：研究者进行定量部分的研究，使用开发出的测量工具对新参与者检测重要变量。

4）结果解释：研究者解释定量结果在何种程度上推广或扩展了初始的定性结果。

第一步	设计和实施定性研究部分： 提出定性研究问题，明确定性研究方法。 获得许可。 识别定性研究的样本。 根据提纲收集开放式的数据。 运用主题发展的程序和定性研究的特定方法，来回答定性研究问题，并识别第二阶段需要的信息。
第二步	根据定性结果采用策略： 完善定量研究问题或假设，以及混合方法问题。 明确如何选择参与者作为定量研究样本。 根据定性结果，设计、试测定量数据收集工具。
第三步	设计并实施定量研究部分： 提出基于定性结果的定量研究问题或假设,明确定量研究方法。 获得许可。 选择将推广或检验定性结果的定量样本。 运用基于定性结果设计的测量工具，收集封闭式数据。 采用描述性统计、推断性和效应量分析定量数据，以回答定量研究问题和混合方法研究问题。
第四步	解释两种相关联的结果： 总结、解释定性研究结果。 总结、解释定量研究结果。 讨论定量研究结果在何种程度、以何种方式推广和检验了定性研究结果。

〔图 X-9〕 探索性设计基本程序的流程图

来源：John W.Cresswell,&Vicki L.Chuck(2017).

10.3.3. 嵌入式设计的实施程序

最常见的嵌入式设计类型多见于实验设计中嵌入定性数据，主要程序展示了在实验干预之前、之间和/或之后加入定性数据的程序。根据John W.Creswell和Vicki L. Clark的研究，嵌入式设计一般的步骤包括:

1）设计具体实验设计,确定实施定性部分的原因;
2）定性数据的收集与分析,启发实验部分的设计；
3）分组后定量结果数据的收集与分析；
4）利用定性部分的结果解释实验。

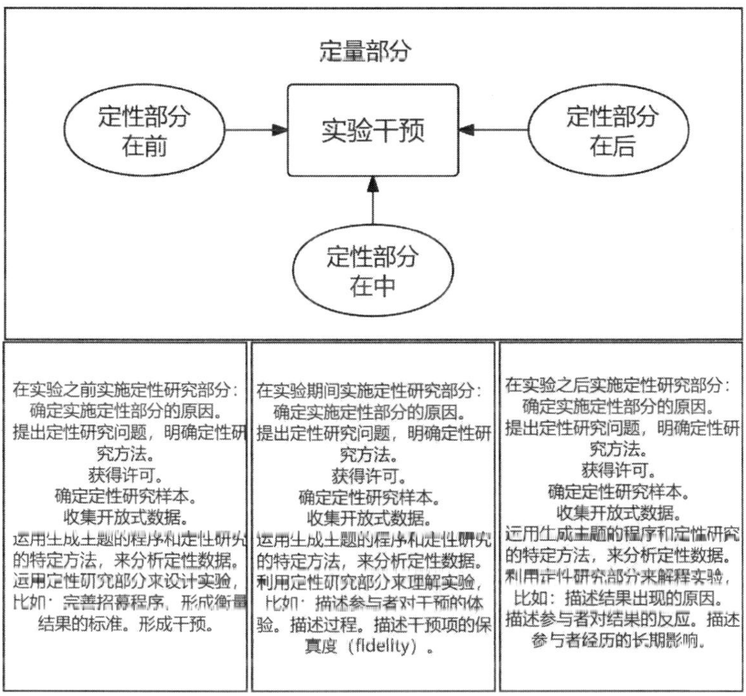

〔图 X-10〕 嵌入式设计基本程序的流程图

来源．John W.Cresswell,&Vicki L.Chuck(2017).

<活动> 学习本章,思考以下内容后填写。

1. 简述定量与定性部分“混合”有哪些重要的考量

2.
确定你感兴趣的一个适用于混合方法研究的主题,并描述将如何使用本章所介绍的一种混合方法设计方案研究该主题。

第三部 论文实练

XI. 学位论文

11.1. 为留学生的学位论文的逻辑撰写

根据论文目录，围绕本章所要求的关键词,对论文进行逻辑性写作指导。

11.1.1. 写论文的标题

第一,简明扼要地提出关于什么的研究。论文的标题是论文内容的最简短的表示，它应该与研究问题(假设)和目的一致。第二,论文的标题应该表明你研究了什么。论文的标题不是给出研究结果或结论。第三,当变量数量较少时写入标题.如果研究的变量数量只有两个或三个，则将所有变量都列在标题中。在前面的示例中，大约是由于研究中只包括了正确的两个变量。第四,变量数量多时写入标题.当研究的变量数量很大时，应在标题中指定一个或两个最主要的变量，其余变量应以类型形式呈现。假设本研究根据父母的职业、教育背景、经济水平和孩子的性别来考察儿童对校园暴力的态度。在这种情况下，列出标题中研究的所有变量会使标题太长且分散注意力。因此，更恰当的做法是只指定最重要的变量，即“儿童对校园暴力的态度”，而将父母的其他职业、教育背景、经济水平和儿童的性别归入“人口学变量”的范畴进行提示。第五,考虑使用副标题的可能性.考虑使用副标题来强调或减少标题长度的可能性。第六,如果研究参与者很重要，请写入一个标题.如果指定研究参与者（受试者）很重要，请将其包含在标题中。例如，假设您研究了五年级和六年级的孩子如何看待父母的沟通方式与孩子的自尊之间的关系。第七，谨慎使用具有因果含义的术语.论文的标题是论文内容的最简短的表示，它应该与研究问题（假设）和目的一致。如果研究参与者很重要，请写入一个标题。

11.1.2. 绪论撰写

绪论由'研究的必要性和目的'、'研究问题'和'术语定义'组成。通过提出研究主题所属的领域，提出课题的重要性和研究者的观点，说服相关研究的必要性并提出目的。为了这样的必要性和目的。另一方面，它指定了要探索的研究问题，并定义了研究中提出的术语的含义。本节为撰写论文时要牢记的要点和撰写引言时要注意的要点。

1）研究必要性和研究目的

让我们来看看各个部分需要注意的地方。在学术期刊论文中，引言和理论背景通常一起呈现，但在学位论文中，引言通常是论文的第一章，理论背景在第二章中单独呈现。
第一，　研究必要性，主要目的是说服读者，阐释为什么这项研究是有必要的，要有说服力。因此，你需要提出一个令人信服的理由来解释为什么这个领域很重要，为什么需要这项研究。为了更有说服力，有必要说明在这一领域已经进行了哪些研究（或者阐释原因，~~因为~~尽管该领域很重要，但还没有进行过此类研究），以及尽管有这些研究的结果（甚至更多关于这些研究的结果），还需要进行哪些研究。在研究者眼中，即使该领域或主题被认为是理所当然的，它也必须能够让读者相信其重要性。

第二,从对研究课题所属领域的广泛陈述开始，并将重点缩小到你想研究的课题.对研究必要性的导入通常以提及研究主题的广泛领域及其重要性开始，但不要给人过于宏大的感觉。对现有研究的介绍不应详细，而应限少数最具代表性或需要引用以提出论点的研究。

第三,具体说明研究的目的，它与以前的研究有何不同，以及它可以做出什么贡献有必要按照逻辑提出目的，以便从研究必要性中提出的证据中提取有效的研究目标，并突出研究与现有研究的差异。

作为论证基础的理论或概念，可以找到并引用其原作者，但不能以引用一两个研究内容的一部分的方式构成论旨,应该以研究者本人的逻辑重新构成。如果不能直接接触原著者的书籍或论文，应参考介绍原著者理论或概念的教科书或学术期刊论文，应明确表明是再引用。应避免将媒体的报道内容或硕士论文的主张性陈述作为论旨的依据。统计数据应当查找并引用统计资料来源(如统计局)，但应当引用最新的数据。除研究结果的统计值或检查值的相关信息外,硕士论文不得引用。

2）撰写研究问题

第一,简明扼要地描述研究问题.研究问题通常以问题的形式呈现，研究问题越具体越好，但要保持简单。第二,如果研究问题相互关联，则使用数字进行区分，如果研究课题分为几个相关的研究问题，只需用一个数字来区分它，而不是用长句来描述它。第三,研究问题应从引言的前半部分对研究必要性和目的提出，合乎逻辑地导出研究需要及日的中未提及的研究问题不应突然提出。

3) 术语定义写入

在经验性研究中，大体上提出了两种定义:概念定义和操作性定义。概念定义是在引言或研究方法部分提出的，从概念上说明研究中包含的变因的含义，在引言中提出，操作性定义是描述该变因具体如何构成或衡量的。在学位论文中，概念定义提出研究问题，然后在部分单独编号下提出，但在学会杂志论文中，很少被作为单独的号码提出，并包括在引言中。因为阅读学会杂志论文的读物假定对研究中包含的变量已经熟悉了。对于在引言部分提出概念定义的所有变因，应在引言或研究方法部分提出操作性定义；

对研究问题中包含的所有变因，在引言中提出概念性定义后，在研究方法部分应明确其各自对应的操作性定义。定义术语时，可以共同提出概念定义和操作性定义。

11.1.3. 撰写论文时常犯错误

在撰写论文时提出了一些最基本的观点，但许多留学生都会犯错误。

1) 为读者写得亲切而轻松

论文需要使用技术术语。特别是在处理统计方法时，没有专业知识的人难免会不理解。尽管如此，研究期刊应该尽量让读者更容易理解。特别是，您应该尝试以简单的方式编写介绍和讨论部分，以便受过大学教育的人能够完全理解它们。始终考虑段落和句子之间的逻辑流程来构建您的写作。确保您熟悉论文的内容。如果研究人员自己熟悉内容，文章就会更容易写出来。写作后，研究人员必须多次重新阅读文本。

确保没有任何可能使读者感到困惑的内容，并且能够清楚地传达研究人员的意图。

2）主语和谓语必须正确

如果上下文清楚，在某些情况下可以省略主语。但是，一旦使用了特定的主语，谓语必须符合主语。

3）句子要简明扼要，一个段落不应该由一个句子组成，句子越简洁越好。

因此，你应该避免写一个超过五六行，甚至十行长的句子，或者在一个句子中多次使用逗号。此外，用一句话填充段落是糟糕的写作。

11.2. 中文翻译成韩文时需要参考事项

学生努力找资料,逻辑上把论文用中文写完了。但问题是从现在开始。该怎么翻译成韩语呢？翻译完了，但无法确认是否正确。一定很苦恼吧。最近翻译程序或应用程序比过去多，所以转得很开心。交给导师了，让他重新翻译。学生的头要“大”了，此时其实可以说论文才刚刚开始。

1）翻译程序都是用尊敬语翻译出来的。所以要把尊敬语改成平常语。论文不使用尊敬语。所有句子都改以"입니다→이다"还是"이닙니다→아니다"结尾。

2）韩文中的中文简体是"신명조간자"，需要将中文原文（例如，法令、机关名等)加在括号内时，必须选择"신명조간자"。

3）在韩语论文中不使用主语。　偶尔使用"笔者或研究者"的情况也时有发生。在这种情况下，大部分主语从略。

4）论文主题用语正文叙述尝试用语一致，用语重复，必须确认。

5） 正文内容中"...研究中"或者"正如调查一样.."写成'等'时，必须标明研究者（调查名）和年度。

6）本文引用的研究者，韩国人写的是홍길동，中国人写的是洪吉童，外国人写的是英文或原作者名，年度也必写进去。

7）本文引用的文献必须在参考文献中。

8）参考文献:按照韩文，中文，英语，网站的顺序，填写APA格式.在参考文献中不添加号码。根据APA参考文献制作方法格式制作，删除中国文献中的(J)、(M)等。

9）附录:调查问卷翻译中文和韩文格式统一。

11.3. 活用AI写作论文

写论文需要大量的时间和精巧的工作。选定主题，调查相关文献，然后拟定草案，正题、结论等撰写的所有过程都很复杂,需要时间。但是利用聊天GPT的话,可以代替填写这些阶段中的一部分,可以节省相当长的时间。比如在文献调研时自动生成相关论文摘要，复杂的句子很容易重构。这使得撰写论文的学生能够更深入地写作。即有利于论文质量的提高。因此,人工智能的应用不仅可以提高效率,还可以帮助深入研究。

一般使用聊天版本免费，使用者们也在一天之内可以使用收费的。免费(GPT3.5)只提供文本，收费(GPT4.0)提供文本、语音和图像。GPT4.0还提供额外的数据分析。另外,在起草时,有助于掌握文章的结构。在短句或结论部分的制作中可以有效使用GPT。重组复杂的句子，使用它有效地检查句子的语法。但是，人工智能虽然发展速度很快，但人的创造力或批判性思维是无法替代的。因此AI作为工具的应用很重要，与其说是完全依赖，不如说是辅助作用,可以利用ai的范围适合各领域使用。

首先，在研究主题的选择上，搜索本人认为的方向的主题，确认选定可能性。第二，搜索与课题相关的感兴趣领域的最新研究动向。在对最新研究趋势进行综述后，可以最终确定自己的课题。第三，寻找研究方法论。搜索本人确定的课题和合适的研究方法论,确定本人可能的研究方法。第四，需要设定假设时，可以搜索并利用假设。第五，可以检索参考文献。留学生并不是在每个阶段都应用,但是,即使本人尽全力搜索或寻找资料,仍然找不到合适的话，可以考虑使用。

<活动>立足于前面的理论说明，写出自己论文主题的序论。

XII. 实练论文写作

12.1. 学位论文的逻辑写作

研究课题的选定是研究开始阶段最先进行的工作。研究者在选择研究课题时会进行先前研究的探索，通过这一过程，他们可以积累与感兴趣的课题领域相关的知识，并了解自己考虑的课题是否已经在现有研究中被讨论，以及是否值得付出努力去探索的重要性。确定了研究课题后，就会选择合适的研究方法。在确定研究课题和方法时，审查和决定课题和方法是否违反研究伦理等方面的问题是值得推荐的。本章将讨论研究课题的选择，研究课题选择过程中先前研究的探索和整理方法，研究方法的探索和决定，以及研究者应考虑的研究伦理等内容。

12.1.1. 确定研究主题

研究课题的设定是整个研究过程中最先进行的。根据研究课题的确定，其他过程如研究方法等会相互关联而确定，因此可以说在整个研究过程中最为重要。设定研究课题的过程简要如下：

首先，为了确定研究课题，确认自己的兴趣领域，并回顾该领域的先前研究。在回顾先前研究的过程中，可以具体化最初拥有的问题，并利用"变量"来具体化自己的研究问题。

先前研究的探索和研究问题的设定过程可以按以下顺序循环

进行：

研究者的初期兴趣和问题 → 先前研究的探索 → 问题的变化或具体化 → 缩小焦点以探索相关的先前研究 → 将初期问题转化为涉及变量的研究问题 → 探索选定变量的先前研究.在这一节中，将讨论确定研究课题的过程，论文中适当的研究范围是多少，以及一个好的研究课题具有哪些特征等主题。

1）确定研究课题的探索过程

确定研究课题的探索过程通常从个人在自己所属的专业领域中对自己感兴趣或好奇的问题出发，逐渐具体化而来。在这个过程中，阅读相关专业领域的先前研究，并将个人最初的问题转化为值得研究的问题是很重要的。

确定研究课题首先要考虑自己平时感兴趣和好奇的领域是什么。兴趣领域可能来自于在学校教学时对学生的好奇，在咨询过程中遇到的好奇和问题，以及在研究生课程中特别感兴趣的领域等，并进一步具体化。例如，“为什么有些孩子在他们所属的团体中担任领导角色并相处得很好，同时又排斥其他同学？”、“为了有效进行学校咨询，咨询师需要哪些能力？”等问题可以成为良好课题的起点。

如果在研究生阶段有特别有趣和感兴趣的课程，也可以从该课程的内容出发找到课题。“Bowen理论中强调自我分化的重要性，当母亲的自我分化水平较高时，母亲与孩子的关系会保持和谐。那么，母亲的自我分化是否会影响到孩子发展中的其他领域？”等问题可以从理论出发扩展到实际领域。

在研究初期，研究者可能对两三个领域感兴趣，而不仅仅是一个领域。例如，前面提到的三个主题都可能是研究者的初期兴趣领域。在这种情况下，可以从更感兴趣的主题开始，阅读相关的先前研究，逐步找到更吸引自己的课题。偶尔有些研究生可能会选择看起来更容易写论文而不是他们真正想要深入了解的主题，但这并不理想。论文涉及从研究课题的选择到研究方法的选择，数据收集，结果整理等整个过程，需要研究者的努力和注意。一旦开始研究，就没有所谓的简单主题，如果最初研究者不感兴趣的话，继续进行研究可能会变得困难。因此，应该从研究者的兴趣领域选择主题，这样在整个研究过程中都能相对愉快地进行，从而在自己的研究成果中感受到满足和喜悦。

进行研究需要以有关自己感兴趣领域的知识作为前提。阅读涉及到感兴趣主题的书籍、学术期刊发表的论文、学位论文等，了解该领域通常进行的研究以及最近的研究趋势。对先前研究的了解可以避免重复研究，并帮助了解当前情况下最需要的和最有帮助的研究课题是什么。有关先前研究的探索过程和方式将在"什么是好的研究课题？不论是硕士论文还是一般的研究，都可以认为一个好的课题具有类似的特征。什么是好的研究课题？

第一,对咨询的理论和实践有帮助的课题结果

第二，探索专业领域中出现的新现象的课题

第三，先前研究未涉及的课题

第四，扩展或明确现有研究结果的课题

第五，在给定的研究期限内可完成的课题。

具体来说，

(1) 研究结果对咨询的理论和实践有帮助的课题

优秀的研究是那些结果对专业领域的理论和实践有所贡献的研究。例如，有一项研究探讨了认知辅导如何帮助改变咨询对象的缺乏积极思维和负面思维之间的差异。假设研究人员针对抑郁的儿童进行了研究，探索了他们在咨询初期的积极思维和负面思维，并发现尽管咨询结果中积极思维有所增加，但负面思维的频率并没有减少。这项研究的结果不仅扩展了认知辅导效果的理论讨论，同时也有助于实际应用认知辅导的咨询实践。

(2) 探索专业领域中新出现的现象的课题

以学校咨询为主题，可以选择探索与儿童的适应或问题行为相关的新问题作为研究课题，从而扩大对该领域的理解和干预的范围。在学校咨询领域，最近经常被研究的主题包括团体欺凌和多元文化咨询等。随着社会变化，团体欺凌和多元文化背景学生的学校适应等问题日益突出，因此对这些现象的理解和咨询干预方法的探索变得非常重要。因此，对学校咨询领域中新出现的问题进行探索是一个很好的课题。

(3) 未被先前研究探索的课题

与其重新探索已经在先前研究中探索并提出结果的课题，不如探索尚未了解的现象更为合适。然而，并不是所有未被先前研究探索的课题都是好的课题。有些课题之所以未被研究，可能是因为研究人员认为探索这些课题对咨询的理论和实践没有多大帮助。因此，仅仅因为先前没有研究过的课题而进行研究，并不是一个足够充分的理由。

(4) 扩展或澄清现有研究结果的课题

许多硕士论文是基于先前研究结果并稍微扩展的方式进行的。在一个没有任何研究的领域，研究人员需要进行问卷开发、重要变量的选择等所有过程，这将需要很长时间。因此，即使是先前研究过的课题，也可以进行扩展现有研究结果或澄清先前研究中模糊的部分的研究。

(5) 在给定的研究期限内可完成的课题

硕士论文通常需要在两到三个学期内完成整个过程。在这段时间内，需要完成研究课题的探索和确定、研究方法的探索和确定、数据收集和分析、结果的总结和讨论等。因此，即使是一个非常好的课题，如果需要花费两到三年的时间来收集和分析数据，那么就不适合作为硕士论文的课题。

2) 论文中适当的研究范围

在国内的辅导领域学位论文中，通常涉及以下类型的研究课题：首先，是探索变量之间关系以理解儿童、青少年、父母、教师、辅导员等个体特征和主要问题的研究。研究人员确定他们想要研究的主要变量，并利用已开发的测验工具来衡量这些变量。由于测验的开发过程需要大量的知识、时间和精力，因此在硕士论文中这种研究并不常见。当使用已开发的测验时，有时需要根据儿童的发展特点修改部分项目或表达，并经过验证过程以确保测验的有效性。

其次，是验证理论的研究。许多辅导理论是在西方发展而来，并在我国得到应用。因此，可以对特定的辅导理论的文化适应性，以及理论提出的假设进行验证。

第三，是针对特定群体进行团体辅导项目并验证其效果的研究。团体辅导项目的开发有时也会进行，并且可能会修改已验证有效的团体辅导项目以适应研究对象的需求。在这类研究中，研究人员将进行团体辅导项目的开发或修改、研究对象的选择以及团体辅导项目的实施等整个过程。

第四,是探索新出现的现象的研究。为了达到这个目的，有时会使用问卷调查，对特定群体进行访谈，或对特定情境进行录像并进行质性分析。例如，可能会对多元文化家庭的儿童或父母的经验进行访谈，或者对学校辅导过程进行录像以分析重要时刻。随后，会根据质性研究的方法对访谈资料或录像资料等进行分析。

第五，也涉及到元分析。当某一领域的研究积累到一定程度时，就可以进行元分析，对研究结果进行综合评估。例如，如果已经有了足够多的研究探索在小学中应用认知行为辅导是否有助于提高儿童的自主能力，那么可以综合这些结果来评估认知行为辅导对儿童自主能力的影响程度。

相比之下，博士论文涉及到的内容更多，包括测验工具的开发、更多变量之间的关系研究、基于新实验设计的研究、方法学上成熟的质性研究、辅导方案的开发和有效性研究、相对较新的辅导技术的效果研究等，这些研究也需要更长的时间来完成。

12.1.2 先行研究的探索

在确定研究课题的过程中，必须进行先前研究的探索，根据先前研究，研究课题和方法得以具体化。这里将讨论先前研究的探索必要性和方法，以及阅读先前研究后整理结果的方法，以及通过与先前研究的区别来确定课题的方法。

1）先行研究探索的必要性

探索先行研究的主要原因是获取关于感兴趣领域的知识，并获得有关已经揭示和尚未揭示的研究结果的信息。在下例中提供了这样的例子。假设在观察一名三年级男学生展现攻击性行为时，对攻击性主题产生了兴趣。通过审查与攻击性相关的先行研究，可以了解到关于攻击性的原因、攻击性儿童的特征等方面已经进行了许多研究。通过探索先行研究，可以避免在感兴趣的领域进行重复研究，并且可以在现有研究结果的基础上开展更深入的研究。通过探索先行研究，可以了解到在咨询场景或学校场景中发生的现象，从而可以理解在观察这些现象时所提出的研究问题如何在理论上得到概念化。换句话说，可以确认通过哪些“变量”来研究实际现象。为了处理特定的研究主题，学位论文需要有相关的理论支持。只有当研究者个人的想法或假设与咨询理论和现有研究的趋势相一致，并且被认为具有连贯性和有效性时，研究才能进行。最后，通过查找先行研究，我们可以确定是否有必要用调查工具来进行研究。即使有合适的研究问题，如果没有可用的调查工具，进行研究将是不可能的，或者需要花费很长时间来开发调查工具。因此，查找先行研究并确认是否有经过验证的研究工具是至关重要的。

2）先行研究的搜索方法

先行研究主要通过查阅相关领域的书籍、学术期刊发表的论文、学位论文等进行。以前，人们必须使用印刷媒体来查找这些资料，因此必须直接前往存放这些资料的地方进行阅读或复印，但是现在，由于大部分资料都以电子形式呈现，因此变得方便得多。为了进行先行研究，可以利用所属学校图书馆的藏书资料（包括印刷品和电子资料）以及Google学术搜索等在线资料。通过使用易于访问的网站进行关键词搜索，可以检索到相关论文，然后阅读检索到的资料的标题和摘要以确认内容。

在检索到的资料中，首先应优先查阅在学术振兴基金等收录候选期刊以上的学术期刊发表的论文、博士学位论文以及比较近期发表的论文，并扩展搜索范围。如果发现某些论文与自己的主题密切相关，则可以下载全文进行阅读和总结。在阅读论文的过程中，如果对特定的研究结果或检测工具感兴趣，则需要进行检索并验证论文中引用的原始资料。在这种情况下，可以利用论文的参考文献查找原始资料，并通过直接阅读原始资料的方式扩展前期研究的搜索。

3) 总结先行研究的探索结果

在探索先行研究的过程中，不需要单独总结阅读的所有论文，但是随着研究兴趣的逐渐聚焦，将相关主题的论文进行分类并总结重要结果将会是有帮助的。在总结先行研究结果时，可以根据研究者的兴趣变化、研究涉及的变量、研究对象或方法的不同，将相关论文进行分类和整理。在单独总结每篇论文时，包括论文涉及的主题、研究的变量、研究对象和使用的问卷等研究方法、研究结果以及研究者对该研究的看法等内容将是有帮助的。然后，在撰写论文正文时，可以根据这些总结的先行研究结果，按照主题、研究对象、研究方法、研究结果等重新组织并引用。

4) 与先行研究区别开来选择主题

如先前所述，通过探索先行研究，研究者可以获取相关领域的知识，了解最近研究的趋势，并了解在研究感兴趣的主题时可以使用的研究方法以及先行研究的局限性。在这样的基础上，研究者可以选择与先行研究有所区别的研究主题。

12.1.3. 编寫讨论

讨论部分是总结研究结果的同时,对结果的解释和理论，对实际重要性的记述等内容的重要部分。

12.1.3.1. 编寫讨论时注意事项

讨论是明确记述研究结果意味着什么的过程，这需要整合研究者的专业知识。在这个过程中，研究者应该注意的事项如下。

1）以研究结果发现的事实为基础进行讨论

首先，讨论应该以研究者的研究结果中出现的事实（fact）为基础进行。不能讨论研究结果中没有出现的事实，也不能过分扩大解释研究结果。与此相关，在Heppner和Heppner（2018）也曾表示，在讨论过程中，研究人员提出什么主张时，应该时刻把“具体是什么资料来支持自己的主张”的问题放在核心上。

2）将研究结果和先行研究结果综合起来进行讨论

讨论最好将研究者的研究结果和先行研究结果结合在一起进行。应该综合提出可以说明研究者结论的相关理论、提出与研究者结论一致结果的先行研究、提出与研究者结果不同的先行研究等，并对此进行讨论。但是，从大部分研究生的讨论草案来看，比起综合性的讨论，更多的是下了研究结果与与先前的研究结果一致或与先行研究不同”的结论，并没有展开进一步的讨论，这样的讨论是不可取的。

当得出与先行研究相同的结果时，可以一起讨论这些一致的结果意味着什么、理论方面意味着什么、虽然与先行研究结果相同，但本研究的差异性是什么等。如果研究结果与前人的研究结果不同，最好对这些结果进行充分的假设性解释。如果与前人的研究结果不同，最好从时代的变化、研究对象的差异、样本的差异、测量方法的差异、检验工具的问题、统计方法等多方面讨论这些差异源于哪里，意味着什么。当要与先行研究结合进行讨论时，有些时候会过度引用先行研究。先行研究最好在最能体现自己研究结果意义的前提下，只引用适当必要的研究。

3) 不支持假设的研究结果也包括在讨论中

研究生在撰写讨论时，有时只对支持研究假设的部分进行详细描述，对未支持研究假设的部分（即未出现统计学意义结果的部分）不进行描述。如果没有得到根据先行研究结果的逻辑性设定的假设的支持，这些结果也应该被重视。研究者最好记述研究假设中的哪些部分没有被支持，并记述这个结果有什么意义，为什么会出现这样的结果。研究假设不被支持的原因，大体上可能与假设的逻辑性、研究工具、抽样问题有关。

4）避免采用不经过讨论只罗列研究结果的方式

研究人员在编写讨论时经常犯的另一个错误是，只是重复提出研究结果和结论，根本不进行讨论。研究者应从多方面考虑自己的研究结果具有什么样的重要性和意义，从理论实际出发，对其提供的内涵进行充分探讨。

12.1.3.2. 研究的局限性及后续研究的写作建议

因为所有的研究都是在有限的时间和范围内进行的，即使是优秀的研究，也不存在完美的研究。研究人员在执行研究时试图进行最佳研究，但由于研究的焦点有限和选择的研究方法，它们具有自己的局限性。研究的局限性部分是为了告知其局限性，并告知读者接受研究结果时，应在研究者告知的限制点下接受的信息，基于研究的局限性，提出后续研究的建议。

1）研究的局限性

研究的局限性首先是由研究采用的研究方法引起的。
首先，让研究者从研究设计的角度来看。前面根据研究设计分为技术研究、相关研究、实验研究等。每个研究设计都有其独特的目的，因此被选中，但有其局限性。例如，在技术研究中，很难弄清楚所探索的现象的原因。相关研究揭示了变量之间的关系，但不能明确解释因果关系。实验研究在有限的实验条件下揭示了因果关系，它不能解释它是否可以扩展到一般情况而不是实验情况。这样使研究者能够识别研究界独特的局限性，并指出其名称。
关于研究对象代表性的局限。在调查过程中，选票的代表性问题可能成为主要关注点。例如一项针对小学六年级的学生的研究，只有社会经济地位较高地区的儿童投票，或者相反的情况，投票很难具有代表性。特别是在咨询研究中，研究对象是特殊群体还是一般群体容易成为重要研究的限制点。由于研究的便利性，需要在临床群体中进行的研究往往以一般群体为对象，在这种情况下，研究结果的实际应用受到限制。检查工具的可靠性和有效性问题也常常成为研究的限制点。针对儿童的研究应该使用针对儿童开发的、可靠和有效的测试，在现实中，针对成人或青少年开发的测试往往在没有适当程序的情况下用于儿童，或者翻译其他文化所开发的测试，检查项目在国内的社会文化状况下，有时以不同的方式解释，难以得到相同的结果。因此，这种情况下，即使研究人员使用了实际可用的最佳测试工具，可靠性和有效性也会有问题。使用检查的限制点和可以补充的建议一起提出将会是有帮助的。

在描述研究的局限性时，"因为是一般化的问题，所以应该以更多的参与者为对象进行研究。与其说那些模糊的技术，由于标集的某些特性，很难概括，更多的参与者是希望将具有哪些特征的参与者纳入标集等具体描述研究的局限性，并以此为基础为后续研究写出建议。

2）后续研究的建议

对后续研究的建议是基于目前的研究结果的理论。为了获得更实际有用的知识，建议以后进行什么样的研究是有帮助的，后续研究的建议可以从以下几个方面进行。研究方向通常是探索感兴趣的现象和技术，寻找原因，一般按照预防和纠正问题的干预研究等顺序进行。评估目前的研究属于哪一个阶段，以后可以对研究课题提出后续研究建议。特别是在研究课题方面缺乏先导性研究的情况下，可以建议在主题领域需要进行哪些研究的后续研究。在讨论中，研究人员对研究结果的解释和解释，与研究假设不同的结果时，将提出对研究结果的假设性解释。研究人员在解释自己的研究成果时提出的各种猜测和假设也是后续研究中可以处理的好课题。如研究的局限性所述，研究方法的局限性是后续研究建议的最基本内容。通常是封面问题，基于检查工具的可靠性和有效性的问题，可以提高代表性的标集，临床实验研究，可以提出包括可靠性和有效性高的检查的开发和使用等的建议。关于研究方法，可以建议对补充研究人员所使用研究方法的局限性的方法进行后续研究，在硕（博）士论文中，混合资料收集的方法是通过问卷收集资料。但是，由于这种方法有问号法的局限性，有时需要进行后续研究，包括资料收集方法的多样化和提供信息的信息源的多样化等。

12.1.3.3. 編寫结果及解释

定性研究在结果的组织和文体上具有独特而与众不同的特点，与定量研究有所区别。质性研究的结构和文体是有效传达研究结果、促进读者理解以及评估研究质量的重要标准。本节敍述了质性研究的写作、问题和结果的结构针对每种研究方法提出结果的特点。

1) 定性研究书写和问题

在讨论定性研究的写作和问题时，我们首先要详审视一下一般学术写作(academic writing)的要求。
首先，确保清晰明确地表达核心主题。每个段落只涉及一个主题，每个句子只包含一个观点。其次，确保文章内容有逻辑、有组织的展开。一般来说，段落通常由传达主题的主要句和支持主题的具体证据或例子构成。句子与句子之间，段落与段落之间的流畅连接至关重要。另外，写作时要力求简洁。通常超过三行的句子会变得晦涩难懂，或者不符合逻辑，因此要避免这种情况。

在描述定性研究结果时，平衡和协调描述、分析和解释是至关重要的。描述是指生动地和具体地描述研究中涉及的现象或经历，使读者能够共享参与者的经历。这不仅仅是按时间顺序列出事件或经历，而是以有意义的方式呈现。分析是理解数据内容的核心，并将内容和模式分类以构建结果；解释是根据研究主题的背景、先前研究和理论来审视结果的含义，并由研究人员理解和解释。

另一方面，定性研究写作相对于量化研究更具创造性和诗意表达的倾向。特别是在质性研究中比喻（metaphor）经常被使用。比喻是指以相似性为基础，隐含地描述物体的状态或运动（标注国语大词典），通过将不同的物体或现象比拟互相表达。在描述分析结果得出的主题或范畴时，可以使用比喻，而不仅仅是简单地叙述。

2) 定性研究结果的结构

最近的质性研究中，创造性和实验性的写作策略被引入并尝试使用。然而，在国内外的咨询研究中，质性研究仍然是按照美国心理学会(APA)的出版手册的标准来撰写的，因此，在本节中，我们将重点介绍咨询研究中常见的质性研究结果描述方法。

3) 总体研究结果展示

质性研究通常以得出的主题(theme)或上级范畴为中心来描述结果，具体的分类和主题内容(上位范畴、上级范畴、主题等)则以摘要形式汇总到一个表格中，并将基于理论的研究与表格一起展示为图表。

研究结果部分可以根据研究主题或研究者的偏好，①从总体研究结果总结开始，介绍得出的主题和上级范畴，②或者根据研究问题的顺序，以副标题和相应结果开始。

研究结果摘要后，介绍主题和范畴。按研究问题的顺序呈现结果。对每个研究结果进行详细说明并引用的方法在研究结果中介绍每个主题或领域时，首先概述主题名称及其意义，然后逐个讨论各个子范畴的详细内容。在一个主题或领域中，可以先描述其核心内容，并在此基础上进行分析或解释。在这个过程中，通常会概括或引用研究参与者的言论，以传达或支持所述观点。在引用研究参与者的话语时(quotes)引用时原则上应该直接写出研究参与者的话语，不进行修改。在提供简短引语时，应使用引号，而在提供超过一句的引用时，应进行缩写、减小字号并减小行间距，以与正文区分开。

12.2. 学术论文的逻辑写作

学术论文是指系统地记录对学问的方法、理论、发展方向等研究结果的文章。学术论文可以说是将研究人员对专业领域的研究结果写成论文。学术论文的一般构成因素如下。

1)标题(Title)：写出简明扼要地表达研究内容的题目。

2)作者信息(Author Information): 明确论文撰写人姓名、所属单位、联系方式等。

3) 摘要(Abstract): 总结研究目的、方法、主要成果、结论等，写成200~300个字左右。

4)关键字(Keywords): 列出3~5个与研究相关的主要术语。

5)导论\引言(Introduction): 说明研究的背景、目的、问题定义、与现有研究的差异性等。

6)理论背景(Literature Review): 审查相关领域的现有研究，并说明本研究如何扩展或改进现有研究。

7)研究方法(Methodology): 详细说明开展研究所用的方法学、实验设计、数据采集和分析方法等。

8)研究结果(Results): 给出研究中取得的主要成果，利用表格、图表、图片等进行视觉说明。

9)结论(Conclusion): 总结研究的主要成果，突出对研究的贡献。

10)参考文献(References): 根据学术期刊的风格列出研究中引用的所有文献。

12.2.1 学术论文写作方法

1) 选题及研究计划的制定

选择研究课题，明确研究目的和问题。制定研究方案，确定所需数据和方法学。

2) 文献调查

对现有相关领域的研究进行摸底调查，建立研究背景。

3) 数据采集与分析

按照研究方案收集数据，采用适当的分析方法分析数据。

4)起草

根据各个组件来起草。此时保持清晰一致的文体。

5)论文审订

多次审查草案，必要时经共同作者或同事反馈修改。检查论文的逻辑流程、数据的准确性、参考文献的一致性。

6）遵守提交学会的规定

核查提交学术会议的论文撰写规定（如格式、长度、文件格式等），对论文进行最终修订。

<活动>请在韩国的学术信息服务网站上实践‘引用’方法.请用引用方法编制参考文献目录

参考文献

《第一部》

김영순 외(2018). **질적 연구의 즐거움**. 창지사.

김혜숙 외(2013). **초보자를 위한 학위논문 작성법**. 학지사.

류샤오펑(2022). 중국 대학생의 일반적 자기효능감, 자아존중감, 사회적 불안, 주관적 행복감의 관계. 대진대학교 박사학위 청구논문.

류테권 (2024). **한국의 고등교육 국제화 정책 연구**. 박사학위논문 대진대학교 대학원.

박서윤(2021). **외국인 유학생 대상 학위논문 작성을 위한 통합 교수 모형 개발**. 박사학위논문 이화여자대학교 대학원.

이설(2024). **한국과 중국의 국가교육과정에서의 글로벌 역량교육 담론 재맥락화 과정 비교 연구**. 박사학위논문 서울대학교 대학원,

임인재, 김신영(2008). **(교육·심리·사회 연구를 위한) 논문 작성법**. 서울대학교 출판부.

유진은, 노민정(2023). **초보 연구자를 위한 연구 방법의 모든 것**. 학지사.

최주희(2017). **외국인 유학생의 한국어 학위논문 작성 과정 연구**. 박사학위논문 서울대학교 대학원..

Creswell, John W.(2021). 조홍식, 정선욱, 김진숙, 권지성 공역. **질적 연구방법론**. 서울: 학지사.

Margaret Zeegers, Deirdre Barron. (2019), 이미숙 역 **질적 연구를 활용한 학위논문 작성법**. 서울: 학지사.

연구자의 시행착오와 기회: 실험 과정에서의 발견과 연구 경험. https://blog.naver.com/yuntilweirdv59/223364922092(2024.2.25.)

지금 당장 대학원에 가야 하는 이유. https://www.edu.tw/focus/Default.aspx(2020.6.3)

知网论文题目申报：如何选择来源、撰写、修改及完整流程指南.

http://www.slrbs.com/jrzg/aitong/216247.html(2024.0801)
国立台湾科技大学
https://ttc.ntust.edu.tw/p/412-1056-74.php?Lang=zh-tw

《第二部》

王枬(2008. **教师印迹：课堂生活的叙事研究**. 教育科学出版社.
王枬(2003). 关于教师的叙事研究. **全球教育展望,** 4, 11-15.
陈向明(2013). **教育研究方法**. 教育科学出版社.
秦丽莉,何艳华,欧阳西贝(2019). 情感对认知发展影响的叙事研究 **现代外语(双月刊),** 42(6), 818-829.
风笑天(2001). **社会科学研究方法**. 中国人民大学出版社.
风笑天(2022).个案的力量：论个案研究的方法论意义及其应用. **社会科学,** 8, 8-10.
Amia Lieblich(2008).王红艳译. **Narrative research: reading, analysis and interpretation**, 重庆大学出版社.
American Psychological Association.(2022). **APA 논문작성법**. 서울: 학지사.
叙事研究(2024.8.1.)
https://baike.baidu.com/item/%E5%8F%99%E4%BA%8B%E7%A0%94%E7%A9%B6/10621467
社会学研究方法：什么是扎根理论？(2013.1.13.)
https://www.eshukan.com/academic/show.aspx?id=76727&cid=23
定性研究方法中的研究伦理问题有哪些需要注意的？(2024.7.17.).
https://www.mbalib.com/ask/question-1969a738e3e7420c191f8574c635b377.html

《第三部》

Bamberger, M. (Ed.). (2000). Integrating quantita-tive and qualitative research in development projects. Washington, DC: World Bank.
Bazeley, P. (2009). Integrating data analyses in mixed

methods research [Editorial]. Journal of Mixed Methods Research,3 (3), 203-207.

Berger, A. A. (2000). Media and communication research: An introduction to qualitative and quantitative approaches. Thousand Oaks, CA:

Brewer, J., & Hunter, A. (1989). Multimethod research: A synthesis of styles. Newbury Park, CA: Sage.

Bryman, A. (1988). Quantity and quality in social research. London: Routledge.

Bryman, A. (2006). Integrating quantitative and qualitative research: How is it done? Qualitative Research,6 (1), 97-113.

Bryman, A. (2007). Barriers to integrating quantita-tive and qualitative research. Journal of Mixed Methodx Research, 1 (1), 8-22.

Bryman, A., Becker, S., & Scmpik, J. (2008). Quality criteria for quantitative, qualitative and mixed mcthotts research: A view from social policy. International Journal of Social Research Methodology, 11 (4), 261-276.

Campbell, D. T. (1974). Qualitative knowing in action research. Paper presented at the annual meeting of the American Psych tlogical Association, New Orleans, LA.

Campbell, D. T., & Fiske, D. W. (1959). Convergent and discriminant validation by themultitrait-multimethod matrix. Psychological Bulletin,56, 81-105

Creswell, J. W., & Clark, V. L. P. (2007). Designing and conducting mixed methods research. Sage Publications, Inc

Creswell, J. D., Welch, W. T., Taylor, S. E., Sherman, D.

K., Greuncwald, T. L., & Mann, T. (2005). Affirmation of personal values buffers neu-rocndocrinc and psychological stress responses. Psychological Science, 16, 846-851.

Creswell, J. W. (1994). Research design: Qualitative and quantitative approaches. Thousand Oaks, CA: Sage.

Creswell, J. W. (1999). Mixed-method research: Introduction and application. In G. J. Cizck (Ed.), Handbook of educational policy (pp. 455-472). San Diego, CA: Academic Press.

Creswell, J. W. (2003). Research design: Qualitative, quantitative, and mixed methods approaches (2nd ed.). Thousand Oaks, CA: Sage.

Creswell, J. W. (2007). Qualitative inquiry and research design: Choosing among five approaches (2nd ed.). Thousand Oaks, CA: Sage.

Creswell, J. W. (2008a, July 21). How mixed meth-ods has developed. Keynote address for the 4th Annual Mixed Methods Conference, Fitzwilliam College, Cambridge University, UK.

Creswell, J. W. (2008b). Educational research: Planning, conducting, and evaluating quan-titative and qualitative research (3rd ed.). Upper Saddle River, NJ: Pearson Education.Creswell, J. W. (2009a). How SAGE has shaped research methods. London; Sage.

Creswell, J. W. (2009b). Mapping the field of mixed methods research [Editorial]. Journal of Mixed Methods Research, 3 (2), 95-108.

Creswell, J. W. (2009c). Research design: Qualitative, quantitative, and mixed meth-ods approaches (3rd ed.). Thousand Oaks, CA: Sage.

Fielding, N., & Fielding, J. (1986). Linking data: The articulation of qualitative and quantitative methods in social research. Beverly Hills, CA: Sage.

Greene, J. C. (2007). Mixed methods in social inquiry. San Francisco: Jossey-Bass.

Greene, J. C. (2008). Is mixed methods social inquiry a distinctive methodology? Journal of Mixed Methods Research, 2 (1), 7-22.

Greene, J. C., & Caracelli, V. J. (Eds.). (1997). Advances in mixed-mehod evaluation: The challenges and benefits of integrating diverse paradigms: New directions for evaluation, 74. San Francisco: Josscy-Bass.

Greene, J. C., Caracelli, V. J., & Graham, W.F. (1989). Toward a conceptual framework for mixed-method evaluation designs. Educational Evaluation and Policy Analysis, 11 (3), 255-274.

Lincoln.Morell, L., & Tan, R. J. B. (2009). Validating for use and interpretation: A mixed methods contribution illustrated. Journal of Mixed Methods Research, 3 (3), 242-264.

附录

附录 一：研究相关信息活用方法

Ⅰ. 实练资料检索和剽窃检查：在韩国的'学术信息服务'主页上使用"引用"实练

*RISS(學術研究資迅服務/학술연구정보서비스)

https://www.riss.kr/index.do '(引用/인용하기)'

<步骤1> 在RISS主页上输入想要查找的作者或关键词。

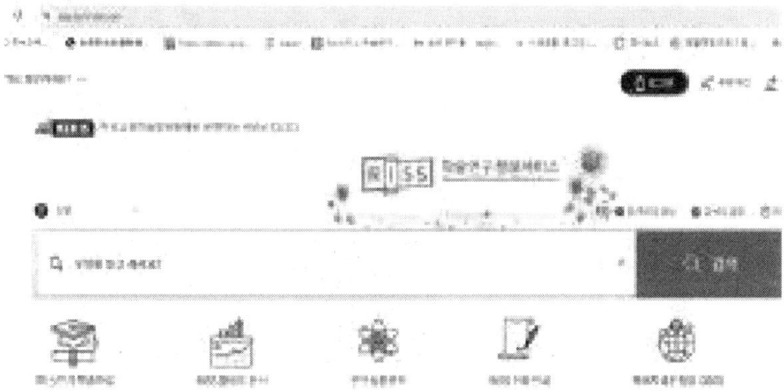

<步骤2>用想要找的作者或关键词区分综合搜索、学术论文、学位论文、单行本等点击。

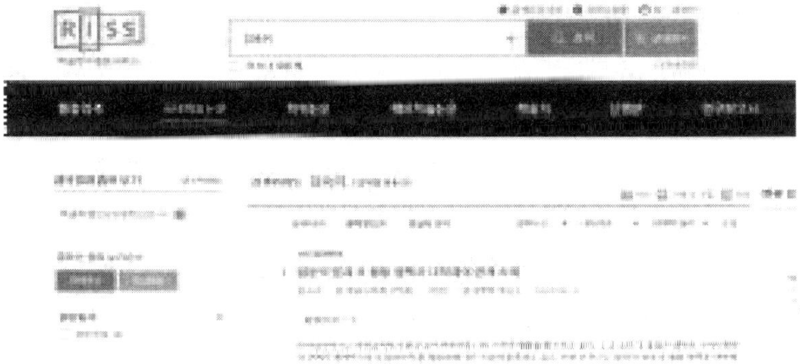

<步骤3>想要找的资料如画面所示时,点击下端的"引用"

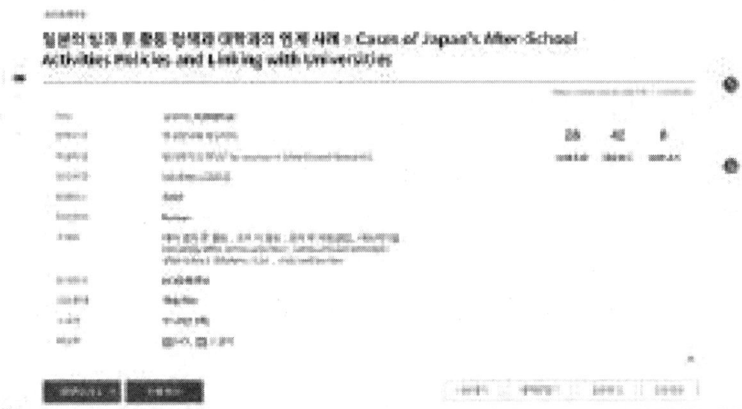

<步骤4>上面的引用,就会出现像画面一样的黑框,点击黄色确认。

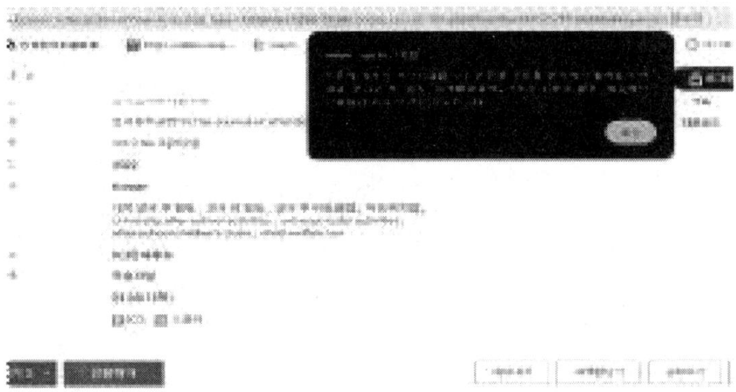

<步骤 5>

点击后,在自己正在写的论文参考文献中"粘贴",就会按照引用形式进行排列

例示) 김00 (2022). 일본의 방과 후 활동 정책과 대학과의 연계 사례. 방과후학교연구 9(3), 21-35.

Ⅱ. 剽窃检查实练

为了完成韩国大学要求的基本学术论文报告,要进行剽窃检查。每所大学在校内网站上都登载了文案杀手(CopyKiller)。

<步骤1> 通过大学官网进入复制杀手。点击右下角的"文件评价(문서평가하기)"

<步骤2>上传想要检查抄袭的文件，然后点击右下角'문서평가(文件评价)'

<步骤3>上传文件并点击"检查"，就会出现当前的"文件评价设置"框。这里重要的是检查设定。

根据检查设定的不同，剽窃率也不同。目前，《引用、法律、法规、参考文献》均除外，应选择文件类型。 然后点击等待就会出现抄袭率。

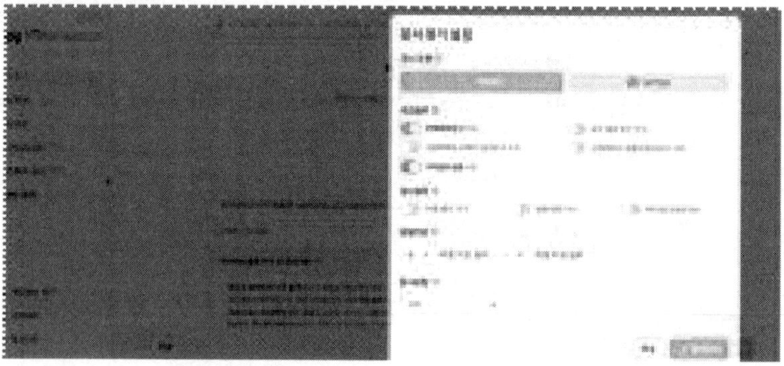

<步骤4>点击评价后等待的话,就会显示现在正在检查剽窃率,安静地等待到结束。

<步骤5> 确认最终抄袭率,打印详细报告书,与学位论文或学术论文一起提交即可。

*Tip:如抄袭率高于高校或机构要求，可核查详报，修改相应文章，调整检查条件。

检查本书的结果是剽窃率4%。已经是非常好的结果。欣然出版了。

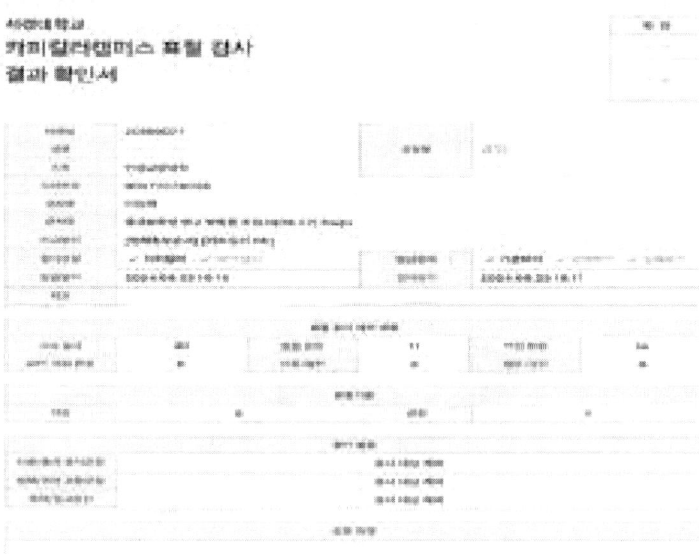

附录二：常用研究方法专有名词中韩英对比表

Ⅰ. 定性研究

中文	韓文	英文
案例研究 (个案研究)	사례 연구	Case Study
编码	코딩	Coding
饱和度	포화도	Saturation
半结构化访谈	반구조화 인터뷰	Semi-structured Interview
参与观察法	참여 관찰법	Participant Observation Method
参与者	참여자	Participants
传输性	전이 가능성	Transferability
动机	동기	Motivation
地方性知识	지역적 지식	Local Knowledge
访谈法	인터뷰 방법	Interview Method
访谈提纲	인터뷰 가이드	Interview Guide
符号	상징	Symbol
符号互动	상징적 상호작용	Symbolic Interaction
符号互动论	상징적 상호작용론	Symbolic Interactionism
反思性	성찰성	Reflexivity
反思现代性	성찰적 근대성	Reflexive Modernity
风险社会	위험 사회	Risk Society
共情	공감	Empathy
共情理解	공감적 이해	Empathetic Understanding
共识验证	합의 검증	Consensus Validation
共识构建	합의 형성	Consensus Building
惯习	관습	Habitus
归因	귀인	Attribution
规训	규율	Discipline
规训社会	규율 사회	Disciplinary Society
故事分析	스토리 분석	Story Analysis
过程记录	과정 기록	Process Recording
观察日志	관찰 기록	Observation Log
观察法	관찰법	Observation Method

概念化	개념화	Conceptualization
合法性	정당성	Legitimacy
合法化	합법화	Legitimation
后现代性	포스트모더니즘	Postmodernity
话语	담화	Discourse
话语分析	담화 분석	Discourse Analysis
话语建构	담화 구성	Discourse Construction
话语实践	담화 실천	Discourse Practice
话语伦理	담화 윤리	Ethics of Discourse
话语社区	담화 공동체	Discourse Community
后结构主义	포스트 구조주의	Post-structuralism
互动模式	상호작용 패턴	Interaction Patterns
回溯性研究	회고적 연구	Retrospective Study
焦点小组	포커스 그룹	Focus Group
焦点讨论	집중 토론	Focused Discussion
建构主义	구성주의	Constructivism
解构	해체	Deconstruction
解释	해석	Interpretation
解释学	해석학	Hermeneutics
解释框架	해석적 틀	Interpretive Framework
价值观	가치관	Values
经验	경험	Experience
经验反思	경험적 성찰	Experiential Reflection
记述	메모	Memoing
阶级	단계, 학급	Class
交互作用	상호작용	Interaction
角色	역할	Character
经济资本	경제 자본	Economic Capital
结局	결말	Resolution
口述史	구술사	Oral History
跨文化研究	교차 문화 연구	Cross-cultural Research
跨文化对话	교차 문화 대화	Cross-cultural Dialogue
跨学科研究	학제 간 연구	Interdisciplinary Research
跨国研究	다국적 연구	Transnational Research
框架分析	프레임 분석	Frame Analysis
开放式访谈	개방 인터뷰	Open-ended Interview
开放式编码	개방형 코딩	Open Coding
可信度	신뢰성	Credibility
流动现代性	유동 현대성	Liquid Modernity
类比	유추	Analogy
类属	범주	Categories
领域	영역	Field
理论敏感性	이론적민감성	Theoretical Sensitivity
理论有效性	이론적타당성	Theoretical Validity
理论建构	이론 구축	Theory Construction
理论抽象	이론 추상화	Theoretical Abstraction
理论饱和	이론적 포화	Theoretical Saturation
民族志	민족지학	Ethnography
民族志式访谈	민족지학적 인터뷰	Ethnographic Interview

描述性编码	기술 코딩	Descriptive Coding
模式	패턴	Patterns
模糊性	모호성	Ambiguity
内容分析	내용 분석	Content Analysis
内在一致性	내적 일관성	Internal Consistency
批判理论	비판이론	Critical Theory
全球化	세계화	Globalization
情节	줄거리	Plot
情节发展	줄거리 전개	Plot Development
情境	맥락	Context
情境化	맥락화	Contextualization
情境建模	상황 모델링	Contextual Modeling
情境描述	상황 서술	Situational Description
情境分析	상황 분석	Situational Analysis
情感	감정	Emotion
情感体验	감정적 경험	Emotional Experience
情感分析	감정 분석	Emotional Analysis
情感劳动	감정 노동	Emotional Labor
取样	표집	Sampling
浸入	몰입	Immersion
权威	권위	Authority
权力	권력	Power
权力关系	권력 관계	Power Relations
认知	인지	Cognition
人类学研究	인류학 연구	Anthropological Research
实地调研	현지 조사 연구	Field Research
实践理论	실천 이론	Practice Theory
身份	정체성	Identity
身份 认同	정체성 구성	Identity Construction
深度访谈	심층 인터뷰	In-depth Interview
生活史	생애사	Life History
三角验证	삼각 검증	Triangulation
审查信度	신뢰도 검사	Auditability
三级编码	3단계 코딩	Three-level Coding
数据饱和	데이터 포화	Data Saturation
数据整理	데이터 관리	Data Management
数据分析软件	데이터 분석 소프트웨어	Data Analysis Software
社会化	사회화	Socialization
社会互动	사회적 상호작용	Social Interaction
社会现象	사회 현상	Social Phenomena
社会地位	사회적 지위	Social Status
社会身份	사회적 정체성	Social Identity
社会角色	사회적 역할	Social Roles
社会规范	사회적 규범	Social Norms
社会建构	사회적 구성	Social Construction
社会资本	사회 자본	Social Capital

社会结构	사회 구조	Social Structure
社会流动性	사회적 이동성	Social Mobility
社区	커뮤니티	Community
社会生态学	사회 생태학	Social Ecology
社会表征	사회적 표상	Social Representation
社会网络	소셜네트워크	Social Network
社会网络分析	소셜네트워크 분석	Social Network Analysis
社会认同	사회 정체성	Social Identity
社会实践	사회 실천	Social Practice
社会变迁	사회 변화	Social Change
田野调查	필드 조사	Fieldwork
透明度	투명성	Transparency
体验研究	경험 연구	Experiential Research
体验性	경험적	Experiential
体验反思	경험적 성찰	Experiential Reflection
团体	그룹	Group
同理心	공감	Empathy
外在一致性	외적 일관성	External Consistency
文化	문화	Culture
文化解释	문화 해석	Cultural Interpretation
文化解码	문화 해독	Cultural Decoding
文化分析	문화 분석	Cultural Analysis
文化符号	문화 상징	Cultural Symbol
文化资本	문화 자본	Cultural Capital
文化探究	문화 탐구	Cultural Inquiry
文本研究	텍스트 연구	Textual Research
文化敏感性	문화 민감성	Cultural Sensitivity
文化建构	문화 구성	Cultural Construction
文本分析	텍스트 분석	Textual Analysis
文本阐释	텍스트 해석	Textual Interpretation
网络民族志	인터넷민속지	Netnography
叙述	내러티브	Narrative
叙事研究	서사 연구	Narrative Research
叙事方法	서사 방법	Narrative Methods
叙事策略	서사 전략	Narrative Strategy
叙事分析	서사 분석	Narrative Analysis
叙事风格	서사 스타일	Narrative Style
叙事语境	서사적 맥락	Narrative Context
叙事身份	내러티브 아이덴티	Narrative Identity
叙事探究	서사 탐구	Narrative Inquiry
叙事访谈	서사 인터뷰	Narrative Interview
叙事重构	서사 재구성	Narrative Reconstruction
叙事路径	서사 경로	Narrative Pathways
叙事动力	서사 역학	Narrative Dynamics
叙事方法论	서사 방법론	Narrative Methodology
叙事构建	서사 구성	Narrative Construction
叙事结构	서사 구조	Narrative Structure
叙事结构化	서사 구조화	Narrative Structuring

叙事分解	서사 해체	Narrative Deconstruction
叙事表达	서사 표현	Narrative Expression
叙事流变	서사 유동성	Narrative Flux
叙事断裂	서사 불연속	Narrative Discontinuity
叙事再现	서사 재현	Narrative Reproduction
叙事创新	서사 혁신	Narrative Innovation
叙事完整性	서사 완전성	Narrative Integrity
叙事丰富性	서사 풍부	Narrative Richness
叙事复杂性	서사 복잡성	Narrative Complexity
叙事多样性	서사 다양성	Narrative Diversity
叙事层次	서사 계층	Narrative Layers
叙事隐喻	서사 은유	Narrative Metaphor
叙事矛盾	서사 모순	Narrative Paradox
叙事冲突	서사 갈등	Narrative Conflict
叙事张力	서사 긴장감	Narrative Tension
叙事转折	서사 전환	Narrative Turn
现象学	현상학	Phenomenology
现象学方法	현상학 방법	Phenomenological Method
现象学描述	현상학 묘사	Phenomenological Description
行动研究	행동 연구	Action Research
行动计划	행동 계획	Action Plan
行动者网络理论	행위자 네트워크이론	Actor-Network Theory
行为	행위	Behavior
行为编码	행위 코딩	Behavior Coding
选择性编码	선택적 코딩	Selective Coding
现场笔记	필드노트	Field Notes
象征	상징	Symbol
象征资本	상징 자본	Symbolic Capital
象征性行为	상징적 행동	Symbolic Behavior
象征性意义	상징적 의미	Symbolic Meaning
信念	신념	Beliefs
信度	신뢰도	Reliability
效度	타당도	Validity
移情理解	공감적 이해	Empathetic Understanding
隐喻	은유	Metaphor
隐喻分析	은유 분석	Metaphor Analysis
隐性知识	암묵적 지식	Tacit Knowledge
依赖性	의존성	Dependability
研究伦理	연구 윤리	Research Ethics
因果关系	인과관계	Causality
自传性 记述	자전적 서술	Autobiographical Narrative
扎根理论	근거 이론	Grounded Theory

中层理论	중범위 이론	Middle-range Theory
主观经验	주관적 경험	Subjective Experience
主题	주제	Themes
主题发现	주제 발견	Theme Discovery
主题分析	주제 분석	Thematic Analysis
主题映射	주제 매핑	Theme Mapping
轴心编码 主轴编码	축 코딩	Axial Coding
种族	인종	Race
组织	조직	Organization
资本	자본	Capital
制度	제도	Institution
治理	통치	Governance
再现性	재현성	Representation
质(定)性研究	질적 연구	Qualitative Research
质性分析	질적 분석	Qualitative Analysis
质性调查	질적 조사	Qualitative Survey
质性元分析	질적메타분석	Qualitative Meta-analysis
质性内容分析	질적 내용 분석	Qualitative Content Analysis
质性方法学	질적 방법론	Qualitative Methodology
质性方法论	질적 방법론	Qualitative Methodology
质性取样	질적 표집	Qualitative Sampling
质性数据	질적 데이터	Qualitative Data
质性编码	질적 코딩	Qualitative Coding
质性数据管理	질적 데이터 관리	Qualitative Data Management
质性数据分析	질적 데이터 분석	Qualitative Data Analysis
质性矩阵	질적 매트릭스	Qualitative Matrix
质性评估	질적 평가	Qualitative Evaluation
质性样本	질적 샘플	Qualitative Sample

Ⅱ. 定量研究

中文	韩文	英文
变量	변수	Variable
标准差	표준편차	Standard Deviation
标准误差	표준 오차	Standard Error- SE
标准化系数	표준화 계수	Standardized Coefficient
半参数模型	반모수 모형	Semiparametric Model
贝叶斯分析	베이즈 분석	Bayesian Analysis
贝叶斯可信区间（贝叶斯置信区间）	베이즈 신뢰구간	Bayesian Credible Interval
泊松回归	포아송 회귀	Poisson Regression
抽样误差	표본 오차	Sampling Error
中值	중앙값	Median
抽样误差	표본 오차	Sampling Error
残差	잔차	Residual
残差平方和	잔차 제곱합	Residual Sum of Squares - RSS
残差分析	잔차 분석	Residual Analysis
独立变量	독립 변수	Independent Variable
多元回归	다중 회귀	Multiple Regression
多元正态分布	다변량 정규분포	Multivariate Normal Distribution
多元逻辑回归	다중 로지스틱 회귀	Multinomial Logistic Regression
多重共线性	다중공선성	Multicollinearity

多重比较	다중 비교	Multiple Comparison
断点回归	단절 회귀	Regression Discontinuity
点估计	점 추정	Point Estimation
F检验	F검정	F-Test
方差	분산	Variance
方差分析	분산 분석	ANOVA - Analysis of Variance
方差通胀因子	분산 팽창 인자	Variance Inflation Factor - VIF
负二项回归	음이항 회귀	Negative Binomial Regression
分层随机抽样	층화 임의 추출	Stratified Random Sampling
峰度	첨도	Kurtosis
广义估计方程	일반화 추정 방정식	Generalized Estimating Equations - GEE
广义线性模型	일반화 선형 모형	Generalized Linear Model - GLM
广义线性混合模型	일반화 선형 혼합 모형	Generalized Linear Mixed Model - GLMM
固定效应	고정 효과	Fixed Effect
回归分析	회귀 분석,	Regression Analysis
回归系数	회귀 계수	Regression Coefficient
回归线	회귀선	Regression Line
回归不确定性	회귀 불확실성	Regression Uncertainty
混合模型	혼합 모형	Mixture Model
混淆变量	혼란 변수	Confounding Variable
混淆矩阵	혼동 행렬	Confusion Matrix
核密度估计	커널 밀도 추정	Kernel Density Estimation - KDE

赫斯特指数	허스트 지수	Hurst Exponent
横断研究（横断面研究）	횡단 연구	Cross-Sectional Study
均值	평균값	Mean
假设	가설	Hypothesis
假设检验	가설 검정	Hypothesis Testing
假阳性	거짓 양성	False Positive
假阴性	거짓 음성	False Negative
降维	차원 축소	Dimensionality Reduction
加权最小二乘法	가중 최소제곱법	Weighted Least Squares - WLS
加权平均	가중 평균	Weighted Average
结构方程模型	구조 방정식 모형	Structural Equation Modeling - SEM
截断回归	절단 회귀	Truncated Regression
截断正态分布	절단 정규 분포	Truncated Normal Distribution
极大似然估计（最大似然估计）	최대 우도 추정	Maximum Likelihood Estimation - MLE
解释方差	설명된 분산	Explained Variance
渐进线性回归（逐步线性回归）	단계적 선형 회귀	Stepwise Linear Regression
交互作用	상호작용	Interaction Effect
交叉验证	교차 검증	Cross-Validation
经验分布	경험적 분포	Empirical Distribution
聚类分析	군집 분석	Cluster Analysis

控制变量	통제 변수	Control Variable
卡方检验	카이제곱 검정	Chi-Square Test
离散化	이산화	Discretization
离群值	이상치	Outlie
逻辑回归	로지스틱 회귀	Logistic Regression
累积频率分布（累计频数分布）	누적 빈도 분포	Cumulative Frequency Distribution
类间方差（组间方差）	집단 간 분산	Between-Group Variance
类内方差（组内方差）	집단 내 분산	Within-Group Variance
模型拟合	모형 적합	Model Fit
模型简化	모형 간소화	Model Simplification
敏感性分析	민감도 분석	Sensitivity Analysis
蒙特卡洛模拟	몬테카를로 시뮬레이션	Monte Carlo Simulation
蒙特卡洛方法	몬테카를로 방법	Monte Carlo Method
幂分析	검정력 분석	Power Analysis
曼-惠特尼U检验	맨-휘트니 U 검정	Mann-Whitney U Test
拟合优度	적합도	Goodness of Fit
内部效度	내적 타당도	Internal Validity
内生变量	내생 변수	Endogenous Variable
p值	p값	p-Value
偏相关	편상관	Partial Correlation
偏差	편향	Bias

偏度	왜도	Skewness
偏倚修正（偏差校正）	편향 수정	Bias Correction
偏最小二乘法	편최소제곱법	Partial Least Squares - PLS
偏回归系数	편회귀계수	Partial Regression Coefficient
皮尔逊相关系数	피어슨 상관계수	Pearson Correlation Coefficient
频率分布	빈도 분포	Frequency Distribution
平滑	평활	Smoothing
齐性检验（同质性检验）	등분산성 검정	Homogeneity Test
区分效度	변별 타당도	Discriminant Validity
潜在类别分析	잠재 클래스 분석	Latent Class Analysis - LCA
潜在变量（潜变量）	잠재 변수	Latent Variable
倾向得分匹配（倾向评分匹配）	성향 점수 매칭	Propensity Score Matching - PSM
Q-Q图	Q-Q 도표	Q-Q Plot
区间估计	구간 추정	Interval Estimation
缺失数据	결측	데이터, Missing Data
二元变量	이진 변수	Binary Variable
二项分布	이항 분포	Binomial Distribution
二阶矩	2차 모멘트	Second Moment
随机效应	랜덤 효과	Random Effect
随机森林	랜덤 포레스트	Random Forest
似然比检验	우도비 검정	Likelihood Ratio Test

数据标准化	데이터 표준화	Data Standardization
数据稀疏性	데이터 희소성	Data Sparsity
数据清理	데이터 정제	Data Cleaning
数据插补	데이터 보간	Data Imputation
斯皮尔曼相关系数	스피어만 상관계수	Spearman's Rank Correlation Coefficient
时间序列	시계열	Time Series
T检验	T검정	T-Test
剔除法（逐步剔除法）	후진제거법	Stepwise Elimination
调节作用（调节效应）	조절 작용,	Moderation Effect
调节变量	조절 변수	Moderator Variable
统计功效	검정력	Statistical Power
虚拟变量	더미 변수	Dummy Variable
稳健性	강건성	Robustness
稳健估计	강건 추정	Robust Estimation
稳健回归	강건 회귀	Robust Regression
无偏估计	불편 추정	Unbiased Estimation
外部效度	외적 타당도	External Validity
误差项	오차항	Error Term
外生变量	외생 변수	Exogenous Variable
相关系数	상관 계수	Correlation Coefficient
显著性水平	유의 수준	Significance Level
信度	신뢰도	Reliability

效度	타당도	Validity
线性混合效应模型	선형 혼합 효과 모형	Linear Mixed-Effects Model
线性回归	선형 회귀	Linear Regression
信息熵	정보 엔트로피	Information Entropy
信息准则	정보 기준	Information Criterio
协方差矩阵	공분산 행렬	Covariance Matrix
显著性	유의성	Significance
效应量	효과 크기	Effect Size
效应修正	효과 수정	Effect Modification
协变量	공변량	Covariate
样本	표본	Sample
样本量	표본 크기	Sample Size
样本框 (抽样框)	표본 프레임	Sampling Frame
样本内误差	내표본 오차	In-Sample Error
样本外误差	외표본 오차	Out-of-Sample Error
样本偏差	표본 편향	Sample Bias
因变量	종속 변수	Dependent Variable
因子分析	요인 분석	Factor Analysis
因子载荷	요인 부하	Factor Loading
因果推断	인과 추론	Causal Inference
隐变量模型 潜变量模型	잠재 변수 모형	Latent Variable Model
预处理	전처리	Preprocessing

优化算法	최적화 알고리즘	Optimization Algorithm
异方差性	이분산성	Heteroscedasticity
验证集	검증 집합	Validation Set
总体	모집단	Population
置信区间	신뢰 구간	Confidence Interval
置信水平	신뢰 수준	Confidence Level
置信度	신뢰도	Confidence Level
置信限	신뢰 한계	Confidence Limit
主效应	주효과	Main Effect
最小二乘法	최소제곱법	Least Squares Method
主成分回归	주성분 회귀	Principal Component Regression - PCR
主成分分析	주성분 분석	Principal Component Analysis - PCA
自相关	자기상관	Autocorrelation
自变量	독립 변수	Independent Variable
中介作用（中介效应）	매개 작용	Mediation Effect
滞后变量	지연 변수	Lagged Variable
秩和检验	순위 합 검정	Rank-Sum Test
纵向研究	종단 연구	Longitudinal Study
正态性检验	정규성 검정	Normality Test
自由度	자유도	Degrees of Freedom

Ⅲ. 混合研究

中文	韓文	英文
并行设计	병렬 설계	Parallel Design
补充性设计	보완 설계	Complementary Design
定量研究	정량 연구	Quantitative Research
定量验证	정량 검증	Quantitative Validation
定性研究	정성 연구	Qualitative Research
定性补充	정성 보완	Qualitative Supplementation
多元化设计	다중 방법 설계	Multimethod Design
多重视角	다중 관점	Multiple Perspectives
多阶段设计	다단계 설계	Multiphase Design
迭代设计	반복 설계	Iterative Design
方法论三角测量	방법론 삼각측량	Methodological Triangulation
方法适配性	방법 적합성	Method Fit
混合研究方法	혼합 연구 방법	Mixed Methods Research
解释设计	설명 설계	Explanatory Design
解释连贯性	설명 일관성	Explanatory Consistency
解释矩阵	설명 매트릭스	Explanatory Matrix
解释一致性	설명 일관성	Explanatory Consistency
解释桥梁	설명 브리지	Explanatory Bridge
渐进性设计	점진적 설계	Incremental Design
交互效应	상호작용 효과	Interaction Effect
交叉分析	교차 분석	Cross-Analysis
聚合分析	집계 분석	Aggregate Analysis
跨方法验证	크로스 메서드 검증	Cross-Method Validation

理论融合	이론 융합	Theory Integration
理论迁移	이론 전이	Theory Transfer
嵌入设计	내포 설계	Embedded Design
融合分析	융합 분석	Fusion Analysis
数据整合	데이터 통합	Data Integration
数据转化	데이터 변환	Data Transformation
数据联结	데이터 연계	Data Linking
数据平衡	데이터 균형	Data Balancing
数据校准	데이터 보정	Data Calibration
数据优先级转移	데이터 우선 순위 이동	Data Priority Shifting
数据衔接	데이터 연결	Data Bridging
数据融合	데이터 융합	Data Fusion
数据整合矩阵	데이터 통합 매트릭스	Data Integration Matrix
数据转化分析	데이터 변환 분석	Data Transformation Analysis
数据互补	데이터 상호보완	Data Complementarity
数据连贯性	데이터 일관성	Data Coherence
数据链	데이터 체인	Data Chain
数据衍生	데이터 파생	Data Derivation
数据权重	데이터 가중치	Data Weighting
收敛并行设计	수렴 병렬 설계	Convergent Parallel Design
顺序设计	순차 설계	Sequential Design
探索设计	탐색 설계	Exploratory Design
效应增强	효과 증대	Effect Enhancement
验证性分析	확인 분석	Confirmatory Analysis
验证性三角测量	확인 삼각측량	Confirmatory Triangulation
转换设计	변환 설계	Transformative Design

附录三：研究方法中韩英专有名词解释

Ⅰ. 定性研究中韩英专有名词解释

1. 案例研究 (Case Study / 사례 연구)

▸ 对单个案例进行深入分析，以揭示更广泛的现象或原则

▸ 단일 사례를 깊이 분석하여 현상이나 원칙을 밝히는 방법

▸ In-depth analysis of a single case to reveal broader phenomena or principles.

2. 编码 (Coding / 코딩)

▸ 将数据分类和标记为概念和类别的过程。

▸ 데이터를 개념과 범주로 분류하고 표시하는 과정.

▸ The process of categorizing and labeling data into concepts and categories.

3. 饱和度 (Saturation / 포화도)

▸ 在数据分析中，指不再发现新的信息或主题。

▸ 데이터 분석에서 더 이상 새로운 정보나 주제가 발견되지 않는 상태.

▸ In data analysis, the point at which no new information or themes are observed.

4. 半结构化访谈 (Semi-structured Interview / 반구조화된 인터뷰)

▸ 一种既有固定问题又允许灵活提问的访谈方法。

▸ 고정된 질문과 유연한 질문이 모두 포함된 인터뷰 방법.

▸ An interview method that includes both fixed questions and allows for flexible questioning.

5. 参与观察法 (Participant Observation Method / 참여 관찰법)

▸ 研究者通过参与研究对象的日常活动进行观察的方法。

▸ 연구자가 연구 대상의 일상 활동에 참여, 관찰하는 방법.

▸ A method where the researcher participates in the

daily activities of the subjects to observe them.

6. 参与者 (Participants / 참여자)
   - 参与研究的个体或群体。
   - 연구에 참여하는 개인이나 집단.
   - Individuals or groups who take part in the research.

7. 传输性 (Transferability / 전이 가능성)
   - 研究结果在其他情境中的适用性。
   - 연구 결과가 다른 상황에 적용될 가능성.
   - The applicability of research findings to other contexts.

8. 动机 (Motivation / 동기)
   - 驱动个体行为的原因或动力。
   - 개인행동을 유발하는 이유나 동기.
   - Reasons or drives behind individual behavior.

9. 地方性知识 (Local Knowledge / 지역적 지식)
   - 特定文化或社区中的本地化和具体知识。
   - 특정 문화나 지역 사회 내의 현지화되고 구체적인 지식.
   - Localized and specific knowledge within a particular culture or community.

10. 访谈法 (Interview Method / 면담법)
   - 通过与受访者进行对话来收集数据的方法。
   - 피면접자와 대화를 통해 데이터를 수집하는 방법.
   - A method of collecting data by having conversations with respondents.

11. 访谈提纲 (Interview Guide / 인터뷰 가이드)
   - 用于引导访谈过程的结构化问题和主题清单。
   - 인터뷰 과정을 안내하기 위한 구조화된 질문과 주제 목록.
   - A structured list of questions and topics used to guide the interview process.

12. 符号 (Symbol / 상징)
   - 代表特定含义或概念的物体、标志或图案。
   - 특정 의미나 개념을 나타내는 물체, 기호 또는 패턴.
   - Objects, signs, or patterns representing specific

meanings or concepts.

13. 符号互动 (Symbolic Interaction / 상징적 상호작용)

▸ 通过符号进行的社会互动和意义构建。

▸ 기호를 통해 이루어지는 사회적 상호작용과 의미 구성.

▸ Social interactions and meaning construction through symbols.

14.符号互动论 (Symbolic Interactionism/상징적 상호작용론)

▸ 研究个体如何通过符号和互动构建意义和社会现实。

▸ 개인이 기호와 상호작용을 통해 의미와 사회적 현실을 구성하는 방법을 연구하는 이론.

▸ Study of how individuals construct meanings and social realities through symbols and interactions.

15. 反思性 (Reflexivity / 성찰성)

▸ 研究者对自身及其对研究的影响进行反思和分析。

▸ 연구자가 자신의 연구에 미치는 영향과 그 영향을 반영하는 것.

▸ The researcher's reflection and analysis of their influence on the research.

16. 反思现代性 (Reflexive Modernity / 성찰적 근대성)

▸ 个体和社会不断反思和调整的现代状态。

▸ 개인과 사회가 끊임없이 반성하고 조정하는 현대 상태.

▸ The modern condition where individuals and societies continuously reflect and adjust.

17. 风险社会 (Risk Society / 위험 사회)

▸ 充满不确定性和系统性风险的现代社会。

▸ 불확실성과 체계적 위험으로 가득 찬 현대 사회.

▸ A modern society characterized by uncertainty and systemic risks.

18. 共情 (Empathy / 공감)

▸ 感知和理解他人情感的能力。

▸ 타인의 감정을 감지하고 이해하는 능력.

▸ The ability to perceive and understand the emotions of others.

19. 共情理解 (Empathetic Understanding / 공감적 이해)

▸ 通过理解他人的情感和视角来获得洞察力。

▸ 타인의 감정과 관점을 이해하여 통찰력을 얻는 것.

▸ Gaining insight by understanding the emotions and perspectives of others.

20. 共识验证 (Consensus Validation / 합의 검증)

▸ 通过与研究参与者达成一致来验证研究结果的方法。

▸ 연구 참가자들과 합의를 통해 연구 결과를 검증하는 방법.

▸ A method for validating research findings by reaching consensus with research participants.

21. 共识构建 (Consensus Building / 합의 형성)

▸ 通过对话和协商达成一致的过程。

▸ 대화와 협상을 통해 합의를 도출하는 과정.

▸ The process of reaching agreement through dialogue and negotiation.

22. 惯习 (Habitus / 아비투스)

▸ 个体通过社会化获得的持久行为和思维倾向。

▸ 개인이 사회화를 통해 획득한 지속적인 행동과 사고 경향.

▸ Durable dispositions and tendencies acquired by individuals through socialization.

23. 归因 (Attribution / 귀인)

▸ 对某事件或行为原因的推断。

▸ 어떤 사건이나 행동의 원인을 추론하는 것.

▸ The inference of the causes of an event or behavior.

24. 规训 (Discipline / 규율)

▸ 通过规范和惩罚来控制和指导行为的过程。

▸ 규범과 처벌을 통해 행동을 통제하고 지시하는 과정.

▸ The process of controlling and guiding behavior through norms and punishment.

25. 规训社会 (Disciplinary Society / 규율 사회)

▸ 通过规范和制度严格控制行为的社会。

▸ 규범과 제도를 통해 행동을 엄격하게 통제하는 사회.

▸ A society that strictly controls behavior through

norms and institutions.

26. 故事 分析 (Story Analysis / 스토리 분석)

▸ 分析个体或群体叙述的故事以理解其意义。

▸ 개인이나 집단이 서술한 이야기를 분석하여 그 의미를 이해하는 것.

▸ Analyzing the stories narrated by individuals or groups to understand their meanings.

27. 过程记录 (Process Recording / 과정 기록)

▸ 详细记录研究过程中的观察和反思。

▸ 연구 과정에서의 관찰과 반성을 자세히 기록하는 것.

▸ Detailed recording of observations and reflections during the research process.

28. 观察法 (Observation Method / 관찰법)

▸ 通过观察研究对象的行为和互动来收集数据的方法。

▸ 연구 대상의 행동과 상호작용을 관찰하여 데이터를 수집하는 방법.

▸ A method of collecting data by observing the behavior and interactions of research subjects.

29. 观察记录 (Observation Log / 관찰 기록)

▸ 记录在观察过程中所见所闻的日志。

▸ 관찰 과정에서 본 것과 들은 것을 기록한 일지.

▸ A log recording what was seen and heard during observations.

30. 概念化 (Conceptualization / 개념화)

▸ 将观察到的现象和数据抽象为理论概念的过程。

▸ 관찰된 현상과 데이터를 이론적 개념으로 추상화하는 과정.

▸ The process of abstracting observed phenomena and data into theoretical concepts.

31. 合法性 (Legitimacy / 정당성)

▸ 被社会广泛接受和认可的正当性。

▸ 사회에서 널리 받아들여지고 인정되는 정당성.

▸ The acceptance and recognition of authority as valid by society.

32. 合法化 (Legitimation / 합법화)

▸ 通过社会认可和制度化使行为或权力合法化的过程。

▸ 사회적 인정과 제도화를 통해 행동이나 권력을 합법화하는 과정.

▸ The process of making behavior or power legitimate through social recognition and institutionalization.

33. 后现代性 (Postmodernity / 탈근대성)

▸ 对现代性和其基础假设的批判和超越。

▸ 근대성과 그 기본 가정에 대한 비판과 초월.

▸ Critique and transcendence of modernity and its foundational assumptions.

34. 话语 (Discourse / 담화)

▸ 语言和沟通中的意义和实践。

▸ 언어와 의사소통에서의 의미와 실천.

▸ Meanings and practices in language and communication.

35. 话语分析 (Discourse Analysis / 담화 분석)

▸ 研究语言的使用和社会背景中的意义。

▸ 언어의 사용과 사회적 맥락에서의 의미를 연구하는 방법.

▸ Study of language use and meanings within social contexts.

36. 话语建构 (Discourse Construction / 담화 구성)

▸ 通过语言和交流构建社会现实和意义的过程。

▸ 언어와 소통을 통해 사회적 현실과 의미를 구성하는 과정.

▸ The process of constructing social realities and meanings through language and communication.

37. 话语实践 (Discourse Practice / 담화 실천)

▸ 通过语言和交流进行的社会实践。

▸ 언어와 소통을 통해 이루어지는 사회적 실천.

▸ Social practices carried out through language and communication.

38. 话语伦理 (Ethics of Discourse / 담화 윤리)

▸ 在研究和交流中遵循的伦理原则和规范。

▸ 연구와 소통에서 따르는 윤리 원칙과 규범.

▸ The ethical principles and norms followed in research and communication.

39. 话语社区 (Discourse Community / 담화 공동체)

▸ 共享特定话语和交流方式的群体。

▸ 특정 담화와 소통 방식을 공유하는 집단.

▸ A group that shares specific discourse and ways of communication.

40. 后结构主义 (Post-structuralism / 후기 구조주의)

▸ 批判和解构传统结构和意义的理论。

▸ 전통적인 구조와 의미를 비판하고 해체하는 이론.

▸ Theory that critiques and deconstructs traditional structures and meanings.

41. 互动模式 (Interaction Patterns / 상호작용 패턴)

▸ 个体或群体之间交互作用的常见方式。

▸ 개인이나 집단 간의 상호작용의 일반적인 방식.

▸ Common ways of interactions between individuals or groups.

42. 回溯性研究 (Retrospective Study / 회고적 연구)

▸ 一种研究方法，通过回顾过去的数据和事件来分析和理解现象。

▸ 과거의 데이터와 사건을 회고하여 현상을 분석하고 이해하는 연구 방법.

▸ A research method that involves analyzing and understanding phenomena by looking back at past data and events.

43. 焦点小组 (Focus Group / 포커스 그룹)

▸ 由一组人进行讨论，研究者引导话题以收集多样化的观点和信息。

▸ 연구자가 주제를 안내하여 한 그룹의 사람들이 토론을 통해 다양한 관점과 정보를 수집하는 방법.

▸ A discussion method where a group of people discuss a topic guided by a researcher to collect diverse perspectives and information.

44. 焦点讨论 (Focused Discussion / 포커스 토론)

▸ 小组成员围绕特定主题进行深入讨论。

▸ 그룹 구성원이 특정 주제를 중심으로 심도 있게 토론.

▸ Group members engaging in an in-depth discussion around a specific topic.

45. 建构主义 (Constructivism / 구성주의)

▸ 研究知识和现实如何通过社会互动和个人经验构建。

▸ 지식과 현실이 사회적 상호작용과 개인 경험을 통해 어떻게 구성되는지를 연구하는 이론.

▸ Study of how knowledge and reality are constructed through social interactions and personal experiences.

46. 解构 (Deconstruction / 해체)

▸ 分析和挑战传统结构和意义的过程。

▸ 전통적인 구조와 의미를 분석하고 도전하는 과정.

▸ The process of analyzing and challenging traditional structures and meanings.

47. 解释 (Interpretation / 해석)

▸ 对数据或现象的分析和说明。

▸ 데이터나 현상을 분석하고 설명하는 것.

▸ The analysis and explanation of data or phenomena.

48. 解释学 (Hermeneutics / 해석학)

▸ 解释文本和语言的理论和方法。

▸ 텍스트와 언어를 해석하는 이론과 방법.

▸ Theory and methodology of interpreting texts and language.

49. 解释框架 (Interpretive Framework / 해석적 틀)

▸ 用于理解和解释研究数据的理论框架。

▸ 연구자료를 이해하고 해석하는 데 사용되는 이론적 틀.

▸ A theoretical framework used to understand and interpret research data.

50. 价值观 (Values / 가치관)

▸ 个体或群体认为重要的原则或标准。

▸ 개인이나 집단이 중요하다고 여기는 원칙이나 기준.

▸ Principles or standards considered important by individuals or groups.

51. 经验 (Experience / 경험)

▸ 个体或群体的生活事件和经历。

▸ 개인이나 집단의 생활 사건과 경험.

▸ Life events and experiences of individuals or groups.

52. 经验反思 (Experiential Reflection / 경험적 성찰)

▸ 对个人经验的深刻反思和分析。

▸ 개인 경험에 대한 깊은 성찰과 분석.

▸ Deep reflection and analysis of personal experiences.

53. 记述 (Memoing / 기술)

▸ 在研究过程中记录反思和观察。

▸ 연구 과정에서 반성과 관찰을 기록하는 것.

▸ Recording reflections and observations during the research process.

54. 阶级 (Class / 계급)

▸ 社会中基于经济和社会地位的分层。

▸ 경제적 및 사회적 지위를 기반으로 한 사회의 계층화.

▸ Stratification in society based on economic and social status.

55. 交互作用 (Interaction / 상호작용)

▸ 个体或群体之间的交流和影响。

▸ 개인이나 집단 간의 교류와 영향.

▸ Communication and influence between individuals or groups.

56. 角色 (Character / 등장인물)

▸ 故事中描绘的个体或人物。

▸ 이야기에서 묘사된 개인이나 인물.

▸ Individuals or figures depicted in a story.

57. 经济资本 (Economic Capital / 경제 자본)

▸ 可以直接转换为金钱的经济资源。

▸ 현금으로 직접 전환할 수 있는 경제적 자원.

▸ Economic resources that can be directly converted into money.

58. 结局 (Resolution / 결말)

▸ 故事中冲突和问题的解决方式。

▸ 이야기에서 갈등과 문제를 해결하는 방식.

▸ The way conflicts and problems are resolved in a story.

59. 口述史 (Oral History / 구술 역사)

▸ 通过口述记录和保存历史事件和个人经历。

▸ 구술을 통해 역사적 사건과 개인 경험을 기록, 보존하는 것.

▸ Recording and preserving historical events and personal experiences through oral narration.

60. 跨文化研究 (Cross-cultural Research / 교차문화 연구)

▸ 比较不同文化中的行为和信仰。

▸ 다른 문화의 행동과 신념을 비교하는 연구.

▸ Comparative study of behaviors and beliefs across different cultures.

61. 跨文化对话 (Cross-cultural Dialogue / 교차 문화 대화)

▸ 不同文化背景下的交流和理解。

▸ 다른 문화적 배경에서의 소통과 이해.

▸ Communication and understanding across different cultural backgrounds.

62. 跨学科研究 (Interdisciplinary Research / 학제 간 연구)

▸ 结合多个学科的理论和方法进行研究。

▸ 여러 학문의 이론과 방법을 결합하여 연구하는 것.

▸ Conducting research that combines theories and methods from multiple disciplines.

63. 跨国研究 (Transnational Research / 초국가 연구)

▸ 研究超越国界的现象和问题。

▸ 국경을 초월한 현상과 문제를 연구하는 것.

▸ Study of phenomena and issues that transcend national boundaries.

64. 框架分析 (Frame Analysis / 프레임 분석)

▸ 分析社会现象如何被构建和解释。

▸ 사회 현상이 어떻게 구성되고 해석되는지를 분석하는 방법.

▸ Analysis of how social phenomena are constructed and interpreted.

65. 开放式访谈 (Open-ended Interview / 개방형 인터뷰)

▸ 一种没有预设答案、允许受访者自由表达观点和经验的访谈方法。

▸ 정해진 답이 없고, 피면접자가 자유롭게 의견과 경험을 표현할 수 있는 인터뷰 방법.

▸ An interview method that allows respondents to freely express their views and experiences without preset answers.

66. 开放编码 (Open Coding / 개방형 코딩)

▸ 在扎根理论中，最初的编码阶段，用于识别概念和类别。

▸ 근거 이론 개념과 범주를 식별하기 위한 초기 코딩 단계.

▸ Initial coding stage in grounded theory used to identify concepts and categories.

67. 可信度 (Credibility / 신뢰성)

▸ 研究结果的可信性和真实性。

▸ 연구 결과의 신뢰성과 진정성.

▸ The believability and truthfulness of research findings.

68. 流动现代性 (Liquid Modernity / 유동하는 근대성)

▸ 现代社会中快速变化和流动的状态。

▸ 현대 사회에서 빠르게 변화하고 유동하는 상태.

▸ The rapidly changing and fluid state of modern society

69. 类比 (Analogy / 유추)

▸ 通过比较相似性来解释和理解概念。

▸ 유사성을 비교하여 개념을 설명하고 이해하는 것.

▸ Explaining and understanding concepts by comparing similarities.

70. 类属 (Categories / 범주)

▸ 在数据中识别的不同组或类型。

▸ 데이터에서 식별되는 다양한 그룹이나 유형.

▸ Different groups or types identified within the data.

71. 领域 (Field / 장)

▸ 社会活动发生的场域，有特定规则和权力关系。

▸ 사회 활동이 일어나는 장으로 특정 규칙과 권력관계.

▸ A domain of social activity with specific rules and power relations.

72. 理论敏感性 (Theoretical Sensitivity / 이론적 민감성)

▸ 研究者对数据中理论含义的敏锐感知和理解。

▸ 연구자가 데이터의 이론적 의미에 대해 민감하게 인식하고 이해하는 것.

▸ The researcher's keen perception and understanding of theoretical meanings in the data.

73. 理论有效性 (Theoretical Validity / 이론적 타당성)

▸ 理论解释与数据的一致性。

▸ 이론적 설명과 데이터의 일치성.

▸ The consistency between theoretical explanations and the data.

74. 理论建构 (Theory Construction / 이론 구축)

▸ 从研究数据中提炼和建立理论的过程。

▸ 연구자료에서 이론을 추출하고 구축하는 과정.

▸ The process of deriving and establishing theories from research data.

75. 理论抽象 (Theoretical Abstraction / 이론적 추상화)

▸ 从具体数据中提炼和构建理论的过程。

▸ 구체적인 데이터에서 이론을 추출하고 구성하는 과정.

▸ The process of extracting and constructing theories from concrete data.

76. 理论饱和 (Theoretical Saturation / 이론적 포화)

▸ 在数据分析中，达到不再发现新的信息或主题的点。

▸ 데이터 분석에서 더 이상 새로운 정보나 주제가 발견되지 않는 상태.

▸ In data analysis, the point at which no new information or themes are observed.

77. 民族志 (Ethnography / 민족지학)

▸ 通过长时间观察和记录特定文化或群体的生活方式来研究他们的行为和互动。

▸ 특정 문화나 집단의 생활 방식을 오랜 시간 동안 관찰하고 기록하여 그들의 행동과 상호작용을 연구하는 방법.

▸ Study of behaviors and interactions of a specific culture or group through prolonged observation and recording of their lifestyle.

78. 民族志式访谈 (Ethnographic Interview/민족지학적 인터뷰)

▸ 结合观察和深度访谈以深入了解文化背景的方法。

▸ 관찰과 심층 인터뷰를 결합하여 문화적 배경을 깊이 이해하는 방법.

▸ Method combining observation and in-depth interviews to gain a deep understanding of cultural context.

79. 描述性编码 (Descriptive Coding / 기술적 코딩)

▸ 将数据按描述性类别进行分类和编码。

▸ 데이터를 기술적 범주로 분류하고 코딩하는 것.

▸ Categorizing and coding data into descriptive categories.

80. 模式 (Patterns / 패턴)

▸ 数据中发现的重复性或常见的形式。

▸ 데이터에서 발견되는 반복적이거나 일반적인 형태.

▸ Recurring or common forms found in the data.

81. 模糊性 (Ambiguity / 모호성)

▸ 研究对象或结果的不确定性和多义性。

▸ 연구 대상 또는 결과의 불확실성과 다의성.

▸ The uncertainty and multiplicity of meanings in research subjects or results.

82. 内容分析 (Content Analysis / 내용 분석)

▸ 统地分析文本数据，以识别模式和主题。

▸ 텍스트 데이터를 체계적으로 분석하여 패턴과 주제를 식별하는 방법.

▸ Systematic analysis of text data to identify patterns and themes.

83. 内在一致性 (Internal Consistency / 내적 일관성)

▸ 研究结果内部的一致性。

▸ 연구 결과 내부의 일관성.

▸ Consistency within the research findings.

84. 批判理论 (Critical Theory / 비판이론)

▸ 通过批判性反思和分析社会现象和权力结构。

▸ 비판적 성찰과 분석을 통해 사회 현상과 권력 구조를 연구하는 이론.

▸ Analysis and critique of social phenomena and power structures through critical reflection

85. 全球化 (Globalization / 세계화)

▸ 全球范围内的经济、文化和社会联系的加强。

▸ 세계적으로 경제, 문화 및 사회적 연결이 강화되는 것.

▸ The intensification of economic, cultural, and social connections on a global scale.

86. 情节 (Plot / 줄거리)

▸ 故事中的事件和行动的顺序和结构。

▸ 이야기에서 사건과 행동의 순서와 구조.

▸ The sequence and structure of events and actions in a story.

87. 情节发展 (Plot Development / 스토리 전개)

▸ 故事中的事件和行动如何展开和推进。

▸ 이야기에서 사건과 행동이 전개되고 진행되는 것

▸ How events and actions unfold and progress in a story

88. 情境 (Context / 맥락)

▸ 研究对象所在的环境和背景。

▸ 연구 대상이 있는 환경과 배경.

▸ The environment and background in which the research subjects are situated.

89. 情境化 (Contextualization / 맥락화)

▸ 在研究中考虑和解释背景和环境因素。

▸ 연구에서 배경과 환경 요인을 고려하고 설명하는 것.

▸ Considering and interpreting background and environmental factors in research.

90. 情境建模 (Contextual Modeling / 상황 모형화)

▸ 根据研究对象的情境构建模型和解释。

▸ 연구 대상의 상황에 따라 모델과 설명을 구성하는 것.

▸ Constructing models and interpretations based on the context of the research subjects.

91. 情境描述 (Situational Description / 상황 서술)

▸ 对研究对象所在情境的详细描述。

▸ 연구 대상이 처한 상황에 대한 상세한 서술.

▸ Detailed description of the context in which the research subjects are situated.

92. 情境分析 (Situational Analysis / 상황 분석)

▸ 分析研究对象所在的情境和环境。

▸ 연구 대상이 처한 상황과 환경을 분석하는 것.

▸ Analyzing the context and environment in which the research subjects are situated.

93. 情感 (Emotion / 감정)

▸ 个体的情绪反应和感受。

▸ 개인의 감정 반응과 느낌.

▸ Emotional responses and feelings of individuals.

94. 情感体验 (Emotional Experience / 감정적 경험)

▸ 个体在特定情境中的情感反应和感受。

▸ 특정 상황에서 개인의 감정 반응과 느낌.

▸ Individuals' emotional responses and feelings in specific contexts.

95. 情感 分析 (Emotional Analysis / 감정 분석)

▸ 研究个体或群体情感体验和表达的方法。

▸ 개인이나 집단의 감정 경험과 표현을 연구하는 방법.

▸ A method for studying emotional experiences and expressions of individuals or groups.

96. 情感劳动 (Emotional Labor / 감정 노동)

▸ 研究者在研究过程中所经历和管理的情感工作。

▸ 연구자가 연구 과정에서 경험하고 관리하는 감정 노동.

▸ The emotional work experienced and managed by researchers during the research process.

97. 取样 (Sampling / 표집)

▸ 选择研究对象的过程和方法。

▸ 연구 대상을 선택하는 과정과 방법.

▸ The process and method of selecting research subjects.

98. 浸入 (Immersion / 몰입)

▸ 研究者深度参与和体验研究环境。

▸ 연구자가 연구 환경에 깊이 참여하고 경험하는 것.

▸ Deep involvement and experience of the research environment by the researcher.

99. 权威 (Authority / 권위)

▸ 合法化的权力，通过社会认可和制度授予。

▸ 합법화된 권력, 사회적 인정과 제도를 통해 부여된 것.

▸ Legitimized power granted through social recognition and institutions.

100. 权力 (Power / 권력)

▸ 影响或控制他人行为的能力。

▸ 타인의 행동을 영향력 있게 통제할 수 있는 능력.

▸ The ability to influence or control the behavior of others.

101. 权力关系 (Power Relations / 권력관계)

▸ 个体或群体之间的权力分配和行使。

▸ 개인이나 집단 간의 권력 배분과 행사.

▸ The distribution and exercise of power between individuals or groups.

102. 认知 (Cognition / 인지)

▸ 个体的思维过程和理解方式。

▸ 개인의 사고 과정과 이해 방식.

▸ Individual thought processes and ways of understanding.

103. 人类学研究 (Anthropological Research / 인류학적 연구)

▸ 研究人类文化、行为和社会结构的研究方法。

▸ 인류의 문화, 행동 및 사회 구조를 연구하는 연구 방법.

▸ Research methods that study human cultures, behaviors, and social structures.

104. 实地调研 (Field Survey / 현장 조사)

▸ 在自然环境中收集数据的过程。

▸ 자연환경에서 자료를 수집하는 과정.

▸ The process of collecting data in natural settings.

105. 实践理论 (Practice Theory / 실천 이론)

▸ 研究社会实践及其对社会结构影响的理论。

▸ 사회 실천과 그 사회 구조에 대한 영향을 연구하는 이론.

▸ Theories studying social practices and their impact on social structures.

106. 身份 (Identity / 정체성)

▸ 个体或群体的自我认知和社会角色。

▸ 개인이나 집단의 자아 인식과 사회적 역할.

▸ Self-perception and social roles of individuals or groups.

107. 身份认同 (Identity Construction / 정체성 구성)

▸ 个体如何通过社会互动构建自己的身份。

▸ 개인이 사회적 상호작용을 통해 자신의 정체성을 구성하는 방법.

▸ How individuals construct their identity through social interactions.

108. 深度访谈 (In-depth Interview / 심층 인터뷰)

▸ 通过开放性问题与受访者进行详细对话，以深入了解其观点和经验。

▸ 개방형 질문을 통해 피면접자와 상세한 대화를 나누며 그들의 관점과 경험을 깊이 이해하는 방법.

▸ Detailed conversations with respondents using open-ended questions to deeply understand their perspectives and experiences.

109. 生活史 (Life History / 생애사)

▸ 记录和分析个体整个生命周期的经历。

▸ 개인의 전 생애 경험을 기록하고 분석하는 것.

▸ Recording and analyzing the experiences of an individual over their entire life span.

110. 三角验证 (Triangulation / 삼각 검증)

▸ 使用多种方法或数据来源来增加研究结果的可信度。

▸ 여러 방법이나 데이터 출처를 사용하여 연구 결과의 신뢰성을 높이는 것.

▸ Using multiple methods or data sources to enhance the credibility of research findings.

111. 审查信度 (Auditability / 감사 가능성)

▸ 研究过程的透明度，使他人能够审查和验证结果。

▸ 연구 과정의 투명성, 타인이 결과를 검토하고 검증할 수 있게 하는 것.

▸ The transparency of the research process, allowing others to review and verify the results.

112. 三级编码 (Three-level Coding / 3단계 코딩)

▸ 在扎根理论中，将数据分为开放编码、轴心编码和选择编码三个层次的过程。

▸ 근거 이론에서 데이터를 개방형 코딩, 축 코딩 및 선택적 코딩의 세 단계로 나누는 과정.

▸ In grounded theory, the process of dividing data into three levels: open coding, axial coding, and selective coding.

113. 数据饱和 (Data Saturation / 데이터 포화)

▸ 在数据收集中达到不再出现新信息的点。

▸ 자료수집에서 더 이상 새로운 정보가 나타나지 않는 지점.

▸ The point in data collection where no new information emerges.

114. 数据整理 (Data Management / 데이터 관리)

▸ 收集、存储和分析研究数据的过程。

▸ 연구 자료를 수집, 저장 및 분석하는 과정.

▸ The process of collecting, storing, and analyzing research data.

115. 数据分析软件 (Data Analysis Software / 데이터 분석 소프트웨어)

▸ 用于整理和分析质性数据的计算机程序。

▸ 질적 데이터를 정리, 분석할 때 사용되는 컴퓨터 프로그램.

▸ Computer programs used to organize and analyze qualitative data.

116. 社会化 (Socialization / 사회화)

▸ 个体学习和适应社会规范和角色的过程。

▸ 개인이 사회 규범과 역할을 배우고 적응하는 과정.

▸ The process by which individuals learn and adapt to social norms and roles.

117. 社会互动 (Social Interaction / 사회적 상호작용)

▸ 个体或群体之间的交流和影响。

▸ 개인이나 집단 간의 교류와 영향.

▸ Communication and influence between individuals or groups.

118. 社会现象 (Social Phenomena / 사회 현상)

▸ 在社会中普遍存在的事件或行为。

▸ 사회에서 일반적으로 발생하는 사건이나 행동.

▸ Events or behaviors widely present in society.

119. 社会地位 (Social Status / 사회적 지위)

▸ 个体或群体在社会中的位置和声望。

▸ 개인이나 집단이 사회에서 차지하는 위치와 명성.

▸ The position and prestige of individuals or groups within society.

120. 社会身份 (Social Identity / 사회적 정체성)

▸ 个体在社会群体中的身份和地位。

▸ 개인이 사회 집단에서의 신분과 지위.

▸ The identity and status of individuals within social groups.

121. 社会角色 (Social Roles / 사회적 역할)

▸ 个体在社会中的预期行为模式。

▸ 개인이 사회에서 기대되는 행동 양식.

▸ Expected patterns of behavior for individuals in society.

122. 社会规范 (Social Norms / 사회 규범)

▸ 社会中被广泛接受的行为准则。

▸ 사회에서 널리 받아들여지는 행동 규범.

▸ Widely accepted standards of behavior in society.

123. 社会建构 (Social Construction / 사회적 구성)

▸ 社会现实通过互动和协商构建的过程。

▸ 사회 현실이 상호작용과 협상을 통해 구성되는 과정.

▸ The process by which social reality is constructed through interaction and negotiation.

124. 社会资本 (Social Capital / 사회 자본)

▸ 通过社会关系和网络获得的资源和支持。

▸ 사회적 관계와 네트워크를 통해 얻은 자원과 지원.

▸ Resources and support gained through social relationships and networks.

125. 社会结构 (Social Structure / 사회 구조)

▸ 社会中不同群体和制度的组织方式。

▸ 사회 내의 다양한 집단과 제도의 조직 방식.

▸ The organization of different groups and institutions within society.

126. 社会流动性 (Social Mobility / 사회적 이동성)

▸ 个体或群体在社会阶层中的变动和移动。

▸ 개인이나 집단이 사회 계층 내에서 변동하고 이동하는 것.

▸ The movement and change of individuals or groups within social strata.

127. 社区 (Community / 커뮤니티)

▸ 共享价值观、文化和社会联系的群体。

▸ 공유 가치관, 문화 및 사회적 연계를 가진 집단.

▸ A group sharing values, culture, and social connections.

128. 社会生态学 (Social Ecology / 사회 생태학)

▸ 研究个体、群体和环境之间相互关系的学科。

▸ 개인, 집단 및 환경 간의 상호 관계를 연구하는 학문.

▸ The study of the relationships between individuals, groups, and their environments.

129. 社会表征 (Social Representation / 사회적 표상)

▸ 社会群体对特定事物的共同认知和解释。

▸ 사회 집단이 특정 사물을 공동으로 인식하고 해석하는 것.

▸ The shared understanding and interpretation of specific things by social groups.

130. 社会网络 (Social Network / 사회 네트워크)

▸ 个体之间通过关系和互动形成的网络。

▸ 개인 간의 관계와 상호작용을 통해 형성된 네트워크.

▸ Networks formed by relationships and interactions between individuals.

131. 社会网络分析 (Social Network Analysis / 사회 네트워크 분석)

▸ 研究社会关系和互动网络的方法。

▸ 사회적 관계와 상호작용 네트워크를 연구하는 방법.

▸ A method for studying social relationships and interaction networks.

132. 社会认同 (Social Identity / 사회적 정체성)

▸ 个体在社会群体中的身份和地位。

▸ 개인이 사회 집단에서의 신분과 지위.

▸ The identity and status of individuals within social groups.

133. 社会实践 (Social Practice / 사회 실천)

▸ 个体和群体在社会中的日常行为和活动。

▸ 개인과 집단의 사회에서의 일상적인 행동과 활동.

▸ The daily behaviors and activities of individuals and groups in society.

134. 社会变迁 (Social Change / 사회적 변화)

▸ 研究社会结构和行为模式的变化。

▸ 사회 구조와 행동 패턴의 변화를 연구하는 것.

▸ Studying changes in social structures and patterns of behavior.

135. 田野调查 (Fieldwork / 현장 조사)

▸ 在自然环境中进行的研究，通过观察和参与了解研究对象的行为和互动。

▸ 자연환경에서 연구를 수행하고 관찰과 참여를 통해 연구 대상의 행동과 상호작용을 이해하는 연구.

▸ Research conducted in natural settings to understand behaviors and interactions through observation and participation.

136. 透明度 (Transparency / 투명성)

▸ 研究过程中各个步骤的清晰和开放。

▸ 연구 과정의 각 단계를 명확하고 개방적으로 하는 것.

▸ Clarity and openness in each step of the research process.

137. 体验研究 (Experiential Research / 경험 연구)

▸ 研究个体或群体的主观体验和感受的方法。

▸ 개인이나 집단의 주관적 경험과 느낌을 연구하는 방법.

▸ A method for studying subjective experiences and feelings of individuals or groups.

138. 体验性 (Experiential / 경험적)

▸ 与个人经验和感受相关的。

▸ 개인의 경험과 감성이 관련된 것.

▸ Related to personal experiences and feelings.

139. 体验反思 (Experiential Reflection / 경험적 성찰)

▸ 对个人经验的深刻反思和分析。

▸ 개인 경험에 대한 깊은 성찰과 분석.

▸ Deep reflection and analysis of personal experiences.

140. 团体 (Group / 그룹)

▸ 有共同目标或兴趣的个体集合。

▸ 공동 목표나 관심을 가진 개인의 모임.

▸ A collection of individuals with common goals or interests.

141. 同理心 (Empathy / 공감)

▸ 理解他人情感的能力。

▸ 타인의 감정을 이해하는 능력.

▸ The ability to understand others' emotions.

142. 外在一致性 (External Consistency / 외적 일관성)

▸ 研究结果与其他研究的一致性。

▸ 연구 결과와 다른 연구의 일치성.

▸ Consistency between the research findings and those of other studies.

143. 文化 (Culture / 문화)

▸ 一个群体的信仰、价值观、行为和物质成果的集合。

▸ 한 집단의 신념, 가치관, 행동 및 물질적 성과의 집합.

▸ The set of beliefs, values, behaviors, and material achievements of a group.

144. 文化解释 (Cultural Interpretation / 문화 해석)

▸ 从文化背景出发对现象和行为进行理解和解释。

▸ 문화적 배경에서 현상과 행동을 이해하고 해석하는 것.

▸ Understanding and interpreting phenomena and behaviors from a cultural perspective.

145. 文化解码 (Cultural Decoding / 문화 디코딩)

▸ 解释和分析特定文化中的符号和行为。

▸ 특정 문화에서의 기호와 행동을 해석하고 분석하는 것.

▸ Interpreting and analyzing symbols and behaviors within a specific culture.

146. 文化 分析 (Cultural Analysis / 문화 분석)

▸ 研究文化现象和社会行为的方法。

▸ 문화 현상과 사회적 행동을 연구하는 방법.

▸ A method for studying cultural phenomena and social behaviors.

147. 文化符号 (Cultural Symbol / 문화 상징)

▸ 代表特定文化价值和信仰的标志或物品。

▸ 특정 문화의 가치와 신념을 나타내는 기호나 물품.

▸ Signs or objects representing specific cultural values and beliefs.

148. 文化资本 (Cultural Capital / 문화 자본)

▸ 通过教育和文化背景获得的知识、技能和教育资格。

▸ 교육과 문화적 배경을 통해 얻은 지식, 기술 및 교육 자격.

▸ Knowledge, skills, and educational qualifications gained through education and cultural background.

149. 文化 探究 (Cultural Inquiry / 문화 탐구)

▸ 研究特定文化中的行为、信仰和价值观的方法。

▸ 특정 문화에서의 행동, 신념 및 가치관을 연구하는 방법.

▸ A method for studying behaviors, beliefs, and values within a specific culture.

150. 文化 敏感性 (Cultural Sensitivity / 문화적 민감성)

▸ 在研究中对不同文化的尊重和理解。

▸ 연구에서 다른 문화에 대한 존중과 이해.

▸ Respect and understanding of different cultures in research.

151. 文化建构 (Cultural Construction / 문화 구성)

▸ 通过社会互动和文化实践构建和维持文化现象的过程。

▸ 사회적 상호작용과 문화적 실천을 통해 문화 현상을 구성하고 유지하는 과정.

▸ The process of constructing and maintaining cultural phenomena through social interactions and cultural practices.

152. 文本研究 (Textual Research / 텍스트 연구)

▸ 分析文本内容以揭示其含义和结构的方法。

▸ 텍스트 내용을 분석하여 그 의미와 구조를 밝히는 방법.

▸ A method for analyzing text content to reveal its

meanings and structures.

153. 文本分析 (Textual Analysis / 텍스트 분석)

▸ 对文本内容进行分析以理解其含义和结构。

▸ 텍스트 내용을 분석하여 그 의미와 구조를 이해하는 것.

▸ Analyzing text content to understand its meaning and structure.

154. 文本阐释 (Textual Interpretation / 텍스트 해석)

▸ 对文本内容的深入分析和解释。

▸ 텍스트 내용에 대한 심층 분석과 해석.

▸ In-depth analysis and interpretation of text content.

155. 网络民族志 (Netnography / 네트노그래피)

▸ 通过互联网和在线社区进行的民族志研究方法。

▸ 인터넷과 온라인 커뮤니티를 통해 수행되는 민족지학 연구 방법.

▸ Ethnographic research methods conducted through the internet and online communities.

156. 叙述 (Narrative / 서술)

▸ 描述个人经历和事件的故事或陈述。

▸ 개인의 경험과 사건을 묘사하는 이야기나 서술.

▸ Stories or accounts describing personal experiences and events.

157. 叙事研究 (Narrative Research / 서사 연구)

▸ 通过收集和分析个人的叙述来研究他们的经历和意义。

▸ 개인의 이야기를 수집하고 분석하여 그들의 경험과 의미를 연구하는 방법.

▸ Research involving the collection and analysis of personal narratives to study experiences and meanings.

158. 叙事方法 (Narrative Methods / 서사 방법)

▸ 用来构建和呈现故事的方法和技术。

▸ 이야기를 구성하고 제시하는 데 사용되는 방법과 기술.

▸ Methods and techniques used to construct and present a story.

159. 叙事策略 (Narrative Strategy / 서사 전략)

▸ 讲述故事的技巧和方法。

▸ 이야기하는 기술과 방법.

▸ The techniques and methods of telling a story.

160. 叙事分析 (Narrative Analysis / 서사 분석)

▸ 分析故事和叙述结构以理解其意义的方法。

▸ 이야기와 서사 구조를 분석하여 그 의미를 이해하는 방법.

▸ Method of analyzing stories and narrative structures to understand their meanings.

161. 叙事风格 (Narrative Style / 서사 스타일)

▸ 讲述故事的独特方式和风格。

▸ 이야기하는 듯이 독특한 방식과 스타일.

▸ The unique way and style of telling a story.

162. 叙事语境 (Narrative Context / 서사 맥락)

▸ 影响故事内容和理解的背景和环境。

▸ 줄거리 내용과 이해에 영향을 미치는 배경과 환경.

▸ The background and environment that influence the content and understanding of a story.

163. 叙事身份 (Narrative Identity / 서사 정체성)

▸ 个体通过叙述自己经历和故事形成的身份认同。

▸ 개인이 자기 경험과 이야기를 서술하여 형성된 정체성.

▸ The identity formed by individuals through narrating their experiences and stories.

164. 叙事探究 (Narrative Inquiry / 서사 탐구)

▸ 通过收集和分析叙述来研究个人经历的方法。

▸ 서사를 수집하고 분석하여 개인 경험을 연구하는 방법.

▸ A method for studying personal experiences by collecting and analyzing narratives.

165. 叙事访谈 (Narrative Interview / 서사 인터뷰)

▸ 通过收集个人叙述以研究其经历和意义的访谈方法。

▸ 개인사를 수집하여 경험과 의미를 연구하는 인터뷰 방법.

▸ An interview method for studying personal experiences and meanings by collecting narratives.

166. 叙事重构 (Narrative Reconstruction / 서사 재구성)

▸ 重新构建和解释故事的过程。

▸ 이야기를 재구성하고 재해석하는 과정.

▸ The process of reconstructing and reinterpreting a story.

167. 叙事路径 (Narrative Pathways / 서사 경로)

▸ 故事发展和演变的轨迹和过程。

▸ 이야기가 발전하고 진화하는 경로와 과정.

▸ The trajectories and processes of story development and evolution.

168. 叙事动力 (Narrative Dynamics / 서사 역학)

▸ 驱动故事前进的力量和因素。

▸ 이야기를 추진하는 힘과 요인.

▸ The forces and factors that drive the progression of a story.

169. 叙事方法论 (Narrative Methodology / 서사 방법론)

▸ 使用叙事作为主要研究方法的研究方法论。

▸ 서사를 주요 연구 방법으로 사용하는 연구방법론.

▸ A research methodology that uses narrative as the primary research method.

170. 叙事构建 (Narrative Construction / 서사 구성)

▸ 创建和形成故事的过程。

▸ 이야기를 만들고 형성하는 과정.

▸ The process of creating and forming a story.

171. 叙事结构 (Narrative Structure / 서사 구조)

▸ 组织和呈现故事的方式和形式。

▸ 줄거리를 조직하고 제시하는 방식과 형태.

▸ The way and form in which a story is organized and presented.

172. 叙事结构化 (Narrative Structuring / 서사 구조화)

▸ 组织和安排故事内容的过程。

▸ 줄거리 내용을 조직하고 배열하는 과정.

▸ The process of organizing and arranging story content.

173. 叙事分解 (Narrative Deconstruction / 서사 해체)

▸ 分析和解构故事以揭示其基础和含义。

▸ 줄거리를 분석하고 해체하여 그 기초와 의미를 밝히는 것.

▸ Analyzing and deconstructing a story to reveal its foundations and meanings.

174. 叙事表达 (Narrative Expression / 서사 표현)

▸ 通过文字、语言或其他形式传达故事的过程。

▸ 글, 언어 또는 다른 형태로 줄거리를 전달하는 과정.

▸ The process of conveying a story through words, language, or other forms.

175. 叙事流变 (Narrative Flux / 서사 유동성)

▸ 故事中的变化和动态过程。

▸ 줄거리에서의 변화와 동적 과정.

▸ The changes and dynamic processes within a story.

176. 叙事断裂 (Narrative Discontinuity / 서사 불연속성)

▸ 故事中不连续或中断的部分。

▸ 줄거리에서의 불연속적이거나 중단된 부분.

▸ The discontinuous or interrupted parts of a story.

177. 叙事再现 (Narrative Reproduction / 서사 재현)

▸ 重新讲述和呈现故事的过程。

▸ 줄거리를 재진술하고 제시하는 과정.

▸ The process of retelling and presenting a story.

178. 叙事创新 (Narrative Innovation / 서사 혁신)

▸ 创造性地讲述和表达故事的方法。

▸ 창의적으로 이야기하고 표현하는 방법.

▸ Creative ways of telling and expressing a story.

179. 叙事循环 (Narrative Cycles / 서사 순환)

▸ 故事中重复出现的模式和循环。

▸ 스토리에서 반복적으로 나타나는 패턴과 순환.

▸ Recurring patterns and cycles within a story.

180. 叙事连贯性 (Narrative Coherence / 서사 일관성)

▸ 故事内容和结构的逻辑性和一致性。

▸ 스토리 내용과 구조의 논리성과 일관성.

▸ The logicality and consistency of story content and structure.

181. 叙事完整性 (Narrative Integrity / 서사 완전성)

▸ 故事的整体性和真实性。

▸ 스토리의 전체성과 진정성.

▸ The wholeness and authenticity of a story.

182. 叙事丰富性 (Narrative Richness / 서사 풍부함)

▸ 故事内容的丰富性和细节。

▸ 스토리 내용의 풍부함과 세부 사항.

▸ The richness and detail of story content.

183. 叙事复杂性 (Narrative Complexity / 서사 복잡성)

▸ 故事结构和情节的复杂性。

▸ 스토리의 구조와 줄거리의 복잡성.

▸ The complexity of story structure and plot.

184. 叙事多样性 (Narrative Diversity / 서사 다양성)

▸ 故事中包含的不同视角和元素的多样性。

▸ 스토리에 포함된 다양한 시각과 요소의 다양성.

▸ The diversity of perspectives and elements included in a story.

185. 叙事层次 (Narrative Layers / 서사 계층)

▸ 故事中不同层次和深度的内容。

▸ 스토리에서 다양한 수준과 깊이의 내용.

▸ The different levels and depths of content within a story.

186. 叙事隐喻 (Narrative Metaphor / 서사 은유)

▸ 使用隐喻来传达故事中的深层含义。

▸ 스토리의 심층 의미를 전달하기 위해 은유를 사용하는 것.

▸ Using metaphors to convey deeper meanings in a story.

187. 叙事矛盾 (Narrative Paradox / 서사 모순)

▸ 故事中出现的矛盾和悖论。

▸ 스토리에서 나타나는 모순과 역설.

▸ Contradictions and paradoxes that appear in a story.

188. 叙事冲突 (Narrative Conflict / 서사 갈등)

▸ 故事中角色或事件之间的冲突和对立。

▸ 스토리에서 등장인물이나 사건 간의 갈등과 대립.

▸ Conflicts and oppositions between characters or events in a story.

189. 叙事张力 (Narrative Tension / 서사 긴장감)

▸ 故事中紧张和悬念的部分。

▸ 스토리에서 긴장감과 긴장감이 있는 부분.

▸ The parts of a story that contain tension and suspense.

190. 叙事转折 (Narrative Turn / 서사 전환)

▸ 故事中发生重大变化或转折的部分。

▸ 스토리에서 중대한 변화나 전환이 일어나는 부분.

▸ The parts of a story where significant changes or turns occur.

191. 现象学 (Phenomenology / 현상학)

▸ 研究个体对某一现象的主观体验和意义。

▸ 개인이 특정 현상에 대해 주관적으로 경험하는 것과 그 의미를 연구하는 방법.

▸ Study of individuals' subjective experiences and meanings of a phenomenon.

192. 现象学方法 (Phenomenological Method / 현상학적 방법)

▸ 研究个体主观体验和意义的质性研究方法。

▸ 개인의 주관적 경험과 의미를 연구하는 질적 연구 방법.

▸ A qualitative research method studying individuals' subjective experiences and meanings.

193. 现象学描述 (Phenomenological Description / 현상학적 서술)

▸ 对个体主观经验的详细描述。

▸ 개인의 주관적 경험에 대한 상세한 서술.

▸ Detailed description of individuals' subjective experiences.

194. 行动研究 (Action Research / 행동 연구)

▸ 一种通过实施和反思行动来解决实际问题的研究方法。

▸ 행동을 실행, 반성하여 실제 문제를 해결하는 연구 방법.

▸ A research method involving the implementation and reflection on actions to solve practical problems.

194. 行动计划 (Action Plan / 행동 계획)

▸ 研究者制定的具体研究和实施步骤。

▸ 연구자가 수립한 구체적인 연구 및 실행 단계.

▸ The specific research and implementation steps formulated by the researcher.

195. 行动者网络理论 (Actor-Network Theory / 행위자 네트워크 이론)

▸ 研究技术和社会系统如何相互影响的理论。

▸ 기술과 사회 시스템 상호 영향 관계를 연구하는 이론.

▸ Theory studying how technology and social systems influence each other.

196. 行为 (Behavior / 행동)

▸ 个体或群体的行动和反应。

▸ 개인이나 집단의 행동과 반응.

▸ Actions and reactions of individuals or groups.

197. 行为编码 (Behavior Coding / 행동 코딩)

▸ 将观察到的行为分类和编码为数据的过程。

▸ 관찰된 행동을 데이터로 분류하고 코딩하는 과정.

▸ The process of categorizing and coding observed behaviors into data.

198. 选择编码 (Selective Coding / 선택적 코딩)

▸ 在扎根理论中，选择核心类别并整合其他类别的编码过程。

▸ 근거 이론에서 핵심 범주를 선택하고 다른 범주를 통합하는 코딩 과정.

▸ Coding process in grounded theory that selects the core category and integrates other categories.

199. 现场笔记 (Field Notes / 현장 노트)

▸ 研究者在田野调查中记录的观察和描述。

▸ 연구자가 현장 조사에서 기록한 관찰과 서술.

▸ Observations and descriptions recorded by researchers during fieldwork.

200. 象征 (Symbol / 상징)

▸ 代表某种意义的标志或物品。

▸ 어떤 의미를 나타내는 표지나 물품.

▸ A sign or object representing a particular meaning.

201. 象征资本 (Symbolic Capital / 상징 자본)

▸ 通过社会认可和荣誉获得的资源和权力。

▸ 사회적 인정을 통해 얻은 자원과 권력.

▸ Resources and power gained through social recognition and honor.

202. 象征性行为 (Symbolic Behavior / 상징적 행동)

▸ 通过行为传达意义或信息。

▸ 행동을 통해 의미나 정보를 전달하는 것.

▸ Conveying meaning or information through behavior.

204. 象征性意义 (Symbolic Meaning / 상징적 의미)

▸ 通过符号传达的深层含义或概念。

▸ 기호를 통해 전달되는 심층 의미나 개념.

▸ Deeper meanings or concepts conveyed through symbols.

205. 信念 (Beliefs / 신념)

▸ 个体或群体持有的观点或看法。

▸ 개인이나 집단이 가지고 있는 견해나 관점.

▸ Views or opinions held by individuals or groups.

206. 信度 (Reliability / 신뢰도)

▸ 测量工具或方法的一致性和稳定性。

▸ 측정 도구나 방법의 일관성과 안정성.

▸ The consistency and stability of a measurement tool or method.

207. 效度 (Validity / 타당도)

▸ 测量工具或方法是否真正测量了其所要测量的内容。

▸ 측정 도구나 방법이 실제로 측정하려는 내용의 측정 여부.

▸ The extent to which a measurement tool or method accurately measures what it intends to measure.

208. 移情理解 (Empathetic Understanding / 공감적 이해)

▸ 通过理解他人的情感和视角来获得洞察力。

▸ 타인의 감정과 관점을 이해하여 통찰력을 얻는 것.

▸ Gaining insight by understanding the emotions and perspectives of others.

209. 隐喻 (Metaphor / 은유)

▸ 用一种事物描述另一种事物以传达更深的意义。

▸ 한 사물을 다른 사물로 묘사하여 깊은 의미를 전달하는 것.

▸ Describing one thing using another to convey deeper meaning.

210. 分析 (Metaphor Analysis / 은유 분석)

▸ 通过分析隐喻来理解思维和文化的研究方法。

▸ 은유를 분석하여 사고와 문화를 이해하는 연구 방법.

▸ A research method for understanding thought and culture through the analysis of metaphors.

211. 隐性知识 (Tacit Knowledge / 암묵적 지식)

▸ 通过实践和经验获得的内隐知识。

▸ 실천과 경험을 통해 얻은 암묵적인 지식.

▸ Implicit knowledge gained through practice and experience.

212. 依赖性 (Dependability / 의존성)

▸ 研究过程的一致性和可靠性。

▸ 연구 과정의 일관성과 신뢰성.

▸ The consistency and reliability of the research process.

213. 研究伦理 (Research Ethics / 연구 윤리)

▸ 在研究过程中遵循的伦理准则和标准。

▸ 연구 과정에서 따르는 윤리 기준과 표준.

▸ The ethical guidelines and standards followed during the research process.

214. 因果关系 (Causality / 인과관계)

▸ 确定事件或行为之间因果关系的过程。

▸ 사건이나 행동 간의 인과관계를 확인하는 과정.

▸ The process of determining the causal relationships between events or behaviors.

215. 自传性记述 (Autobiographical Narrative/자전적 서술)

▸ 个体对自己生活经历的叙述和记录。

▸ 개인이 자기 삶의 경험을 서술하고 기록하는 것.

▸ An individual's narration and recording of their own life experiences.

216. 自反性 (Reflexivity / 성찰성)

▸ 研究者对自身及其对研究的影响进行反思和分析。

▸ 연구자가 자신의 연구에 미치는 영향과 그 영향을 반영하는 것.

▸ The researcher's reflection and analysis of their influence on the research.

217. 中层理论 (Middle-range Theory / 중범위 이론)

▸ 介于具体经验和宏大理论之间的理论，用于解释特定范围的现象。

▸ 구체적인 경험과 거대한 이론 사이에 있는 이론으로, 특정 범위의 현상을 설명하는 데 사용.

▸ Theories that are intermediate between specific experiences and grand theories, used to explain phenomena within a specific range.

218. 主观经验 (Subjective Experience / 주관적 경험)

▸ 个体的个人感受和经历。

▸ 개인의 개인적인 감정과 경험.

▸ Personal feelings and experiences of individuals.

219. 主题 (Themes / 주제)

▸ 数据中重复出现的主要概念或话题。

▸ 데이터에서 반복적으로 나타나는 주요 개념이나 주제.

▸ Major concepts or topics that recur in the data.

220. 主题发现 (Theme Discovery / 주제 발견)

▸ 在数据分析中识别和提取主要主题的过程。

▸ 데이터 분석에서 주요 주제를 식별하고 추출하는 과정.

▸ The process of identifying and extracting main themes in data analysis.

221. 主题分析 (Thematic Analysis / 주제 분석)

▸ 识别和分析数据中的主题和模式。

▸ 데이터에서 주제와 패턴을 식별하고 분석하는 방법.

▸ Identifying and analyzing themes and patterns within data.

222. 主题映射 (Theme Mapping / 주제 매핑)

▸ 将质性数据中的主题和模式可视化的方法。

▸ 질적 데이터에서 주제와 패턴을 시각화하는 방법.

▸ A method for visualizing themes and patterns in qualitative data.

223. 轴心编码 (Axial Coding / 축 코딩)

▸ 在扎根理论中，将类别和子类别连接起来的编码过程。

▸ 근거 이론에서 범주와 하위 범주를 연결하는 코딩 과정.

▸ Coding process in grounded theory that links categories and subcategories.

224. 种族 (Race / 인종)

▸ 基于生物和社会特征对人类群体的分类。

▸ 생물학적 및 사회적 특성을 기반으로 한 인간 집단의 분류.

▸ Classification of human groups based on biological and social characteristics.

225. 组织 (Organization / 조직)

▸ 有明确结构和目标的群体。

▸ 명확한 구조와 목표를 가진 집단.

▸ A group with a defined structure and goals.

226. 资本 (Capital / 자본)

▸ 可以用来实现社会或经济目标的资源。

▸ 사회적, 경제적 목표를 달성하기 위해 사용할 수 있는 자원.

▸ Resources that can be used to achieve social or economic goals.

227. 制度 (Institution / 제도)

▸ 社会中规范行为的稳定结构和规则。

▸ 사회에서 행동을 규제하는 안정적인 구조와 규칙.

▸ Stable structures and rules that regulate behavior within society.

228. 治理 (Governance / 통치)

▸ 管理和指导社会或组织的过程和方式。

▸ 사회나 조직을 관리하고 지시하는 과정과 방식.

▸ The processes and methods of managing and directing a society or organization.

229. 再现性 (Representation / 재현성)

▸ 如何在研究中描述和展示社会现实。

▸ 연구에서 사회적 현실을 어떻게 묘사하고 표현하는지.

▸ How social realities are described and presented in research.

230. 质性研究 (Qualitative Research / 질적 연구)

▸ 通过非数值数据收集和分析理解现象和行为的研究方法。

▸ 비수치 자료를 수집하고 분석하여 현상과 행동을 이해하는 연구 방법.

▸ Research methods for understanding phenomena and behaviors through the collection and analysis of non-numerical data.

231. 质性分析 (Qualitative Analysis / 질적 분석)

▸ 对质性数据进行系统分析的方法和过程。

▸ 질적 데이터를 체계적으로 분석하는 방법과 과정.

▸ Methods and processes for systematically analyzing qualitative data.

232. 质性调查 (Qualitative Survey / 질적 조사)

▸ 使用开放性问题收集详细信息的调查方法。

▸ 개방형 질문을 사용하여 정보를 수집하는 조사 방법.

▸ A survey method using open-ended questions to collect detailed information.

233. 质性元分析 (Qualitative Meta-analysis/질적 메타 분석)

▸ 对多个质性研究的结果进行综合分析。

▸ 다양한 질적 연구 결과를 종합적으로 분석하는 것.

▸ Comprehensive analysis of the results from multiple qualitative studies.

234. 质性内容分析 (Qualitative Content Analysis / 질적 내용 분석)

▸ 对文本数据进行系统性分析以识别模式和主题的方法。

▸ 텍스트 데이터를 체계적으로 분석하여 패턴과 주제를 식별하는 방법.

▸ A method for systematically analyzing text data to identify patterns and themes.

235. 质性方法学 (Qualitative Methodology / 질적 방법론)

▸ 研究和解释质性数据的方法和原则。

▸ 질적 데이터를 연구하고 해석하는 방법과 원칙.

▸ Methods and principles for researching and interpreting qualitative data.

236. 质性方法论 (Qualitative Methodology / 질적 방법론)

▸ 研究和解释质性数据的方法和原则。

▸ 질적 데이터를 연구하고 해석하는 방법과 원칙.

▸ Methods and principles for researching and interpreting qualitative data.

237. 质性取样 (Qualitative Sampling / 질적 표집)

▸ 选择具有代表性和信息丰富的研究对象进行研究的方法。

▸ 대표성과 정보가 많은 연구 대상을 선택하는 연구 방법.

▸ A method for selecting representative and information-rich research subjects for study.

238. 质性数据 (Qualitative Data / 질적 데이터)

▸ 通过访谈、观察和文本分析收集的非数值数据。

▸ 인터뷰, 관찰 및 텍스트 분석을 통해 수집된 비수치 데이터.

▸ Non-numerical data collected through interviews, observations, and text analysis.

239. 质性编码 (Qualitative Coding / 질적 코딩)

▸ 将质性数据分类和标记为概念和类别的过程。

▸ 질적 데이터를 개념과 범주로 분류하고 표시하는 과정.

▸ The process of categorizing and labeling qualitative data into concepts and categories.

240. 质性数据管理 (Qualitative Data Management / 질적 데이터 관리)

▸ 收集、存储和分析质性数据的过程和方法。

▸ 질적 데이터를 수집, 저장 및 분석하는 과정과 방법.

▸ The processes and methods for collecting, storing, and analyzing qualitative data.

241. 质性数据分析 (Qualitative Data Analysis / 질적 데이터 분석)

▸ 对质性数据进行系统性分析的方法和过程。

▸ 질적 데이터를 체계적으로 분석하는 방법과 과정.

▸ Methods and processes for systematically analyzing qualitative data.

242. 质性矩阵 (Qualitative Matrix / 질적 매트릭스)

▸ 用于整理和分析质性数据的框架。

▸ 질적 데이터를 정리하고 분석하기 위한 프레임워크.

▸ A framework for organizing and analyzing qualitative data.

243. 质性评估 (Qualitative Evaluation / 질적 평가)

▸ 对质性数据和研究过程进行评估和分析。

▸ 질적 데이터와 연구 과정을 평가하고 분석하는 것.

▸ Evaluating and analyzing qualitative data and the research process.

244. 质性样本 (Qualitative Sample / 질적 표본)

▸ 用于质性研究的研究对象或数据样本。

▸ 질적 연구에 사용되는 연구 대상 또는 데이터 표본.

▸ Research subjects or data samples used in qualitative research.

245. 质性研究报告 (Qualitative Research Report / 질적 연구 보고서)

▸ 详细描述质性研究过程和结果的报告。

▸ 질적 연구 과정과 결과를 상세히 서술한 보고서.

▸ A report detailing the processes and findings of a qualitative study.

246. 扎根理论 (Grounded Theory / 근거 이론)

▸ 一种通过系统收集和分析数据来生成理论的方法。

▸ 체계적으로 자료를 수집, 분석하여 이론을 생성하는 방법.

▸ A method of generating theory through the systematic collection and analysis of data.

Ⅱ. 定量研究中韩英专有名词解释

1. 变量 (변수, Variable)

▸ 在研究中可以变化的因素，如年龄、性别、收入等

▸ 연구에서 변화할 수 있는 요소로, 나이, 성별, 수입 등.

▸ A factor in research that can change, such as age, gender, income, etc.

2. 标准差 (표준편차, Standard Deviation)

▸ 方差的平方根，表示数据分布的离散程度。

▸ 분산의 제곱근, 데이터 분포의 분산 정도를 나타냄.

▸ The square root of variance, indicating the degree of dispersion in a data distribution.

3. 标准误差 (표준 오차, Standard Error- SE)

▸ 样本均值的标准偏差，用于估计样本均值相对于总体均值的变动。

▸ 표본 평균의 표준편차로, 표본 평균이 모집단 평균에 대해 얼마나 변동할 수 있는지를 추정하는 데 사용.

▸ The standard deviation of the sample mean, used to estimate the variability of the sample mean relative to the population mean.

4. 标准化系数 (표준화 계수, Standardized Coefficient)

▸ 回归模型中变量经过标准化处理后的回归系数，表示不同变量的。

▸ 회귀 모형에서 변수를 표준화한 후 얻은 회귀 계수로, 서로 다른 변수의 상대적 영향을 나타냄.

▸ The regression coefficient after standardizing the variables, indicating the relative impact of different variables in a regression model.

5. 半参数模型 (반 모수 모형, Semiparaetric Model)

▸ 一种结合了参数模型和非参数模型优点的统计模型，不完全依赖。

▸ 파라미터 모형과 비모수 모형의 장점을 결합한 통계 모형

으로, 매개변수 가정에 완전히 의존하지 않음.

▸ A statistical model that combines the advantages of parametric and non-parametric models, not fully reliant on parametric assumptions.

6. 贝叶斯分析 (베이즈 분석, Bayesian Analysis)

▸ 基于贝叶斯定理的统计方法，通过结合先验知识和新数据来更新。

▸ 베이스 정리를 기반으로 한 통계 방법으로, 사전 지식과 새로운 데이터를 결합하여 확률 추정을 갱신.

▸ A statistical method based on Bayes′ theorem that updates probability estimates by combining prior knowledge with new data.

7. 贝叶斯可信区间 (베이스 신뢰구간, Bayesian Credible Interval)

▸ 在贝叶斯分析中，给定先验分布和数据后，参数的可信范围。

▸ 베이스 분석에서 사전 분포와 데이터를 기반으로 매개변수의 신뢰 범위를 나타냄.

▸ In Bayesian analysis, the credible range for a parameter given the prior distribution and data.

8. 泊松回归 (포아송 회귀, Poisson Regression)

▸ 用于分析计数数据的回归方法，假设因变量服从泊松分布。

▸ 종속 변수가 포아송 분포를 따른다고 가정하고 카운트 데이터를 분석하는 회귀 방법.

▸ A regression method used to analyze count data, assuming the dependent variable follows a Poisson distribution.

9. 抽样误差 (표본 오차, Sampling Error)

▸ 由于从总体中抽取样本而产生的误差，导致样本统计量与总体参数之间的差异。

▸ 모집단에서 표본을 추출하는 과정에서 발생하는 오차로, 표본 통계량과 모집단 매개변수 간의 차이를 초래.

▸ The error caused by sampling a population, leading to a difference between the sample statistic and the population parameter.

10. 中值 (중앙값, Median)

▶ 数据集中位于中间位置的值，将数据分成相等的两部分。

▶ 데이터 집합에서 중간 위치에 있는 값으로 데이터를 두 부분으로 나누는 값.

▶ The middle value of a data-set that divides the data into two equal parts.

11. 自由度 (자유도, Degrees of Freedom - DF)

▶ 统计分析中可自由变化的参数数量，用于确定模型的复杂性。

▶ 통계 분석에서 자유롭게 변할 수 있는 매개변수의 수로, 모형의 복잡성을 결정하는 데 사용됨.

▶ The number of independent values or quantities which can be assigned to a statistical distribution.

12. 抽样误差 (표본 오차, Sampling Error)

▶ 由于从总体中抽取样本而产生的误差，导致样本与总体参数之间的差异。

▶ 모집단에서 표본을 추출할 때 발생하는 오차로, 표본과 모집단 매개변수 간의 차이를 초래.

▶ The error that arises when a sample is drawn from a population, leading to a difference between the sample and the population parameter.

13. 残差 (잔차, Residual)

▶ 在回归分析中，观测值与模型预测值之间的差异。

▶ 회귀 분석에서 관측치와 모형 예측치 간의 차이.

▶ The difference between observed values and predicted values in regression analysis.

14. 残差平方和 (잔차 제곱합, Residual Sum of Squares - RSS)

▶ 回归分析中，表示预测值与实际值之间差异的平方和。

▶ 회귀 분석에서 예측값과 실제값 사이의 차이의 제곱합을 나타냄.

▶ The sum of the squares of the differences between predicted and observed values in regression analysis.

15. 残差分析 (잔차 분석, Residual Analysis)

▸ 通过分析回归模型的残差，检查模型假设是否成立。

▸ 회귀 모형의 잔차를 분석하여 모형 가정의 타당 확인

▸ Analyzing the residuals of a regression model to check if the model assumptions hold.

16. 独立变量 (독립 변수, Independent Variable)

▸ 在实验中被操纵的变量，用来研究其对其他变量的影响。

▸ 실험에서 조작되는 변수로, 다른 변수에 미치는 영향 연구

▸ A variable manipulated in an experiment to study its effect on other variables.

17. 多元回归 (다중 회귀, Multiple Regression)

▸ 研究多个自变量对一个因变量影响的回归分析方法。

▸ 여러 독립 변수가 하나의 종속 변수에 미치는 영향을 연구하는 회귀 분석 방법.

▸ A regression analysis method that studies the impact of multiple independent variables on one dependent variable.

18. 多元正态分布 (다변량 정규분포, Multivariate Normal Distribution)

▸ 多维变量的联合分布，其每个变量都服从正态分布，并且变量之间可能存在相关性。

▸ 각 변수는 정규분포를 따르고 변수 간 상관관계가 있을 수 있는 다차원 변수의 결합 분포.

▸ The joint distribution of multiple variables, each following a normal distribution, and potentially correlated with each other.

19. 多元逻辑回归 (다중 로지스틱 회귀, Multinomial Logistic Regression)

▸ 用于处理多个类别因变量的逻辑回归扩展模型。

▸ 다중 범주 종속 변수를 처리하기 위한 로지스틱 회귀 확장 모형.

▸ An extension of logistic regression used to handle dependent variables with multiple categories.

20. 多重共线性 (다중공선성, Multicollinearity)

▸ 在回归分析中，自变量之间高度相关的现象，可能导致模型估计不准确。

▶회귀 분석에서 독립 변수 간의 높은 상관관계로 인해 모형 추정이 부정확해질 수 있는 현상.

▶A phenomenon in regression analysis where independent variables are highly correlated, potentially leading to inaccurate model estimates.

21. 多重比较 (다중 비교, Multiple Comparison)

▶在多个组之间进行比较时，调整显著性水平以控制错误发现率的统计方法。

▶여러 그룹 간 비교 시 오류 발견율을 제어하기 위해 유의 수준을 조정하는 통계 방법.

▶A statistical method that adjusts significance levels to control the false discovery rate when making multiple comparisons among groups.

22. 断点回归 (단절 회귀, Regression Discontinuity)

▶用于估计一个断点处的因果效应，通过分析数据在断点两侧的变化。

▶데이터의 단절 점을 기준으로 인과 효과를 추정하는 회귀 분석 방법.

▶A regression method used to estimate causal effects by analyzing changes in data at a specific discontinuity point.

23. 点估计 (점 추정, Point Estimation)

▶通过样本数据计算总体参数的单一值估计。

▶ 표본 데이터를 사용하여 모집단 매개변수를 단일 값으로 추정하는 방법.

▶The process of calculating a single value estimate of a population parameter based on sample data.

24. F检验 (F 검정, F Test)

▶用于比较两个样本方差之间差异的统计方法。

▶두 표본 분산 간의 차이를 비교하는 통계 방법.

▶ A statistical method used to compare the variance between two samples.

25. 方差 (분산, Variance)

▸ 数据集中的数值与均值之间的平均平方差异，衡量数据的离散程度。

▸ 데이터 집합에서 값과 평균 사이의 평균 제곱 차이로, 데이터의 분산 정도를 측정.

▸ The average squared difference between values and the mean in a data set, measuring data dispersion.

26. 方差分析 (분산 분석, ANOVA - Analysis of Variance)

▸ 用于比较多个组之间均值差异的统计方法。

▸ 여러 그룹 간의 평균 차이를 비교하는 데 사용되는 통계 방법.

▸ A statistical method used to compare the means of three or more groups.

27. 方差通胀因子 (분산 팽창 인자, Variance Inflation Factor - VIF)

▸ 用于评估多重共线性程度的统计量，VIF值高于10通常表示存在严重共线性问题。

▸ 다중공선성의 정도를 평가하기 위한 통계량으로, VIF 값이 10을 초과하면 심각한 공선성 문제가 있음을 나타냄.

▸ A statistic used to assess the degree of multicollinearity, with VIF values above 10 typically indicating serious multicollinearity issues.

28. 负二项回归 (음이항 회귀, Negative Binomial Regression)

▸ 用于处理过度离散的计数数据的一种回归方法，适用于泊松回归的扩展。

▸ 과도하게 분산된 카운트 데이터를 처리하는 회귀 방법으로, 포아송 회귀의 확장판.

▸ A regression method used to handle over-dispersed count data, often considered an extension of Poisson regression.

29. 分层随机抽样 (층화 임의 추출, Stratified Random Sampling)

▸ 一种抽样方法，将总体分成不同的层，然后从每一层中随机抽取样本，以确保每一层在样本中都有代表性。

▶ 모집단을 서로 다른 층으로 나누고 각 층에서 무작위로 표본을 추출하여 표본이 모든 층을 대표하는 추출 방법.

▶ A sampling method that divides the population into different strata and then randomly samples from each stratum to ensure representativeness in the sample.

30. 峰度 (첨도, Kurtosis)

▶ 衡量数据分布相对于正态分布的尖峰程度的统计量。

▶ 데이터 분포의 첨도를 정규분포와 비교, 측정하는 통계량.

▶ A statistical measure of the "tailedness" of the distribution of data compared to a normal distribution.

31. 广义估计方程 (일반화 추정 방정식, Generalized Estimating Equations - GEE)

▶ 用于处理相关数据（如纵向数据或集群数据）的一种统计方法，通过估计方程来校正模型。

▶ 관련 데이터를 처리하기 위해 추정 방정식을 사용하여 모형을 교정하는 통계 방법.

▶ A statistical method used to handle correlated data (e.g., longitudinal or clustered data) by adjusting the model through estimating equations.

32. 广义线性模型 (일반화 선형 모형, Generalized Linear Model-GLM)

▶ 一种扩展线性回归的统计模型，适用于非正态分布的数据。

▶ 선형 회귀를 확장한 통계 모형으로, 비정규 분포 데이터를 분석하는 데 적합.

▶ A statistical model that extends linear regression to accommodate data that does not follow a normal distribution.

33. 广义线性混合模型 (일반화 선형 혼합 모형, Generalized Linear Mixed Model GLMM)

▶ 结合了广义线性模型和混合效应模型的统计模型，用于分析具有非正态分布和随机效应的数据。

▶ 일반화 선형 모형과 혼합 효과 모형을 결합한 통계 모형으로, 비정규 분포 및 무작위 효과가 있는 데이터를 분석하는 데 사용.

▶ A statistical model that combines generalized linear models and mixed-effects models, used to analyze data with non-normal distributions and random effects.

34. 固定效应 (고정 효과, Fixed Effect)

▶ 在统计模型中，表示特定因素的系统性影响，不考虑随机变异。

▶ 통계 모형에서 특정 요인의 체계적인 영향을 나타내며, 무작위 변동은 고려하지 않음.

▶ In statistical models, it represents the systematic impact of a specific factor, without considering random variation.

35. 回归分析 (회귀 분석, Regression Analysis)

▶ 用于研究一个或多个自变量对因变量影响的统计方法。

▶ 하나 이상의 독립 변수가 종속 변수에 미치는 영향을 연구하는 통계적 방법.

▶ A statistical method used to study the impact of one or more independent variables on a dependent variable.

36. 回归系数 (회귀 계수, Regression Coefficient)

▶ 在回归分析中，表示自变量对因变量影响程度的系数。

▶ 회귀 분석에서 독립 변수가 종속 변수에 미치는 영향을 나타내는 계수.

▶ A coefficient in regression analysis that represents the extent to which an independent variable affects a dependent variable.

37. 回归线 (회귀선, Regression Line)

▶ 在回归分析中，表示自变量与因变量之间关系的直线。

▶ 회귀 분석에서 독립 변수와 종속 변수 간의 관계를 나타내는 직선.

▶ A line in regression analysis that represents the relationship between the independent variable and the dependent variable.

38. 回归不确定性 (회귀 불확실성, Regression Uncertainty)

▶ 由于模型或数据的限制，导致回归预测结果的不确定性。

▶ 모형이나 데이터의 한계로 인해 회귀 예측 결과에 대한 불

확실성이 발생함.

▸ Uncertainty in regression predictions due to limitations in the model or data.

39. 混合 模型 (혼합 모형, Mixture Model)

▸ 用于分析数据中来自多个不同分布的混合成分的一种统计模型。

▸ 여러 다른 분포에서 온 혼합 성분을 분석하는 데 사용되는 통계 모형.

▸ A statistical model used to analyze mixed components in data originating from multiple different distributions.

40. 混淆变量 (혼란 변수, Confounding Variable)

▸ 一个与自变量和因变量相关联的外部变量，可能导致错误的研究结论。

▸ 독립 변수와 종속 변수 모두와 관련된 외부 변수로, 연구 결과를 왜곡할 수 있음.

▸ An external variable associated with both the independent and dependent variables, potentially leading to incorrect conclusions.

41. 混淆矩阵 (혼동 행렬, Confusion Matrix)

▸ 用于评价分类模型性能的矩阵，显示了真实类别和预测类别之间的对应关系。

▸ 분류 모형 성능을 평가하는 데 사용되는 행렬로, 실제 클래스와 예측된 클래스 간의 관계를 나타냄.

▸ A matrix used to evaluate the performance of a classification model, showing the relationship between actual and predicted classes.

42. 核密度估计 (커널 밀도 추정, Kernel Density Estimation - KDE)

▸ 一种非参数方法，用于估计数据的概率密度函数。

▸ 데이터의 확률 밀도 함수를 추정하는 비모수적 방법.

▸ A non-parametric method used to estimate the probability density function of a data set.

43. 赫斯特指数 (히스트 지수, Hurst Exponent)

▸ 用于衡量时间序列的长期依赖性或持久性的指标。

▸ 시계열의 장기 의존성 또는 지속성을 측정하기 위한 지표.

▸ An indicator used to measure the long-term dependence or persistence of a time series.

44. 横断研究 (횡단 연구, Cross-Sectional Study)

▸ 在某一时点上收集数据以研究变量之间关系的研究设计。

▸ 특정 시점에서 자료를 수집하여 변수 간의 관계를 연구하는 연구 설계.

▸ A research design that collects data at a single point in time to study relationships between variables.

45. 均值 (평균값, Mean)

▸ 数据集中所有数值的平均数，是一种集中趋势的测量。

▸ 데이터 집합에서 모든 값의 평균으로, 중심 경향의 측정

▸ The average of all values in a data set, a measure of central tendency.

46. 假设 (가설, Hypothesis)

▸ 基于理论提出的一个可检验的陈述，用于预测研究结果。

▸ 이론을 바탕으로 제시된 검증 가능한 진술로, 연구 결과를 예측하는 데 사용.

▸ A testable statement based on theory used to predict the outcome of research.

47. 假设检验 (가설 검정, Hypothesis Testing)

▸ 用统计方法来检验一个假设是否为真的过程。

▸ 통계적 방법을 사용하여 가설이 참 여부를 검증하는 과정.

▸ The process of using statistical methods to test whether a hypothesis is true.

48. 假设检验功效 (검정력, Statistical Power)

▸ 假设检验中正确拒绝虚假零假设的能力，通常与样本量和效应大小相关。

▸ 가설 검정에서 거짓 영가설을 올바르게 기각할 수 있는 능력으로, 보통 표본 크기와 효과 크기와 관련 있음.

▸ The ability of a hypothesis test to correctly reject a false null hypothesis, often related to sample size and effect size.

49. 假阳性 (거짓 양성, False Positive)

▶ 在统计检验中，错误地拒绝了实际为真的零假设。

▶ 통계 검정에서 실제로 참인 영가설을 잘못 기각한 경우.

▶ An error in statistical testing where a true null hypothesis is incorrectly rejected.

50. 假阴性 (거짓 음성, False Negative)

▶ 在统计检验中，错误地接受了实际为假的零假设。

▶ 통계 검정에서 실제로 거짓인 영가설을 잘못 수용한 경우.

▶ An error in statistical testing where a false null hypothesis is incorrectly accepted.

51. 降维 (차원 축소, Dimensionality Reduction)

▶ 通过减少变量数量来简化数据集的方法，常用的技术包括主成分分析和线性判别分析。

▶ 변수 수를 줄여 데이터 집합을 단순화하는 방법으로, 주요 기술로는 주성분 분석과 선형 판별 분석이 있음.

▶ A method of simplifying a data set by reducing the number of variables; common techniques include principal component analysis and linear discriminant analysis.

52. 加权最小二乘法 (가중 최소제곱법, Weighted Least Squares-WLS)

▶ 一种对不同观测值赋予不同权重的回归方法，用于处理异方差性或其他不均匀性问题。

▶ 다른 관측치에 서로 다른 가중치를 부여하여 이분산성 또는 기타 불균형 문제를 처리하는 회귀 방법.

▶ A regression method that assigns different weights to different observations, used to address heteroscedasticity or other non-uniformity issues.

53. 加权平均 (가중 평균, Weighted Average)

▶ 一种平均值计算方法，根据各个数据点的重要性或权重进行调整。

▶ 각 데이터점의 중요도 또는 가중치에 따라 조정된 평균값을 계산하는 방법.

▸ An average calculated by adjusting each data point according to its importance or weight.

54. 结构方程模型 (구조 방정식 모형, Structural Equation Modeling-SEM)

▸ 一种用于分析复杂变量关系的统计方法，结合了因子分析和路径分析。

▸ 복잡한 변수 간 관계를 분석하는 데 사용되는 통계 방법으로, 요인 분석과 경로 분석을 결합한 것.

▸ A statistical method used to analyze complex relationships between variables, combining factor analysis and path analysis.

55. 截断回归 (절단 회귀, Truncated Regression)

▸ 在因变量或自变量值受到截断限制的情况下进行回归分析的方法。

▸ 종속 변수 또는 독립 변숫값이 절단 제한을 받을 때 회귀 분석을 수행하는 방법.

▸ A regression analysis method used when the dependent or independent variable values are subject to truncation.

56. 截断正态分布 (절단 정규분포, Truncated Normal Distribution)

▸ 指在一定范围内取值的正态分布，超出范围的部分被截断。

▸ 일정 범위 내에서만 값을 가지는 정규분포로, 범위를 벗어난 부분은 잘려 나감.

▸ A normal distribution that is truncated within a certain range, with values outside the range being cut off.

57. 极大似然估计 (최대 우도 추정, Maximum Likelihood Estimation-MLE)

▸ 一种估计参数的统计方法，通过最大化似然函数来找到最适合数据的参数值。

▸ 데이터에 가장 적합한 매개변수를 찾기 위해 우도 함수를 최대화하여 매개변수를 추정하는 통계 방법.

▸ A statistical method for estimating parameters by maximizing the likelihood function to find the parameter values that best fit the data.

58. 释方差 (설명된 분산, Explained Variance)

▸ 在回归分析中，由自变量解释的因变量的总变异量百分比。

▸ 회귀 분석에서 독립 변수가 설명하는 종속 변수의 총변동량에 대한 비율.

▸ The percentage of the total variance in the dependent variable that is explained by the independent variable(s) in regression analysis.

59. 渐进线性回归 (단계적 선형 회귀, Stepwise Linear Regression)

▸ 逐步添加或删除自变量以找到最佳回归模型的统计方法。

▸ 최적의 회귀 모형을 찾기 위해 독립 변수를 단계적으로 추가하거나 제거하는 통계 방법.

▸ A statistical method that incrementally adds or removes independent variables to find the optimal regression model.

60. 交互作用 (상호작용, Interaction Effect)

▸ 在统计分析中，两个或多个自变量共同作用时对因变量产生的联合影响。

▸ 통계 분석에서 두 개 이상의 독립 변수가 함께 작용하여 종속 변수에 미치는 결합된 영향을 의미.

▸ The combined effect on the dependent variable when two or more independent variables interact in statistical analysis.

61. 交叉验证 (교차 검증, Cross-Validation)

▸ 一种评估模型泛化能力的技术，通过在不同的数据子集上训练和测试模型来验证模型性能。

▸ 모형의 일반화 능력을 평가하기 위해 서로 다른 데이터 하위 집합에서 모형을 훈련하고 테스트하여 모형 성능을 검증하는 기술.

▸ A technique for assessing the generalization ability of a model by training and testing it on different subsets of the data to validate its performance.

62. 经验分布 (경험적 분포, Empirical Distribution)

▸ 基于观测数据构建的分布，用于描述数据的实际分布情况。

▸ 관측된 데이터를 기반으로 구축된 분포로, 데이터의 실제 분포 상황을 설명하는 데 사용됨.

▸ A distribution constructed from observed data to describe the actual distribution of the data.

63. 聚类分析 (군집 분석, Cluster Analysis)

▸ 一种统计技术，用于将样本或变量分组，使得同组内样本之间更为相似。

▸ 표본이나 변수를 군집으로 나누어 동일 군집 내의 표본이 더 유사하게 만드는 통계 기법.

▸ A statistical technique used to group samples or variables so that those in the same group are more similar to each other.

64. 控制变量 (통제 변수, Control Variable)

▸ 在研究中保持不变的变量，以消除其对因变量的影响。

▸ 연구에서 일정하게 유지되어 종속 변수에 미치는 영향을 제거하는 변수.

▸ A variable kept constant in research to eliminate its impact on the dependent variable.

65. 卡方检验 (카이제곱 검정, Chi-Square Test)

▸ 用于检验两个分类变量之间的独立性或适合度的非参数统计方法。

▸ 두 범주형 변수 간의 독립성이나 적합도를 검정하는 비모수 통계 방법.

▸ A non-parametric statistical method used to test the independence or goodness of fit between two categorical variables.

66. 离散化 (이산화, Discretization)

▸ 将连续变量转换为离散类别的过程，通常用于简化模型或处理分类问题。

▸ 연속 변수를 이산 범주로 변환하는 과정으로, 보통 모형을 단순화하거나 분류 문제를 처리하는 데 사용.

▸ The process of converting continuous variables into

discrete categories, typically used to simplify models or handle classification problems.

67. 离群值 (이상치, Outlier)

▶ 数据集中显著偏离其他观测值的数据点，可能影响统计分析结果。

▶ 데이터 집합에서 다른 관측치와 현저하게 벗어난 데이터 포인트로, 통계 분석 결과에 영향을 미칠 수 있음.

▶ A data point that significantly deviates from the other observations in a dataset, potentially affecting statistical analysis results.

68. 逻辑回归 (로지스틱 회귀, Logistic Regression)

▶ 一种用于分类问题的回归分析方法，模型输出为类别的概率。

▶ 분류 문제에 사용되는 회귀 분석 방법으로, 모형 출력은 클래스의 확률임.

▶ A regression analysis method used for classification problems, with the model outputting the probability of a category.

69. 累积频率分布 (누적 빈도 분포, Cumulative Frequency Distribution)

▶ 表示数据中小于或等于某一特定值的观测数目的分布。

▶ 특정 값 이하의 관측치 수를 나타내는 데이터 분포.

▶ A distribution showing the number of observations less than or equal to a specific value.

70. 类间方差 (집단 간 분산, Between-Group Variance)

▶ 表示不同组之间均值差异所解释的总方差部分。

▶ 다른 그룹 간의 평균 차이에 의해 설명되는 총분산의 부분.

▶ The portion of the total variance that is explained by differences in the means between different groups.

71. 类内方差 (집단 내 분산, Within-Group Variance)

▶ 表示同一组内观测值之间差异所解释的总方差部分。

▶ 같은 그룹 내 관측치 간의 차이에 의해 설명되는 총분산의 부분.

▸ The portion of the total variance that is explained by differences between observations within the same group.

72. 模型拟合 (모형 적합, Model Fit)

▸ 评估统计模型与实际数据之间匹配程度的指标。

▸ 통계 모형이 실제 데이터와 잘 맞는지를 평가하는 지표.

▸ An indicator that assesses how well a statistical model matches the actual data.

73. 模型简化 (모형 간소화, Model Simplification)

▸ 通过删除不显著的变量或合并变量来简化统计模型，以提高模型的解释性和稳定性。

▸ 유의하지 않은 변수를 제거하거나 변수를 결합하여 통계 모형을 간소화하여 모형의 설명력과 안정성을 향상하게 시키는 과정.

▸ The process of simplifying a statistical model by removing insignificant variables or combining variables to improve the model's interpret ability and stability.

74. 敏感性 分析 (민감도 분석, Sensitivity Analysis)

▸ 通过改变参数值来评估模型对输入变化的敏感度的分析方法。

▸ 매개변숫값을 변경하여 모형이 입력 변화에 얼마나 민감한지를 평가하는 분석 방법.

▸ An analysis method that assesses how sensitive a model is to changes in input parameters by altering their values.

75. 蒙特卡洛模拟 (몬테카를로 시뮬레이션, Monte Carlo Simulation)

▸ 通过大量随机抽样模拟计算夏杂问题的统计方法。

▸ 복잡한 문제를 시뮬레이션하여 해결하기 위해 다수의 무작위 표본을 사용하는 통계 방법.

▸ A statistial method that uses large-scale random sampling to simulate and solve complex problems.

76. 蒙特卡洛方法 (몬테카를로 방법, Monte Carlo Method)

▸ 一种通过随机采样和数值模拟来解决夏杂问题的统计技术。

▸ 무작위 표본 및 수치 시뮬레이션을 통해 복잡한 문제를 해

결하는 통계 기술.

▸ A statistical technique that solves complex problems through random sampling and numerical simulation.

77. 幂分析 (검정력 분석, Power Analysis)

▸ 用于确定所需样本量的统计方法，以确保研究具有足够的检验效能。

▸ 연구의 충분한 검정력을 보장하는 데 필요한 표본 크기를 결정하는 통계 방법.

▸ A statistical method used to determine the necessary sample size to ensure sufficient power in a study.

78. 曼-惠特尼U检验 (맨-휘트니 U 검정, Mann-Whitney U Test)

▸ 一种非参数检验方法，用于比较两组独立样本的中位数差异。

▸ 두 독립 표본의 중앙값 차이를 비교하기 위한 비모수 검정 방법.

▸ A non-parametric test used to compare differences in medians between two independent samples.

79. 拟合优度 (적합도, Goodness of Fit)

▸ 衡量统计模型与实际数据吻合程度的指标。

▸ 통계 모형이 실제 데이터와 얼마나 잘 맞는지를 측정하는 지표.

▸ An indicator that measures how well a statistical model fits the actual data.

80. 内部效度 (내적 타당도, Internal Validity)

▸ 研究中因果关系的真实性和准确性。

▸ 연구에서 인과관계의 진실성과 정확성을 나타냄.

▸ The truthfulness and accuracy of causal relationships in a study.

81. 内生变量 (내생 변수, Endogenous Variable)

▸ 在模型中受其他变量影响，其值由模型内其他变量决定的变量。

▸ 모형 내 다른 변수에 의해 영향을 받고 그 값이 모형 내 다른 변수에 의해 결정되는 변수.

▸ A variable whose value is influenced by other variables within the model and is determined by them.

82. p值 (p 값, p-Value)

▸ 在统计假设检验中，衡量观测数据与零假设一致性的概率值。

▸ 통계 가설 검정에서 관찰된 데이터가 영가설과 일치할 가능성을 나타내는 확률값.

▸ A probability value in hypothesis testing that measures the consistency of the observed data with the null hypothesis.

83. 偏相关 (편상관, Partial Correlation)

▸ 控制一个或多个其他变量后，研究两个变量之间相关性的统计方法。

▸ 하나 이상의 다른 변수를 통제한 후 두 변수 간의 상관성을 연구하는 통계 방법.

▸ A statistical method to study the correlation between two variables while controlling for one or more other variables.

84. 偏差 (편향, Bias)

▸ 在统计分析中，系统性误差导致的估计值与真实值之间的偏离。

▸ 통계 분석에서 체계적 오류로 인해 추정치가 실제 값과의 차이를 나타내는 현상.

▸ A systematic error in statistical analysis that causes the estimate to deviate from the true value.

85. 偏度 (왜도, Skewness)

▸ 衡量数据分布的不对称程度的统计量。

▸ 데이터 분포의 비대칭 정도를 측정하는 통계량.

▸ A statistical measure of the asymmetry of the distribution of data.

86. 偏倚修正 (편향 수정, Bias Correction)

▸ 在统计分析中，调整估计值以减小系统性偏差的过程。

▸ 통계 분석에서 체계적인 편향을 줄이기 위해 추정치를 조정하는 과정.

▸ The process of adjusting estimates in statistical analysis to reduce systematic bias.

87. 偏最小二乘法 (편 최소제곱법, Partial Least Squares - PLS)

▸ 一种统计方法，结合了主成分分析和回归分析，用于处理多重共线性问题。

▸ 주성분 분석과 회귀 분석을 결합한 통계 방법으로, 다중공선성 문제를 해결하는 데 사용.

▸ A statistical method that combines principal component analysis and regression analysis, used to address multicollinearity issues.

88. 偏回归系数 (편회귀계수, Partial Regression Coefficient)

▸ 在多元回归中，衡量在控制其他变量后，一个自变量对因变量的独立贡献。

▸ 다중 회귀 분석에서 다른 변수를 통제한 후, 하나의 독립 변수가 종속 변수에 미치는 독립적 기여도를 측정하는 계수.

▸ In multiple regression, it measures the independent contribution of one independent variable to the dependent variable after controlling for other variables.

89. 皮尔逊相关系数 (피어슨 상관 계수, Pearson Correlation Coefficient)

▸ 衡量两个变量之间线性相关性强度的统计量，取值范围为-1到1。

▸ 두 변수 간의 선형 상관 관계의 강도를 측정하는 통계량으로, 값은 -1에서 1까지 범위임.

▸ A statistical measure that gauges the strength of the linear correlation between two variables, ranging from -1 to 1.

90. 频率分布 (빈도 분포, Frequency Distribution)

▸ 显示数据集中每个数值出现频率的分布。

▸ 데이터 집합에서 각 값이 나타나는 빈도를 나타내는 분포.

▸ A distribution that shows the frequency of each value in a data set.

91. 平滑 (평활, Smoothing)

▸ 减少数据中的噪声或波动以更清晰地显示趋势的过程。

▸ 데이터에서 노이즈나 변동성을 줄여 추세를 더 명확하게 나타내는 과정.

▸ The process of reducing noise or fluctuations in data to reveal underlying trends more clearly.

92. 齐性检验 (등분 산성 검정, Homogeneity Test)

▸ 用于检验多个样本的方差是否相同，以确定样本间的方差齐性。

▸ 여러 표본의 분산이 동일한지를 검정하여 표본 간 분산의 동질성을 확인하는 방법.

▸ A test used to determine whether the variances of multiple samples are equal, assessing homogeneity of variance among samples.

93. 区分效度 (변별 타당도, Discriminant Validity)

▸ 衡量研究中的不同构念是否真正彼此不同的效度。

▸ 연구에서 서로 다른 개념들이 실제로 서로 다르다는 것을 측정하는 타당도.

▸ The validity that measures whether different constructs in a study are truly distinct from one another.

94. 期望最大化算法 (EM 알고리즘, Expectation-Maximization Algorithm)

▸ 一种迭代算法，用于在存在潜在变量的情况下寻找参数的最大似然估计值。

▸ 잠재 변수의 존재 하에서 매개변수의 최대 우도 추정값을 찾기 위한 반복 알고리즘.

▸ An iterative algorithm used to find maximum likelihood estimates of parameters in the presence of latent variables.

95. 潜在类别分析 (잠재 클래스 분석, Latent Class Analysis - LCA)

▸ 一种用于识别数据中潜在无观察类别的统计方法，常用于市场细分和行为研究。

▸ 데이터 내 잠재적으로 관찰되지 않은 클래스를 식별하는

데 사용되는 통계 방법으로, 시장 세분화 및 행동 연구에 자주 사용.

▸ A statistical method used to identify unobserved latent classes within data, commonly used in market segmentation and behavioral research.

96. 潜在变量 (잠재 변수, Latent Variable)

▸ 在统计模型中，不直接观察但通过其他观察变量推测存在的变量。

▸ 통계 모형에서 직접 관찰되지 않지만, 다른 관찰 변수들을 통해 그 존재를 추정할 수 있는 변수.

▸ A variable in a statistical model that is not directly observed but is inferred through other observed variables.

97. 倾向得分匹配 (성향 점수 매칭, Propensity Score Matching -PSM)

▸ 一种用于控制观察性研究中混杂变量影响的统计技术，通过匹配具有相似倾向得分的个体来估计处理效应。

▸ 관찰 연구에서 혼란 변수의 영향을 통제하기 위해 성향 점수가 유사한 개체들을 매칭하여 처리 효과를 추정하는 통계 기술.

▸ A statistical technique used to control for confounding variables in observational studies by matching individuals with similar propensity scores to estimate treatment effects.

98. Q-Q图 (Q-Q 도표, Q-Q Plot)

▸ 一种图形方法，用于比较数据分布与某一理论分布的相似性。

▸ 데이터 분포를 특정 이론적 분포와 비교하기 위한 그래프 방법.

▸ A graphical method used to compare the similarity between the data distribution and a theoretical distribution.

99. 区间估计 (구간 추정, Interval Estimation)

▸ 通过置信区间表示估计量的区间，而不是单一的点估计。

▸ 점 추정 대신 신뢰구간으로 추정치를 나타내는 방법.

▸ Estimating a parameter by giving a range (interval) of values rather than a single point estimate.

100. 缺失数据 (결측 데이터, Missing Data)

▶ 数据集中缺少的观测值，可能影响分析结果的准确性。

▶ 데이터 집합에서 누락된 관측치로, 분석 결과의 정확성에 영향을 미칠 수 있음.

▶ Observations that are missing from a data set, potentially affecting the accuracy of analysis results.

101. 二元变量 (이진 변수, Binary Variable)

▶ 只取两个可能值的变量，通常用0和1表示。

▶ 두 가지 가능한 값만을 취하는 변수로, 보통 0과 1로 표현됨.

▶ A variable that takes only two possible values, usually represented as 0 and 1.

102. 二项分布 (이항 분포, Binomial Distribution)

▶ 描述在n次独立实验中某事件发生k次的概率分布。

▶ n번의 독립된 실험에서 어떤 사건이 k번 발생할 확률을 설명하는 분포.

▶ A probability distribution that describes the likelihood of a given number of successes in n independent trials.

103. 二阶矩 (2차 모멘트, Second Moment)

▶ 用来度量数据分布的离散程度，通常表示为方差。

▶ 데이터 분포의 분산 정도를 측정하기 위해 사용되며, 일반적으로 분산으로 표현됨.

▶ Used to measure the dispersion of a data distribution, typically represented by variance.

104. 随机效应 (랜덤 효과, Random Effect)

▶ 在混合效应模型中，表示由于个体差异或组别差异而导致的随机变异。

▶ 혼합 효과 모형에서 개인 차이 또는 그룹 차이로 인한 무작위 변동을 나타냄.

▶ In mixed-effects models, it represents random variation due to individual or group differences.

105. 随机森林 (랜덤 포레스트, Random Forest)

▶ 一种集成学习方法，通过构建多个决策树并对其结果进行平均以提高预测准确性。

▶ 여러 개의 의사결정 트리를 구축하고 그 결과를 평균화하여 예측 정확도를 높이는 앙상블 학습 방법.

▶ An ensemble learning method that builds multiple decision trees and averages their results to improve prediction accuracy.

106. 似然比检验 (우도비 검정, Likelihood Ratio Test)

▶ 一种比较嵌套模型的统计检验方法，基于最大似然估计值之间的比率来判断模型优劣。

▶ 중첩된 모형을 비교하기 위한 통계 검정 방법으로, 최대우도 추정값 간의 비율을 바탕으로 모형의 우열을 판단.

▶ A statistical test method used to compare nested models, based on the ratio of maximum likelihood estimates to assess model fit.

107. 数据标准化 (데이터 표준화, Data Standardization)

▶ 通过调整数据的尺度，使不同特征具有相同的量纲，通常通过将均值设为0、方差设为1来实现。

▶ 서로 다른 특징들이 동일한 차원을 가지도록 데이터의 스케일을 조정하는 과정으로, 보통 평균을 0으로, 분산을 1로 설정하여 실현됨.

▶ The process of adjusting the scale of data so that different features have the same dimensions, typically done by setting the mean to 0 and the variance to 1.

108. 数据稀疏性 (데이터 희소성, Data Sparsity)

▶ 指在数据集中，变量的取值大部分为零或空值，导致数据密度较低的问题。

▶ 데이터 집합에서 변수의 대부분 값이 0 또는 결측치로 나타나는 현상을 의미, 데이터 밀도가 낮아지는 문제를 초래.

▶ Refers to the problem where most variable values in a data set are zero or missing, leading to low data density.

109. 数据清理 (데이터 정제, Data Cleaning)

▶ 识别并修正或移除数据集中的错误或异常值的过程，以提高数据质量。

▸ 데이터의 품질을 향상시키기 위해 데이터 집합에서 오류나 이상치를 식별하고 수정하거나 제거하는 과정.

▸ The process of identifying and correcting or removing errors or outliers in a data set to improve data quality.

110. 数据插补 (데이터 보간, Data Imputation)

▸ 一种在缺失数据情况下估计并填补缺失值的技术。

▸ 결측 데이터의 값을 추정하고 이를 채우기 위한 기술.

▸ A technique used to estimate and fill in missing data values.

111. 斯皮尔曼相关系数 (스피어만 상관 계수, Spearman's Rank Correlation Coefficient)

▸ 用于评估两个变量之间的单调关系的非参数统计量，基于排序数据。

▸ 순서 데이터를 기반으로 두 변수 간의 단조 관계를 평가하기 위한 비모수적 통계량.

▸ A non-parametric statistic used to assess the monotonic relationship between two variables, based on ranked data.

112. 时间序列 (시계열, Time Series)

▸ 按照时间顺序排列的观测数据，用于分析变量随时间的动态变化。

▸ 시간 순서에 따라 배열된 관측 데이터로, 시간에 따른 변수의 동적 변화를 분석하는 데 사용됨.

▸ Observational data arranged in chronological order, used to analyze the dynamic changes of variables over time.

113. T检验 (T 검정, T-Test)

▸ 用于比较两个样本均值之间差异的统计方法。

▸ 두 표본 평균 간의 차이 비교 시 사용되는 통계 방법.

▸ A statistical method used to compare the difference between two sample means.

114. 剔除法 (후진 제거법, Stepwise Elimination)

▸ 在回归分析中，通过逐步删除不显著的自变量来优化模型。

▸ 회귀 분석에서 유의하지 않은 독립 변수를 단계적으로 제거하여 모형을 최적화하는 방법.

▶ A method in regression analysis where non-significant independent variables are gradually removed to optimize the model.

115. 调节作用 (조절 작용, Moderation Effect)

▶ 调节作用是指调节变量影响自变量和因变量之间关系的强度或方向的过程。调节作用的存在意味着自变量对因变量的影响在调节变量的不同水平上会有所不同。

▶ 조절 작용은 조절 변수가 독립 변수와 종속 변수 간의 관계의 강도나 방향에 영향을 미치는 과정을 의미. 조절 작용의 존재는 독립 변수가 종속 변수에 미치는 영향이 조절 변수의 다른 수준에서 다르게 나타날 수 있음을 의미함.

▶ Moderation effect refers to the process by which a moderator variable influences the strength or direction of the relationship between the independent variable and the dependent variable. The presence of a moderation effect implies that the impact of the independent variable on the dependent variable varies at different levels of the moderator variable.

116. 调节变量 (조절 변수, Moderator Variable)

▶ 调节变量是在调节作用中发挥作用的变量，它影响自变量与因变量之间关系的方向或强度。调节变量可以增强、减弱，甚至逆转自变量对因变量的影响。

▶ 조절 변수는 조절 작용에서 중요한 역할을 하며, 독립 변수와 종속 변수 간의 관계의 방향이나 강도에 영향을 미칩니다. 조절 변수는 독립 변수가 종속 변수에 미치는 영향을 강화, 약화 또는 반전시킬 수 있음.

▶ A moderator variable is a variable that influences the direction or strength of the relationship between the independent variable and the dependent variable in a moderation effect. A moderator variable can enhance, weaken, or even reverse the impact of the independent variable on the dependent variable.

117. 统计功效 (검정력, Statistical Power)

▸统计检验中正确拒绝零假设的概率，通常与样本量和效应大小相关。

▸통계 검정에서 영가설을 올바르게 기각할 확률로, 보통 표본 크기와 효과 크기와 관련됨.

▸The probability of correctly rejecting the null hypothesis in a statistical test, typically related to sample size and effect size.

118. 虚拟变量 (더미 변수, Dummy Variable)

▸用于表示分类数据的二元变量，通常取值为0或1。

▸범주형 데이터를 나타내기 위해 사용되는 이진 변수로, 보통 0 또는 1의 값을 가짐.

▸A binary variable used to represent categorical data, typically taking values of 0 or 1.

119. 稳健性 (강건성, Robustness)

▸统计方法在各种条件下仍能保持有效性的能力。

▸통계 방법이 다양한 조건에서 여전히 유효성을 유지할 수 있는 능력을 나타냄.

▸The ability of a statistical method to remain effective under various conditions.

120. 稳健估计 (강건 추정, Robust Estimation)

▸一种估计方法，即使在存在异常值或违背假设的情况下，也能提供可靠结果。

▸이상치나 가정 위반이 있는 경우에도 신뢰할 수 있는 결과를 제공하는 추정 방법.

▸An estimation method that provides reliable results even in the presence of outliers or violations of assumptions.

121. 稳健回归 (강건 회귀, Robust Regression)

▸一种回归分析方法，减少异常值对模型的影响，提供更稳健的估计结果。

▸이상치가 모형에 미치는 영향을 줄여 더 강건한 추정 결과를 제공하는 회귀 분석 방법.

▸A regression analysis method that reduces the impact of outliers on the model, providing more robust estimation results.

122. 无偏估计 (불편 추정, Unbiased Estimation)

▶ 一种估计方法，其期望值等于被估计的总体参数值。 -

▶ 추정치의 기댓값이 추정하고자 하는 모집단 매개변수와 동일한 추정 방법.

▶ An estimation method whose expected value equals the true population parameter being estimated.

123. 外部效度 (외적 타당도, External Validity)

▶ 研究结果在不同情境或人群中的普遍适用性。

▶ 연구 결과가 다양한 상황이나 집단에 얼마나 일반화될 수 있는지를 판단함.

▶ The extent to which research findings can be generalized to different contexts or populations.

124. 误差项 (오차항, Error Term)

▶ 回归模型中因变量的实际值与模型预测值之间的差异部分。

▶ 회귀 모형에서 종속 변수의 실제 값과 모형 예측값 간의 차이 부분.

▶ The difference between the actual value of the dependent variable and the predicted value in a regression model.

125. 外生变量 (외생 변량, Exogenous Variable)

▶ 在模型中由外部因素决定，不受模型内其他变量影响的变量。

▶ 모형 내 다른 변수에 의해 영향을 받지 않고 외부 요인에 의해 결정되는 변수.

▶ A variable in a model that is determined by external factors and is not influenced by other variables within the model.

126. 相关系数 (상관 계수, Correlation Coefficient)

▶ 衡量两个变量之间线性关系强度的统计量。

▶ 두 변수 간의 선형 관계 강도를 측정하는 통계량.

▶ A statistic that measures the strength of the linear relationship between two variables.

127. 显著性水平 (유의 수준, Significance Level)

▸ 用于检验统计假设的标准，表示在零假设为真的情况下拒绝它的概率。

▸ 통계 가설을 검정하는 기준으로, 영가설이 참일 때 그것을 기각할 확률을 나타냄.

▸ A threshold used to test statistical hypotheses, representing the probability of rejecting the null hypothesis when it is true.

128. 信度 (신뢰도, Reliability)

▸ 衡量研究工具或测量方法在重复测量时一致性的指标。

▸ 연구 도구나 측정 방법이 반복 측정에서 일관성을 유지하는 정도를 나타내는 지표.

▸ An indicator that measures the consistency of a research tool or measurement method when repeated measurements are taken.

129. 效度 (타당도, Validity)

▸ 衡量研究工具或测量方法实际测量其所声称的内容的能力。

▸ 연구 도구나 측정 방법이 실제로 측정하고자 하는 내용을 얼마나 잘 측정하는지를 나타내는 지표.

▸ An indicator that measures how well a research tool or measurement method actually measures what it claims to measure.

130. 线性混合效应模型 (선형 혼합 효과 모형, Linear Mixed-Effects Model)

▸ 结合了固定效应和随机效应的统计模型，适用于处理重复测量或多层次数据。

▸ 고정 효과와 랜덤 효과를 결합한 통계 모형으로, 반복 측정 또는 다층 데이터를 처리하는 데 적합함.

▸ A statistical model that combines fixed effects and random effects, suitable for handling repeated measures or hierarchical data.

131. 线性回归 (선형 회귀, Linear Regression)

▸ 一种统计方法，用于估计自变量和因变量之间的线性关系。

▸ 독립 변수와 종속 변수 간의 선형 관계를 추정하는 통계

방법.

▶ A statistical method used to estimate the linear relationship between independent and dependent variables.

132. 信息熵 (정보 엔트로피, Information Entropy)

▶ 用于衡量系统不确定性或信息量的度量，常用于机器学习和统计推断。

▶ 시스템의 불확실성 또는 정보량을 측정하는 지표로, 주로 기계 학습 및 통계 추론에 사용됨.

▶ A measure used to quantify the uncertainty or information content of a system, commonly used in machine learning and statistical inference.

133. 信息准则 (정보 기준, Information Criterion)

▶ 用于模型选择的统计指标，如AIC和BIC，帮助评估模型的拟合优度与复杂性之间的权衡。

▶ AIC 및 BIC와 같은 모형 선택에 사용되는 통계 지표로, 모형 적합성과 복잡성 간의 균형을 평가하는 데 도움을 줌.

▶ Statistical indicators used for model selection, such as AIC and BIC, helping to assess the trade-off between model fit and complexity.

134. 协方差矩阵 (공분산 행렬, Covariance Matrix)

▶ 在多变量统计分析中，用于描述多个变量之间协方差的矩阵。

▶ 다변량 통계 분석에서 여러 변수 간의 공분산을 설명하는 행렬

▶ A matrix used in multivariate statistical analysis to describe the covariances between multiple variables.

135. 显著性 (유의성, Significance)

▶ 统计分析中某一结果是否具有统计学意义，通常通过p值衡量。

▶ 통계 분석에서 결과가 통계적으로 의미 있는지를 나타내며, 보통 p 값으로 측정.

▶ Whether a result in statistical analysis is statistically meaningful, typically measured by the p-value.

136. 效应量 (효과 크기, Effect Size)

▸衡量自变量对因变量影响大小的统计指标。

▸독립 변수가 종속 변수에 미치는 영향의 크기를 측정하는 통계적 지표.

▸A statistical measure of the magnitude of the effect that an independent variable has on a dependent variable.

137. 效应修正 (효과 수정, Effect Modification)

▸某一变量改变了自变量与因变量关系的强度或方向。

▸특정 변수가 독립 변수와 종속 변수 간의 관계의 강도 또는 방향을 변경함.

▸A situation where a variable changes the strength or direction of the relationship between the independent and ependent variables.

138. 协变量 (공변량, Covariate)

▸在回归分析中，可能影响因变量的外生变量。

▸회귀 분석에서 종속 변수에 영향을 미칠 수 있는 외생 변수.

▸An exogenous variable in regression analysis that may affect the dependent variable.

139. 样本 (표본, Sample)

▸从总体中选取的一部分，用于推断总体的特征。

▸전체에서 선택된 일부로, 전체의 특성을 추정에 사용됨

▸A subset of the population selected for analysis to infer the characteristics of the whole.

140. 样本量 (표본 크기, Sample Size)

▸在研究中实际被选取和分析的个体数量。

▸연구에서 실제로 선택되고 분석되는 개체의 수.

▸The number of individuals actually selected and analyzed in a study.

141. 样本框 (표본 프레임, Sampling Frame)

▸从中抽取样本的总体或集合的列表或表示。

▸표본을 추출하기 위한 모집단 또는 집합의 목록이나 표현.

▸A list or representation of the population or set from which a sample is drawn.

143. 样本内误差 (내 표본 오차, In-Sample Error)

▸ 模型在训练数据集上的误差，用于评估模型的拟合效果。

▸ 모형이 훈련 데이터 집합에서 발생하는 오차로, 모형의 적합성을 평가하는 데 사용됨.

▸ The error of a model on the training data set, used to evaluate the model's fit.

144. 样本外误差 (외 표본 오차, Out-of-Sample Error)

▸ 模型在新数据或测试集上的误差，用于评估模型的泛化能力。

▸ 모형이 새로운 데이터나 테스트 집합에서 발생하는 오차로, 모형의 일반화 능력을 평가하는 데 사용됨.

▸ The error of a model on new data or a test set, used to evaluate the model's generalization ability.

145. 样本偏差 (표본 편향, Sample Bias)

▸ 由于样本的非随机选择导致样本不能代表总体的偏差。

▸ 표본이 비 임의로 선택되어 모집단을 대표하지 못하는 편향.

▸ Bias that occurs when a sample is not randomly selected and therefore does not represent the population.

146. 因变量 (종속 변수, Dependent Variable)

▸ 在实验中被测量的结果变量，它受到独立变量的影响。

▸ 실험에서 측정되는 결과 변수로, 독립 변수의 영향받음.

▸ The outcome variable measured in an experiment, affected by the independent variable.

147. 因子 分析 (요인 분석, Factor Analysis)

▸ 用于识别数据中潜在结构或维度的统计方法。

▸ 데이터 내 잠재 구조, 차원을 식별에 사용되는 통계 방법.

▸ A statistical method used to identify underlying structures or dimensions within data.

148. 因子载荷 (요인 부하, Factor Loading)

▸ 因子分析中，表示观察变量在特定因子上的贡献程度的系数。

▸ 요인 분석에서 관측 변수가 특정 요인에 기여하는 정도를 나타내는 계수

▸ A coefficient in factor analysis that represents the

contribution of an observed variable to a specific factor.

149. 因果推断 (인과 추론, Causal Inference)

▸ 通过统计方法推断因果关系的一门学科，强调区分相关性和因果性。

▸ 통계 방법을 통해 인과관계를 추론하는 학문으로, 상관성과 인과성을 구분하는 데 중점을 둠.

▸ A field of study that uses statistical methods to infer causal relationships, emphasizing the distinction between correlation and causation.

150. 隐变量模型 (잠재 변수 모형, Latent Variable Model)

▸ 用于处理不可直接观测变量的统计模型，通过观测变量来推断隐变量的存在。

▸ 직접 관찰할 수 없는 변수를 처리하는 통계 모형으로, 관찰 변수를 통해 잠재 변수의 존재를 추론함.

▸ A statistical model used to handle unobservable variables, inferring the presence of latent variables through observed variables.

151. 预处理 (전처리, Preprocessing)

▸ 在统计分析之前，对数据进行清理、转换或规范化的过程，以确保数据质量。

▸ 통계 분석 전에 데이터를 정리, 변환 또는 정규화하여 데이터의 품질을 보장하는 과정.

▸ The process of cleaning, transforming, or normalizing data before statistical analysis to ensure data quality.

152. 优化算法 (최적화 알고리즘, Optimization Algorithm)

▸ 用于找到目标函数最大值或最小值的算法，常用于参数估计和模型拟合。

▸ 목표 함수의 최대값 또는 최솟값을 찾는 알고리즘으로, 주로 매개변수 추정과 모형 적합에 사용.

▸ An algorithm used to find the maximum or minimum value of an objective function, commonly used in parameter estimation and model fitting.

153. 异方差性 (이분 산성, Heteroscedasticity)

▶ 在回归分析中，误差项的方差随着自变量的变化而变化，违反了等方差性假设。

▶ 회귀 분석에서 오차 항의 분산이 독립 변수의 변화에 따라 변하며, 등분산성 가정을 위반하는 현상.

▶ In regression analysis, a condition where the variance of error terms changes with the independent variable, violating the assumption of homoscedasticity.

154. 验证集 (검증 집합, Validation Set)

▶ 用于调整模型参数的独立数据集，不参与模型训练。

▶ 모형 매개변수 조정을 위해 사용되는 독립적인 데이터 집합으로, 모형 훈련에 참여하지 않음.

▶ An independent data set used to adjust model parameters, not involved in model training.

155. 总体 (모집단, Population)

▶ 研究中所有符合特定条件的个体的集合。

▶ 연구에서 특정 조건을 충족하는 모든 개체의 집합.

▶ The entire group of individuals that meet specific criteria in a study.

156. 置信区间 (신뢰구간, Confidence Interval)

▶ 表示在一定置信水平下，估计量所在范围的区间。

▶ 일정 신뢰 수준에서 추정치가 포함될 수 있는 범위를 나타내는 구간.

▶ A range that represents the interval within which an estimated parameter lies at a certain confidence level.

157. 置信水平 (신뢰 수준, Confidence Level)

▶ 表示置信区间内包含总体参数的概率，通常为95%或99%。

▶ 신뢰구간 내에 모집단 매개변수가 포함될 확률을 나타내며, 일반적으로 95% 또는 99%로 설정됨.

▶ The probability that a population parameter lies within a confidence interval, typically set at 95% or 99%.

158. 置信度 (신뢰도, Confidence Level)

▶ 表示样本统计量包含总体参数的概率。

▶ 표본 통계량이 모집단 매개변수를 포함할 확률을 나타냄.

▶ The probability that a sample statistic includes the population parameter.

159. 置信限 (신뢰 한계, Confidence Limit)

▶ 在置信区间内的上下限值，用于估计总体参数的范围。

▶ 신뢰구간 내에서 모집단 매개변수를 추정하는 상한값과 하한값을 의미.

▶ The upper and lower bounds within a confidence interval used to estimate the range of a population parameter.

160. 主效应 (주 효과, Main Effect)

▶ 在实验设计中，一个自变量对因变量的独立影响，不考虑其他变量的影响。

▶ 실험 설계에서 다른 변수의 영향을 고려하지 않고, 하나의 독립 변수가 종속 변수에 미치는 독립적인 영향을 의미.

▶ The independent impact of one independent variable on the dependent variable in an experimental design, without considering other variables.

161. 最小二乘法 (최소제곱법, Least Squares Method)

▶ 一种用于找到最佳回归线的方法，最小化回归线与观测数据点之间的误差平方和。

▶ 최적의 회귀선을 찾기 위해 사용되는 방법으로, 회귀선과 관측 데이터 간의 오차 제곱합을 최소화함.

▶ A method used to find the best-fitting regression line by minimizing the sum of the squares of the errors between the line and the observed data points.

162. 主成分回归 (주성분 회귀, Principal Component Regression - PCR)

▶ 结合主成分分析和回归分析的方法，用于解决多重共线性问题。

▶ 주성분 분석과 회귀 분석을 결합하여 다중공선성 문제를 해결하는 방법.

▶ A method combining principal component analysis and regression analysis, used to address multicollinearity issues

163. 主成分 分析 (주성분 분석, Principal Component Analysis - PCA)

▶通过线性变换将数据降维并提取主要特征的统计方法。

▶데이터를 선형 변환을 통해 차원 축소하고 주요 특징을 추출하는 통계 방법.

▶A statistical method used to reduce data dimensionality and extract key features through linear transformation.

164. 自相关 (자기상관, Autocorrelation)

▶时间序列数据中的一种现象，即一个变量的当前值与其过去值之间存在相关性。

▶시계열 데이터에서 한 변수의 현재 값과 과거 값 간에 상관관계가 있는 현상.

▶A phenomenon in time series data where the current value of a variable is correlated with its past values.

164. 自变量 (독립 변수, Independent Variable)

▶自变量是在实验或研究中由研究人员操纵或分类的变量，用于研究其对因变量（即结果变量）的影响。

▶독립 변수는 실험 또는 연구에서 연구자가 조작하거나 분류하는 변수로, 종속 변수(즉, 결과 변수)

▶The independent variable is a variable that is manipulated or categorized by the researcher in an experiment or study to examine its effect on the dependent variable (i.e., the outcome variable).

165. 中介作用 (매개 작용, Mediation Effect)

▶中介作用是指自变量通过中介变量间接影响因变量的过程。中介作用解释了自变量如何通过影响中介变量，进而对因变量产生影响的机制。

▶매개 작용은 독립 변수가 매개변수를 통해 종속 변수에 간접적으로 영향을 미치는 과정을 의미함. 매개 작용은 독립 변수가 매개변수에 영향을 미치고, 이를 통해 종속 변수에 영향을 미치는 메커니즘을 설명함.

▶Indirectly influences the dependent variable through a mediator variable. The mediation effect explains the mechanism by which the independent variable affects the mediator, which in turn affects the dependent variable.

166. 自由度 (자유도, Degrees of Freedom)

▶ 在统计分析中，估计参数时可自由变化的数据点数量。

▶ 통계 분석에서 매개변수를 추정할 때 자유롭게 변할 수 있는 데이터 포인트의 수.

▶ The number of data points that are free to vary when estimating a parameter in statistical analysis.

167. 滞后变量 (지연 변수, Lagged Variable)

▶ 时间序列分析中，用作解释变量的前一时间点的值。

▶ 시계열 분석에서 설명 변수로 사용되는 이전 시점의 값.

▶ In time series analysis, a variable whose value at a previous time point is used as an explanatory variable.

168. 秩和检验 (순위 합 검정, Rank-Sum Test)

▶ 用于比较两个独立样本的非参数检验，基于样本数据的秩和。

▶ 두 독립 표본을 비교하기 위한 비모수 검정으로, 표본 데이터의 순위 합을 기반으로 함.

▶ A non-parametric test used to compare two independent samples, based on the sum of ranks of the sample data.

169. 纵向研究 (종단 연구, Longitudinal Study)

▶ 在多个时间点上收集数据，以观察变量随时间变化的研究设计。

▶ 여러 시점에서 데이터를 수집하여 시간에 따른 변수의 변화를 관찰하는 연구 설계.

▶ A research design that collects data at multiple time points to observe changes in variables over time.

170. 正态性检验 (정규성 검정, Normality Test)

▶ 用于检验数据是否符合正态分布的统计检验。

▶ 데이터가 정규분포를 따르는지 검증하기 위한 통계 방법.

▶ A statistical test used to determine whether a data set is well-modeled by a normal distribution.

Ⅲ. 混合研究中韩英专有名词解释

1. 并行设计 (병렬 설계, Parallel Design)

▸ 同时进行定量和定性研究

▸ 정량 및 정성 연구를 동시에 수행

▸ Conducting quantitative and qualitative research simultaneously.

2. 补充性设计 (보완 설계, Complementary Design)

▸ 使用定量和定性方法互为补充，弥补各自的不足。

▸ 양적 및 질적 방법을 상호 보완적으로 사용하여 미비한 방법론을 보충

▸ Using quantitative and qualitative methods to complement each other and address their respective limitations.

3. 定量研究 (양적 연구, Quantitative Research)

▸ 基于统计分析的数据研究

▸ 통계 분석을 기반으로 한 데이터 연구

▸ Research based on statistical data analysis.

4. 定量验证 (데이터 검증, Quantitative Validation)

▸ 通过定量数据分析来验证研究假设和结论的可靠性

▸ 정량 데이터 분석을 통해 연구 가설과 결론의 신뢰성 검증

▸ Validating the reliability of research hypotheses and conclusions through quantitative data analysis.

5. 定性研究 (질적 연구, Qualitative Research)

▸ 深入理解现象的研究方法

▸ 현상을 깊이 이해하는 연구 방법

▸ A research method for deeply understanding phenomena.

6. 定性补充 (질적 보완, Qualitative Supplementation)

▸ 通过增加定性数据和分析，补充和扩展定量研究的发现。

▸ 질적 분석을 추가하여 양적 연구의 결과를 보완 확충

▸ Supplementing and extending the findings of quantitative research by adding qualitative data and analysis.

7. 多元化设计 (나숭 방법 설계, Multi method Design)

▸ 在同一研究中使用多种研究方法

▸ 동일 연구에서 다양한 연구 방법을 사용

▸ Using multiple research methods in the same study.

8. 多重视角 (다중 관점, Multiple Perspectives)

▸ 从多个视角理解和解释研究现象。

▸ 여러 관점에서 연구 현상의 이해하는 시각

▸ Understanding and interpreting research phenomena from multiple perspectives.

9. 多阶段设计 (다단계 설계, Multiphase Design)

▸ 包含多个阶段的研究设计，每个阶段可能采用不同的方法。

▸ 여러 단계로 구성된 연구 설계로, 각 단계에서 다른 방법을 사용

▸ A research design consisting of multiple phases, each potentially using different methods.

10. 迭代设计 (반복 설계, Iterative Design)

▸ 研究设计是动态循环的，定量和定性研究阶段可能反复交替进行。

▸ 연구 설계가 동적으로 반복되며, 정량 및 정성 연구 단계가 순환적으로 수행될 수 있음

▸ A dynamic and cyclical research design where quantitative and qualitative phases may alternate repeatedly.

11. 方法论三角测量(삼각 측정, Methodological Triangulation)

▸ 使用多种方法研究同一现象。

▸ 동일 현상을 연구하기 위해 여러 방법 사용

▸ Using multiple methods to study the same phenomenon.

12. 方法适配性 (방법 적합성, Method Fit)

▸ 指研究设计中各方法部分的匹配和适应程度。

▸ 연구 설계에 있어 각 방법의 부합성

▸ Refers to how well different parts of the research design methods align and adapt.

13. 混合研究方法 (혼합 연구 방법, Mixed Methods Research)

▸ 结合定量和定性方法的研究方法

▸ 정량 및 정성 방법을 결합한 연구 방법

▶ A research approach combining quantitative and qualitative methods.

14. 解释设计 (설명 설계, Explanatory Design)

▶ 定量研究后通过定性研究解释结果。

▶ 양적 연구 후 질적 연구로 결과를 설명

▶ Explaining quantitative results through subsequent qualitative research.

15. 解释连贯性 (설명 일관성, Explanatory Consistency)

▶ 确保定量和定性数据分析之间的逻辑一致性。

▶ 양적 및 질적 데이터 분석 간의 논리적 일관성 보장

▶ Ensuring logical consistency between quantitative and qualitative analyses.

16. 解释矩阵 (설명 매트릭스, Explanatory Matrix)

▶ 用于将定量结果和定性解释进行并列比较，揭示两者之间的相互作用和支持。

▶ 정량 결과와 정성적 설명을 나란히 비교하여 두 데이터 간의 상호작용과 상호 지지를 밝히는 데 사용

▶ Used to compare quantitative results and qualitative explanations side by side, revealing interactions and support between them.

17. 解释一致性 (설명 일관성, Explanatory Consistency)

▶ 在分析和解释过程中，保持定量和定性数据结果的逻辑一致性。

▶ 분석 및 설명 과정에서 정량 및 정성 데이터 결과의 논리적 일관성을 유지

▶ Maintaining logical consistency between quantitative and qualitative data results during analysis and interpretation.

18. 解释桥梁 (설명 브리지, Explanatory Bridge)

▶ 通过特定策略将定量和定性数据结果连接起来形成统一解释。

▶ 특정 선략을 통해 정량 및 정성 데이터 결과를 연결하여 통합된 설명을 제공

▶ Using specific strategies to link quantitative and qualitative data results into a unified explanation.

19. 渐进性设计 (점진적 설계, Incremental Design)

▸随着研究的进展逐步调整研究设计，可能引入新的方法。

▸연구가 진행됨에 따라 연구 설계를 점진적으로 조정하고 새로운 방법을 도입할 수 있음.

▸Gradually adjusting the research design as the study progresses, potentially introducing new methods.

20. 交互效应 (상호작용 효과, Interaction Effect)

▸在混合研究中，分析定量和定性数据之间的交互效应，以揭示复杂的研究现象。

▸혼합 연구에서 정량 및 정성 데이터 간의 상호작용 효과를 분석하여 더 복잡한 연구 현상을 밝힘.

▸Analyzing the interaction effects between quantitative and qualitative data in mixed research to reveal more complex research phenomena.

21. 交叉 分析 (교차 분석, Cross-Analysis)

▸比较和对比定量和定性数据，以揭示它们之间的联系和差异。

▸정량 및 정성 데이터를 비교하고 대조하여 그들 간의 연관성과 차이를 밝힘.

▸Comparing and contrasting quantitative and qualitative data to reveal their connections and differences.

22. 聚合 分析 (집합 분석, Aggregate Analysis)

▸汇总定量和定性数据的结果，以提供整体的研究视角。

▸정량 및 정성 데이터의 결과를 집계하여 전체적인 연구 관점을 제공.

▸Aggregating the results of quantitative and qualitative data to provide an overall research perspective.

23. **跨方法**验证 (**교차 검증**, Cross-Method Validation)

▸使用不同的方法来验证同一研究问题的结果，以提高结果的可靠性。

▸동일한 연구 문제의 결과를 검증하기 위해 여러 방법을 사용하여 결과의 신뢰성을 높임.

▸Using different methods to validate the results of the same research question, enhancing the reliability of the findings.

24. 理论融合 (이론 융합, Theory Integration)

▸ 将定量和定性数据的理论整合在一起，以形成综合性框架。

▸ 정량 및 정성 데이터의 이론을 통합하여 포괄적인 틀 형성

▸ Integrating theories from quantitative and qualitative data into a comprehensive framework.

25. 理论迁移 (이론 전이, Theory Transfer)

▸ 将从一种研究方法中得出的理论应用于另一种方法，以验证其适用性。

▸ 하나의 연구 방법에서 도출된 이론을 다른 방법에 적용하여 그 적용 가능성을 검증

▸ Applying a theory derived from one research method to another to validate its applicability.

26. 嵌入设计 (내포 설계, Embedded Design)

▸ 在一种主要方法中嵌入另一种方法。

▸ 주요 방법 내에 다른 방법을 내포.

▸ Embedding one method within another primary method.

27. 融合 分析 (융합 분석, Fusion Analysis)

▸ 通过融合定量和定性数据生成新的见解或理论。

▸ 정량 및 정성 데이터를 융합하여 새로운 통찰력이나 이론을 생성.

▸ Generating new insights or theories by fusing quantitative and qualitative data.

28. 数据整合 (데이터 통합, Data Integration)

▸ 将定量和定性数据综合分析。

▸ 정량 및 정성 데이터를 통합 분석

▸ Combining quantitative and qualitative data for integrated analysis.

29. 数据转化 (데이터 변환, Data Transformation)

▸ 将定性数据转化为定量数据，或反之。

▸ 정성 데이터를 정량 데이터로 변환하거나 그 반대로 변환

▸ Transforming qualitative data into quantitative data, or vice versa.

30. 数据联结 (데이터 연계, Data Linking)

▸ 在分析中将定量和定性数据关联起来。

▸ 분석 과정에서 정량 및 정성 데이터를 연계

▸ Linking quantitative and qualitative data during analysis.

31. 数据平衡 (데이터 균형, Data Balancing)

▸ 在混合研究中，确保定量和定性数据之间的平衡。

▸ 혼합 연구에서 양적 자료와 질적 데이터 간의 균형을 보장

▸ Ensuring balance between quantitative and qualitative data in mixed research.

32. 数据校准 (데이터 보정, Data Calibration)

▸ 调整和标准化定量与定性数据以确保其兼容性。

▸ 양적, 질적 데이터를 조정하고 표준화하여 호환성 보장

▸ Adjusting and standardizing quantitative and qualitative data to ensure compatibility.

33. 数据优先级转移(데이터 우선순위 이동, Data Priority Shifting)

▸ 根据研究进展动态调整定量或定性数据的优先级。

▸ 연구 진행에 따라 정량 또는 정성 데이터의 우선순위를 동적으로 조정

▸ Dynamically adjusting the priority of quantitative or qualitative data based on the progression of the research.

34. 数据衔接 (데이터 연결, Data Bridging)

▸ 在分析过程中，使用特定策略将定量数据和定性数据关联或结合，以便揭示两者之间的关系。

▸ 분석 과정에서 특정 전략을 사용하여 정량 데이터와 정성 데이터를 연계하거나 결합하여 두 데이터 간의 관계를 밝힘.

▸ Using specific strategies in analysis to link or combine quantitative and qualitative data, revealing relationships between them.

35. 数据融合 (데이터 융합, Data Fusion)

▸ 将来自不同来源的数据进行整合，以生成新的见解或理解。

▸ 다양한 출처에서 데이터를 통합하여 새로운 통찰력이나 이해를 생성시킴.

▶ Integrating data from various sources to generate new insights or understanding.

36. 数据整合矩阵 (데이터 통합 매트릭스, Data Integration Matrix)

▶ 用于展示和整合定量和定性数据之间的关系，帮助揭示研究结果的多重维度。

▶ 정량 및 정성 데이터 간의 관계를 보여주고 통합하여 연구 결과의 여러 차원을 밝히는 데 사용됨.

▶ Used to display and integrate relationships between quantitative and qualitative data, helping to reveal multiple dimensions of research findings.

37. 数据转化分析 (데이터 변환 분석, Data Transformation Analysis)

▶ 在混合研究中，通过将定性数据转化为定量数据或反之，进行数据的综合分析。

▶ 혼합 연구에서 정성 데이터를 정량 데이터로 변환하거나 그 반대로 변환하여 데이터를 종합적으로 분석.

▶ In mixed research, conducting comprehensive analysis by transforming qualitative data into quantitative data or vice versa.

38. 数据互补 (데이터 상호보완, Data Complementarity)

▶ 在混合研究中，利用定量和定性数据的互补性，以提供更全面的研究视角。

▶ 혼합 연구에서 정량 및 정성 데이터의 상호 보완성을 활용하여 더 포괄적인 연구 관점 제공.

▶ Using the complementarity of quantitative and qualitative data in mixed research to provide a more comprehensive research perspective.

39. 数据连贯性 (데이터 일관성, Data Coherence)

▶ 确保在混合研究中，定量和定性数据在解释和结果上的连贯性。

▶ 혼합 연구에서 정량 및 정성 데이터의 해석 및 결과의 일관성을 보장.

▸ Ensuring coherence in the interpretation and results of quantitative and qualitative data in mixed research.

40. 数据链 (데이터 체인, Data Chain)

▸ 在混合研究中，系统地将定量和定性数据连接起来，以形成连贯的分析路径

▸ 혼합 연구에서 정량 및 정성 데이터를 체계적으로 연결하여 일관된 분석 경로를 형성

▸ Systematically linking quantitative and qualitative data in mixed research to form a coherent analytical pathway.

41. 数据衍生 (데이터 파생, Data Derivation)

▸ 从原始数据中提取新的变量或特征，以支持更深层次的分析

▸ 원시 데이터에서 새로운 변수나 특징을 추출하여 더 깊이 있는 분석을 지원

▸ Deriving new variables or features from raw data to support deeper analysis.

42. 数据权重 (데이터 가중치, Data Weighting)

▸ 在混合研究中，为定量和定性数据分配不同的权重，以反映它们在研究中的重要性

▸ 혼합 연구에서 정량적 데이터와 정성적 데이터에 서로 다른 가중치를 부여하여 연구에서 그 중요성을 반영하는 과정.

▸ In mixed research, the assignment of different weights to quantitative and qualitative data to reflect their importance in the study.

43. 收敛并行设计 (수렴 병렬 설계, Convergent Parallel Design)

▸ 定量和定性数据同时收集，并行分析，最后合并结果

▸ 정량 및 정성 데이터를 동시에 수집하고 병렬로 분석한 후 결과를 통합

▸ Simulaneous collection and parallel analysis of quantitative and qualitative data, followed by merging results.

44. 顺序设计 (순차 설계, Sequential Design)

▸ 定量和定性研究按顺序进行

▸ 정량 및 정성 연구가 순차적으로 진행

▸ Quantitative and qualitative research conducted in sequence.

45. 探索设计 (탐색 설계, Exploratory Design)

▸ 先进行定性研究，后用定量研究验证

▸ 정성 연구를 먼저 수행한 후 정량 연구로 검증

▸ Conducting qualitative research first, followed by quantitative validation.

46. 效应增强 (효과 증대, Effect Enhancement)

▸ 通过结合定量和定性数据，增强对某一现象的理解或解释力度

▸ 정량 및 정성 데이터를 결합하여 특정 현상에 대한 이해 또는 설명을 증대.

▸ Enhancing the understanding or interpretation of a phenomenon by combining quantitative and qualitative data.

47. 验证性分析 (확인 분석, Confirmatory Analysis)

▸ 通过定量或定性方法验证另一种方法得出的结论

▸ 정량 또는 정성 방법을 통해 다른 방법의 결론을 검증

▸ Validating the conclusions drawn by one method using another, either quantitative or qualitative.

48. 验证性三角测量(검증성 측량, Confirmatory Triangulation)

▸ 使用多种方法验证同一研究结果，以提高研究的可靠性和有效性

▸ 여러 방법을 사용하여 동일한 연구 결과를 검증함으로써 연구의 신뢰성과 유효성을 높임.

▸ Using multiple methods to validate the same research findings, enhancing the reliability and validity of the study.

49. 转换设计 (변환 설계, Transformative Design)

▸ 基于特定理论框架进行的混合方法研究，旨在推动社会变革

▸ 특정 이론적 틀을 바탕으로 사회 변화를 촉진하기 위해 혼합 방법 연구를 수행

▸ Mixed methods research based on a specific theoretical framework aimed at promoting social change.

<著者簡介>

▣金淑伊(JINSOOYI):现任韩国西京大学教授,获得台湾国立政治大学教育学博士,研究领域为教育政策和高校教学改革,多文化教育,最近重点创新创业教育,融合教育,中国教育政策等.韩国内外核心期刊上发表韩中文论文近几十篇,优秀教学成果等多项荣誉。

▣李知娜(LEEJINA):现任韩国西京大学教授、人文科学研究所所长。获得中国复旦大学企业管理学博士学位，研究方向为全球经营与营销战略。主要研究领域为大数据分析及在线消费者行为，并在SCIE、KCI等国内外核心期刊上发表了数十篇论文。此外，还曾负责韩国中小企业在中国市场战略等的国家级研究项目。

▣于蒙蒙(YUMONGMONG):黑龙江哈尔滨人,现任哈尔滨学院教师教育学院专业教师,教育学博士,韩国西京大学校博士后课程，获得韩国安阳大学校 教育学博士。研究领域为教育技术学、区域高等教育以及教育研究方法，研究方向为区域高等教育数字化教学改革、区域职业教育发展。擅长教育研究方法及相关软件。

中国留学生研究方法指南 중국 유학생을 위한 연구방법론

著　　者	김숙이·이지나·우몽몽
發 行 人	이 중 수
發 行 處	**동 문 사**
登錄號碼	제 9-17호
社　　地	서울특별시 서대문구 홍제원 1길 12
電　　話	02-736-3718, 02-736-3720
發 行 日	2024년 11월 30일
ISBN	979-11-6328-636-3 (93370)
定　　價	23,000원(人民幣120.00元)